支架儿童的主动学习

——经历 经验 经典

王微丽　霍力岩/主编

北京师范大学出版集团
BEIJING NORMAL UNIVERSITY PUBLISHING GROUP
北京师范大学出版社

图书在版编目（CIP）数据

支架儿童的主动学习／王微丽，霍力岩主编．—北京：北京师范大学出版社，2016.2（2023.6 重印）

ISBN 978-7-303-19906-8

Ⅰ．①支… Ⅱ．①王… ②霍… Ⅲ．①幼儿园－教学经验－深圳市 Ⅳ．①G612

中国版本图书馆 CIP 数据核字（2015）第 306742 号

图书意见反馈　　gaozhifk@bnupg.com 010-58805079
营销中心电话　　010-58802181 58802123

出版发行：北京师范大学出版社　www.bnup.com
　　　　　北京市西城区新街口外大街 12-3 号
　　　　　邮政编码：100088
印　　刷：天津市宝文印务有限公司
经　　销：全国新华书店
开　　本：787 mm×1092 mm　1/16
印　　张：19.75
字　　数：380 千字
版　　次：2016 年 2 月第 1 版
印　　次：2023 年 6 月第 11 次印刷
定　　价：50.00 元

策划编辑：罗佩珍　　　　责任编辑：郭　瑜
美术编辑：焦　丽　　　　封面设计：邓　聪
责任校对：陈　民　　　　版式设计：锋尚设计
责任印制：马　洁

幼儿园课程是实现幼儿园教育理念和目标的途径或桥梁，没有高品质的课程，就没有优质的幼儿教育。幼儿园进行课程研究和实践的过程，是办园理念提升的过程，是办园特色形成的过程，是文化积淀的过程，是多层面、多因素协同推动教育品质的过程。

基于对高品质幼儿教育的不懈追求，"深投幼教"（深圳市投资控股有限公司幼教管理中心）作为深圳市22所市属公办幼儿园的管理者，一直将创办"全国一流幼儿园"作为自身不懈追求的目标，始终坚持公益导向，积极探索内涵式发展模式。近年来，我们顺应深圳多元化文化背景，赋予幼儿园更多课程决策权，支持各园自主、因地制宜开展课程研究与实践工作。在此过程中，我们根据幼儿园课程特点和需求，引入国内外高校专家资源，组织各类课程培训、课程诊断建构活动和课程论证会，帮助幼儿园掌握更为行之有效的课程实施方法，不断增强课程规划与实施的科学性和合理性，进而提升教育质量和教育内涵。

"深投幼教"所属幼儿园是深圳市最早成立的一批公办幼儿园和首批优质特色示范幼儿园，拥有近三十年成熟办园经验和优质教科研成果，多年来一直在深圳学前教育行业中发挥骨干示范作用。近十年来，在国内外专家团队介入指导、"深投幼教"倾力支持下，各园秉持对学前教育事业的热爱，肩负起促进儿童发展的责任感，吸纳并融合中西方教育思想，不断学习、反复实践，调整优化课程实施方法与路径，开展多种形式的课程研究与实践活动。这是一个漫长而又艰辛的过程，期间园长和教师们遇到过困难、产生过疑惑，但他们凭借创新的勇气和坚守的耐力，在完善和发展过程中收获了一系列具有操作价值的课程建设经验，创造性地构建出一批既立足中国本土文化，又符合世界主流学前教育理念，而且能有效促进儿童发展的幼儿园课程模式，创设出了一个个精彩、多元的教育实践现场，在深圳市、广东省乃至全国的学前教育学术交流活动中获得一致赞誉。

由此，我们在梳理总结深圳市属公办幼儿园课程研究与实践经验的基础上，充分吸收专家团队的专业反馈建议，精心筹划本套幼儿园课程研究与实践方案丛书，用幼儿园课程一线实践者的话语，为大家了解"深投幼教"幼儿园课程提供一个全方位的开放性平台。可以说，本套丛书是对"深投幼教"已有优秀课程成果的筛选与展示、提炼与再创造。丛书所选择的幼儿园课程研究与实践方案，皆以我国《幼儿园教育指导纲要（试行）》和《3～6岁儿童学习与发展指南》为指导，以帮助中国学前儿童主动学习、合作学习为主要价值取向，展示了通过不同方法和路径达成教育目标、且有益有效于儿童发展的课程范式。各园课程方案具有清晰的课程理念和目标，设计了操作性较强的课程内容和组织实施形式，希望能为广大幼教同行开展课程实践提供启迪与参考。

我们要特别感谢北京师范大学教育学部霍力岩教授及其研究团队对"深投幼教"的关注与专业支持。霍教授用自己贴近世界前沿水平的教育主张和教育思想指引着"深投幼教"的课程探索之路。她深入幼儿园课程现场考察与调研，主持课程诊断与指导活动，确保各园课程发展的科学性、适宜性和有效性。在本套丛书的筹备阶段，霍教授用她独到的教育智慧和视角把脉丛书框架，跟进指导编写全程，使"深投幼教"课程研究成果终得以面世。这是高校专家团队、"深投幼教"和深圳市属公办幼儿园"三位一体"伙伴合作，走出以前学前教育大力崇尚借鉴国外课程的窠臼、共同打造具有中国实践特色本土化幼儿园课程模式的探索与尝试。

同时，我们衷心感谢北京师范大学出版社的领导和编辑为丛书的出版发行工作所做的努力。

最后需要说明的是，幼儿园课程并没有既定模式，也没有最完美的课程方案，本套丛书呈现的仅是幼儿园开展课程研究与实践工作时总结的较完整和系统的案例，其中必有不尽完善之处，望能借此抛砖引玉，为广大幼儿园依据自身特点研发园本课程带来一点经验和启发，欢迎广大读者提出批评与建议。

深圳市投资控股有限公司幼教管理中心

2015年11月

　　1994年，我开始在北京开展蒙台梭利教育中国化的研究，到了1999年，我与深圳市莲花二村幼儿园结缘，尝试在深圳这片改革开放的热土上开展借鉴蒙台梭利教育法等世界先进学前教育课程的实验性研究。换句话说，新世纪伊始，我们在莲花二村幼儿园开始了基于中国文化及本土背景，面向世界、面向未来的课程开发行动。我们希望在先进的教育科学理论及方法的指导下，在实践中建构一整套高品质的幼儿园课程体系，为儿童发展、家庭幸福、社会繁荣做出贡献，并将其提升为富有中国特色的幼儿教育理论体系，向世界提交一套基于中国立场的幼儿教育解决方案。经过十多年的努力，莲花二村幼儿园在幼儿园课程改革实践上取得了很大的成绩。

　　首先，莲花二村幼儿园结合中国文化社会背景及多元智能理论，学习并改进了蒙台梭利教育中儿童的自主"工作"，开创了独具特色的区域活动课程。由于这一区域活动课程能有效支持儿童的差异化学习、独立探究、专注思考及操作，并能从区域材料及记录单上为其提供有效的学习及发展支架，因此十分有利于对儿童学习品质的培养。其次，莲花二村幼儿园的主题活动课程在借鉴瑞吉欧方案教学的基础上，吸收多元智能理论，综合考虑中国社会、社区、家庭的需要，对支持儿童集体探究、主动学习、全面发展有一整套综合、科学的可靠模式。除此之外，在家园合作、教师培养、课程评价等诸多重要方面，莲花二村幼儿园也都做出了重要的实践探索。这些卓有成效的教育实践在深圳特区乃至其他省市产生了较为广泛的影响，赋予了莲花二村幼儿园良好的声誉。也正是有了这些扎根自身文化土壤且兼具国际眼光的教育实践，才有了这本书的诞生。

　　虽然莲花二村幼儿园在过去十多年中发起的只是幼儿园内的课程改革行动，但其高品质的课程及教学实践经验却得到了较为广泛的交流、分享与推广，赢得了国内外同行的赞誉。在深圳幼教管理改革的背景下，深圳市第八幼儿园自2009年起开始在较大程度上学习、吸取莲花二村幼儿园的课程经验，并获得了很大的成功，办园质量迅速提高，取得了幼教同行、社会及家长的充分肯定。由此，如何有效地梳理总结莲花二村幼儿园课程经验，更好地与其他幼教同行分享，成为我们非常关心的问题。莲花二村幼儿园的园长及老师们为此做了很多努力，各种辛勤的付出凝聚成了这本书。为了让其他学前教育工作者能更加高效地从这本书中寻找到可供借鉴的经验，编者们尝试淡化莲花二村幼儿园的影子，直接从幼儿园课程的理论与实践出发，希望为广大读者提供一本扎根我国一线教育实践的幼儿园课程手册。

翻阅这本书，我们可以发现，它从幼儿园课程的教学实践、评价实践与教师培训三大方面论述幼儿园课程的实施，并在导论部分详细介绍了课程建构的背景、历程、理论基础、立场声明。在教学实践中，包括了一日生活、学习环境、区域活动、主题活动、周期循环、家园合作等多个方面；在评价实践中，从动态化评价、情境化评价、主题活动的评价、区域活动的评价等四个方面具体阐述评价的开展；在教师培训中，具体论述了培训的理念及开展方式。全书完整架构中国特色的幼儿园课程模式，并着眼于支架儿童的主动学习，通过提供给儿童经历经验的机会实现快乐且有价值的成长。

应该说，这本书也是莲花二村幼儿园教师团队十多年来开展教育改革的集体智慧结晶。全书建构出一套完整的中国幼儿园课程模式，这是对国外先进幼教课程模式的呼应，是中国幼教工作者发出中国声音的尝试；另外，全书论述基于蒙台梭利教育理论、方案教学理论、多元智能理论、我国本土的《幼儿园教育指导纲要（试行）》及《3～6岁儿童学习与发展指南》等文件，理论基础扎实，全书科学性强。再有，本书中的内容主要由优质教育经验梳理总结而成，全书20余万字，图片丰富，深入浅出，对一线教师开展课程及教学实践具有很强的指导意义。

更值得一提的是，全书基于"支架儿童的主动学习"这一鲜明而坚定的立场，提供了教师如何有效支架儿童个别、小组、集体学习（包括游戏、活动等）的诸多案例，生动地呈现立足本土、接轨国际的幼儿园课程实践经验，告诉读者应该以何种姿态建构课程，又应该如何去开展课程实践。我相信，它将引领我国学前教育工作者更好地理解、感受中国化的高品质幼儿园课程，去发现"如何做"、明白"为何做"，不断提升我国学前教育事业的质量。

霍力岩

北京师范大学教育学部教授 博士生导师

　　1999年，新千年的钟声即将敲响，所有人都为迎接21世纪的到来激动万分。对美好未来所寄予的梦想与希望，也让我们踏上了求新求变、不断进取的旅程。1999年6月份，全国教育工作会议在北京召开，提出以全面推进素质教育为核心，并提出建立新的基础教育课程体系，试行国家课程、地方课程和学校课程的三级课程开发体制，赋予了学校课程自主选择和自主设计的权利。深圳市莲花二村幼儿园的课程建设就在这样的背景下启航，而当年的经历也注定成为莲花二幼人心中难以磨灭的记忆。

　　早在1998年8月，凭借管理过两所幼儿园经验的积累，我开始接任深圳市莲花二村幼儿园园长一职。当时改变幼儿的学习环境及学习方式是我内心最大的想法，而这很快也变成了幼儿园整个教师团队的愿景。为此，我请来南京、香港等地区优秀的一线教师到园里指导教师开展区域设置、语言及音乐等教育活动；但很快，我发现这并未能实现教学的最佳状态，为此，在反复思考为何难以破解原有教育模式桎梏的过程中，终于意识到，幼儿园教师受教育理论与视野的局限，导致他们难以真正突破以往的教学实践。于是，我萌生了引进高校学者到幼教一线指导的念头，并一直在寻找机会。

　　天道酬勤。1999年9月，我有幸与北京师范大学的霍力岩教授有了接触。最初的见面让我激动不已，直觉告诉我将要把高校学者的研究与莲花二幼的实践对接起来，从而真正改变幼儿园的办学面貌，实现自己的教育理想。在多方工作及积极争取之下，2000年年初，我们荣幸地接到了霍力岩教授的邀请，得以安排教师赴北京师范大学参加蒙台梭利教育法的暑期培训，而深圳市莲花二村幼儿园也将成为她的课题研究基地。这个机会让深圳市莲花二村幼儿园与北京师范大学的研究团队结下了不解之缘，由此开始了长达十多年乃至更久的合作。

　　当时我们团队的梦想就是要建构深圳市莲花二村幼儿园自己的课程，霍老师也正是想通过对蒙台梭利教育的本土化研究，突破我国传统的集体教学对儿童个别化学习与发展的局限，建构能够支持儿童自主学习、自由探索的中国本土化的课程。所以，开发属于自己的课程使我们的合作有了最大的共识，十几年来我们为此投入、为此倾情，汗水、泪水与喜悦伴随着课程研究与实践的整个过程。尽管有过艰辛与挫折，但能在其中与课程专家合作，一道为孩子们健康成长不懈付出，让爱与智慧伴随师生成长，那真是从事教育职业的最高享受。

教师培训是课程改革的前奏。我们经过反复考虑，决定安排四名有教学经验、有工作激情、有时间保障的教师，飞往北京开始长达四十天的蒙台梭利教育法培训。这次看似普通、实则意义非凡的培训，徐徐拉开了深圳市莲花二村幼儿园课程改革的序幕。弹指一挥间，十五年过去了，坚持课程建设让我们收获累累硕果：一批教师成长为研究型、智慧型教师，一套完整的"莲花课程"让同行瞩目，办园质量得到无数家长信赖，一拨又一拨阳光、自信、茁壮成长的莲子宝贝从这里走出。

可以说，经历了十多年打磨的"莲花课程"，已臻于完善成熟。这一套行之有效的课程，实际上只做了一件事：为儿童主动学习、经历经验提供了更优化的平台与支持。我们坚持，在操作与互动中给孩子自由快乐的情感体验；在自主探究中培养孩子学习的能力及专注认真有始有终的学习态度；在探究与发现中呵护孩子的想象力和创造力；在"最近发展区"中支架儿童的主动学习，实现"快乐且有价值"的发展。也正是有了这一套不断追求卓越的课程，我们的老师积极向上、全情投入、用心工作、用灵魂从教；我们的孩子文明礼貌、活泼开朗、阳光自信；我们的家长信任尊重、积极沟通、全力支持。

这本书正是以"莲花课程"为蓝本，为我国幼儿园教育实践所撰写的参考手册。书中分为三大篇，分别介绍幼儿园的教学实践、评价实践与教师培训，以"支架儿童的主动学习"这一理念为线索，贯穿起幼儿园中看似琐碎的诸多工作。我们综合考虑自身特点、同行需求，筛选整理深圳市莲花二村幼儿园在课程与教学实践中值得分享的有益经验，并在撰写过程中，不断反思现有的课程实践，并尝试完善课程、提升经验。可以说，这个过程也是我们经历的一次行动研究，在北京师范大学学术团队的支持下，深圳市莲花二村幼儿园的教师团队共同努力，发现问题、解决问题，提升课程品质，并梳理研究成果。如今您手上的这本书，就是这一项行动研究的实践报告，等待您的审阅指导！

这本书凝结了深圳市莲花二村幼儿园教职工团队的思考、实践、行动。在此，我们希望向读者们展现一幅团队（管理者、教职工、家长等）运用集体智慧，倾情奉献爱的画卷，在这幅画中，儿童个个闪耀着自信成长之光。我相信，只要我们守住了儿童的自信，那么就守住了儿童的主动学习与全面发展，也就守住了儿童的美好未来。

这本书的出版，不仅仅是莲花二村幼儿园课程建设进入反思完善阶段的要求，也是我接受广东省新一轮"百千万人才培养工程"教育家项目培养后的一份实质性成果。2012年入选"教育家"项目培养对象以来，著作撰写工作就一直得到华南师范大学基础教育培训与研究院首任院长吴颖民教授、现任院长王红教授、副院长黄牧航教授等一批导师及我们首批"教育家"班里诸位优秀的教育实践家，也都为我反思自身的教育经历、提炼自身的课程领导与管理经验带来了帮助与启发，进而为本书的编撰做出了贡献。

　　另外，这本书也是莲花二村幼儿园所承担的深圳市福田区教育科学规划2015年课题的重要成果。在此，也感谢深圳市福田区教育局为本书的顺利撰写、出版提供了优秀教育专著出版资助，让此书得以及时与读者见面。

　　最后，我想对所有参与到"莲花课程"建设的人们真诚地说一声谢谢！我们的课程从2000年起经历了设计、实施、完善、总结等过程，为此做出贡献的人实在太多太多。感谢深圳市投资控股有限公司幼教管理中心的领导，感谢北京师范大学的霍力岩教授及学术团队，感谢香港大学李辉博士、陕西师范大学的赵琳、刘华老师，感谢莲花二幼所有的教职工，感谢和深圳市莲花二村幼儿园一起走过的莲子宝贝及家长们，感谢一起合作进步的幼儿园伙伴，感谢过去及将来前来参观指导的国内外同行……愿感恩之心能伴随深圳市莲花二村幼儿园、莲花课程不断追求卓越走向更美好的明天。

王微丽

深圳市莲花二村幼儿园园长

目　录
CONTENTS

第二篇　支架儿童主动学习的评价实践

第三篇　支架儿童主动学习的教师培训实践

让孩子在幼儿园的每一天快乐且有价值

——支架儿童的主动学习

1999年，深圳市莲花二村幼儿园在即将迈入21世纪之际，迎合时代潮流，主动发起园所内的课程改革。时光荏苒，至今已过去约十五载。勇于挑战的精神一直伴随着莲花二村幼儿园课程的建设与完善，如今，已臻于成熟的课程也在这本书中得到总结、反思、完善、升华。

深圳市莲花二村幼儿园对家长和孩子的承诺是——"让孩子在幼儿园的每一天快乐且有价值"，这句话也是莲花二村幼儿园课程的发展方向和教育信念。我们坚信，幼儿园课程给予儿童自主、自由，是让他们快乐的源泉；幼儿园课程带领儿童经历、学习，是让他们收获价值的根本。也正是基于这一承诺，我们不断打磨中国立场的幼儿园课程，希望更好地达成莲花二村幼儿园的宗旨——"让孩子童年快乐，为孩子一生奠基，对民族未来负责"。

我们相信，优秀的幼儿园课程应该是立足国情、面向世界、面向未来的，它在幼儿教育理论与实践的碰撞下产生，经历长期改革和发展的过程，最终走向成熟、卓越。本书基于"支架儿童的主动学习"这一鲜明而坚定的立场，呈现莲花二村幼儿园课程的优质实践经验，解答我国幼教工作者应该以何种姿态建构课程，又应该如何去进行课程实践。在正式呈现幼儿园课程的教学实践、评价实践、教师培训实践等重要内容之前，我们有必要对本书所呈现幼儿园课程的背景、发展历程、理论基础、中国化思考等进行论述，这将在您发现"如何做"之前明白"为何做"，通过理解课程实践背后的理论思考，更好地体会课程实践的经验。

一、课程建构的背景

（一）世界大势：儿童主体性发展成为幼教课程的基本精神

进入21世纪，世界进入全球化发展的知识经济时代，知识成为最重要的经济增长因素。从本质上看，知识经济本质上就是"人才经济"。回应知识经济挑战，现代教育要塑造和重构现代人的素质，全球人才竞争日趋激烈。在这种背景下，教育改革成为世界各国的重要议题。随着研究的逐步深入，早期教育受到的重视日益增多，提升幼儿教育质量成为各国的普遍共识。从全球幼儿教育改革的趋势来看，课程改革成为各国幼儿教育改革的中心。

有学者研究发现，世界学前教育课程改革的趋势有：强调幼儿主体性的发展；强调幼儿学习的积极性和主动性；强调在活动与游戏中学习；强调家园合作[1]。除此之外，我们也发现，对世界产生较大影响的课程模式如蒙台梭利教育法（Montessori Method）、瑞吉欧方案教学（Reggio Project）、高宽课程（HighScope Curriculum）等，都明确强调教师应鼓励幼儿积极、主动参与，强调幼儿的自主建构。高宽课程则明确在《学前教育中的主动学习精要》一书提出，"儿童能够主动使用直接经验来建构知识。由于不断与真实的世界进行多样且直接的联系，儿童的思维就会扩展，并增加新的观察与理解。因此，主动学习是学前儿童思维发展和理解发展的基础。"[2]可见，教师如何支持儿童在幼儿园进行主动学习成为学前教育工作中受广泛关注的重要议题。

（二）国家需求：重视培养幼儿的学习品质

从20世纪70年代末开始，我国进入全面改革开放时期，对内改革、对外开放，日渐融入全球化的世界体系之中。教育作为国家改革和发展的重要组成部分，在理论与实践层面也进行着一次又一次的深刻变革。20世纪90年代以来，我国政府明确提出了进行素质教育、培养创造型人才的教育改革目标。1999年，国务院在新世纪颁布了《基础教育改革纲要（试行）》，开始了新一轮课程改革。这次课程改革核心目标是改变课程过于注重知识传授的倾向，强调形成积极主动的学习态度，使获得基础知识与基本技能的过程同时成为学会学习和形成正确价值观的过程。为了真正实现这一目标，改变学生的学习方式成为一项重要的课题，因此，《基础教育改革纲要（试行）》倡导让学生主动参与、乐于探究、勤于动手，提出培养学生搜集和处理信息的能力、获取新

1　史静寰，周采.学前比较教育[M].大连：辽宁师范大学出版社.2002：431.
2　Ann S. Epstein.学前教育中的主动学习精要——认识高宽课程模式[M].霍力岩，郭珺，等译.北京：教育科学出版社，2012：29.

知识的能力、分析和解决问题的能力以及交流与合作的能力。这实际上是对学习品质培养提出的要求。

2012年，继2001年颁发《幼儿园教育指导纲要（试行）》，教育部又颁发《3～6岁儿童学习与发展指南》，在"说明"中明确指出："重视幼儿的学习品质。幼儿在活动过程中表现出的积极态度和良好行为倾向是终身学习与发展所必需的宝贵品质。要充分尊重和保护幼儿的好奇心和学习兴趣，帮助幼儿逐步养成积极主动、认真专注、不怕困难、敢于探究和尝试、乐于想象和创造等良好的学习品质。忽视幼儿学习品质培养，单纯追求知识技能学习的做法是短视而有害的。"可见，培养幼儿的学习品质，促进儿童主动学习，已经成为国家层面的要求。由于学前教育的基础性和奠基性，所以，更需要幼儿园进行课程改革，为幼儿提供更多的自主探究空间，让幼儿的实践能力和创造能力获得发展。

（三）园所愿景：建构支架儿童主动学习的课程体系

20世纪70年代末，随着我国进入全面改革开放时期，教育作为国家改革和发展的重要成分，也在向国外学习的浪潮下开始新一轮的改革。我国学前教育界在反思苏联分科教学模式的基础上，大量引进西方先进教育经验，特别是美国的早期教育课程模式。蒙台梭利教育法、皮亚杰的认知课程、多元智力理论指导下的光谱方案以及瑞吉欧教育法等早期教育课程模式涌入我国。1999年，我国召开的第三次全国教育工作会议，确定了我国课程体制上"国家课程""地方课程""学校课程"三级课程相容并包的框架。中小学校本课程开发也波及幼儿园，幼儿园园本课程开发在国内幼教实践中受到重视。

我们所处的时代和地域，都要求我们既能放眼世界、具有国际视野，又能聚焦祖国、承担本土使命，与时俱进、因地制宜地研究中国学前教育改革面临的重大问题和实际问题。如何将西方课程模式中国化、本土化并最终发展出中国特色的学前教育课程是近十几年来我国幼教界积极探索的重大课题。经过专家的理论引领和自身的实践探索，深圳市莲花二村幼儿园把建构能支架儿童主动学习的课程模式作为幼儿园的发展愿景，并在探索课程建设方面做出了诸多重要努力，与北京师范大学、陕西师范大学等高校合作，全身心建设园本课程，其间面对过许多争议，经历了各种困惑，遇到了不少困难，所幸在各方专家支援、家长支持和同事努力之下，顺利地走过了十多年的园本课程发展历程，成功开发出"亲近自然，接近社会；整合中外优秀教育模式之优势；不断汲取、融合、发展；促进幼儿全员发展、全面发展；有效支架儿童的主动学习；多层次、高品质的园本课程体系"。

二、课程的发展历程

我们的幼儿园课程在发展中一直坚持"全球化视野，本土化行动"的理念，在立足本土的前提下借鉴国外的先进经验，从而形成自身独特有效的课程模式。

首先，"全球化视野"帮助我们有机整合西方多种优秀的幼儿园课程模式。"全球化视野"能够体现幼儿园课程开发的高起点和多视角，使课程在整体设计上一开始就不仅能够占据国内外幼儿园课程研究的制高点，而且能够使课程开发具备宽广背景和多元观点的支持。莲花二幼的园本课程在借鉴融合当今世界上具有重要影响力的多种幼儿教育理论思潮和课程模式如蒙台梭利教育法、多元智能理论、瑞吉欧方案教学、高宽课程等的基础上，将各种课程及理论的优势有机整合，实现了整合后的多样化课程模式（Multiple Models）或多元化教育方法（Multiple Methods）。可以说，莲花二幼的园本课程正是因为有机整合了西方多种优秀幼儿教育课程模式，从而具有了宽广背景和多元观点的支持。

其次，"本土化行动"指导我们的课程实践全面贯彻我国学前教育纲领性文件。莲花二幼的园本课程是建立在深圳特区的文化背景之上的，以我国的《幼儿园教育指导纲要（试行）》和《3～6岁儿童学习与发展指南》为指导思想，既体现了国际幼儿园课程改革的发展趋势，又突出了中国社会发展的要求和本土文化特色。这一课程以幼儿在幼儿园中快乐生活中实现全面发展、个性发展和创造性发展为目标，让孩子在幼儿园的每一天快乐且有价值。莲花二幼的园本课程集中反映了《幼儿园教育指导纲要（试行）》中"素质教育""因地制宜""家园共建""身心和谐发展"和"差异教育"的指导方针，凸显了《幼儿园教育指导纲要（试行）》中"关注幼儿学习与发展的整体性""尊重幼儿发展的个体差异""理解幼儿的学习方式和特点""重视幼儿的学习品质"等原则。

在"全球化视野，本土化行动"的课程建设理念支持下，莲花二幼的园本课程得以不断发展、完善。我们的幼儿园课程在发展过程中经历过的重要事件可以列举如下。

2000年9月，借鉴蒙台梭利教育理念，模仿中建立新课程模式。

2001年9月，学习瑞吉欧方案教学，尝试主题活动的开展。

2002年11月，学习多元智能理论，建立起园本课程雏形。

2003年2月，结合《幼儿园教育指导纲要（试行）》，使课程更加符合中国国情。

2003年10月，融合光谱方案思想，完善园本课程模式。

2007年7月，吸收高宽课程及发展适宜性实践理论，提升、总结课程。

2012年11月，结合《3～6岁幼儿学习与发展指南》，推动园本课程进一步中国化、本土化。

开发课程的历程，从2000年开始迄今，经过了启动、调整、突破和成熟四个阶段，历经多次尝试和调整，走过了吸收、融合、发展、创新之路，现已取得了丰硕成果。教师在探索和实践中获得了专业成长，实现了幼儿在园每一天"快乐且有价值"的目标。

（一）启动期：学习蒙台梭利教育法，培养儿童的学习品质

1. 实验前期骨干教师培训充分到位

2000年7月，我园选派4名骨干教师前往北京师范大学参加蒙台梭利教育法培训，通过200课时的体验式、参与式培训，获得了由美国华盛顿蒙台梭利教师培训中心和北京师范大学蒙台梭利教师培训中心颁发的蒙台梭利教师培训证书，为实验做好了前期准备。

2. 开设蒙台梭利实验班

2000年9月，开设了两个蒙台梭利实验班，为了让传统意义上的教师转变成蒙台梭利要求的"导师"，我们着力转变教师角色，将教师的主要任务落在"引起兴趣、支持探究、观察研究和为幼儿成功喝彩"上，使教师成为幼儿的引导者、支持者、研究者和喝彩者。

3. 在专家指引下驶入正轨

专家每学期都来园深入课程现场，和实验教师进行研讨，做理论的提升和课程实践的具体指导，帮助我们一次次走出瓶颈，引导实验工作驶入正轨，教师的教学工作逐渐得心应手。

（二）调整期：学习多元智能理论，聚焦儿童的实践能力和创造能力

1. 学习、吸收多元智能理论，充实、扩展活动区

2003年，在多元智力理论的启示下，我们增设了一个200多平方米的"社会理解与机械建构区"，让幼儿在亲身体验中学习交流、交往获得社会性发展。

2. 改进和开发活动区材料，使区域课程在扬弃中发展

依据《幼儿园教育指导纲要（试行）》"关注个别差异，促进每个幼儿富有个性的发展"的要求，教师从材料的探究性、引导性、层次性与丰富性等方面改进创新，根据幼儿不同的兴趣特点、不同年龄特征、不同发展层次、不同学习节奏提供相应的"工作材料"，推动了幼儿有效学习、个性发展；也使教师从"模仿"走向"创新"，一批研究型、反思型教师迅速成长。

3. 拓展主题活动，弥补团体活动之不足

在研究与实践中我们认识到：课程如同硬币，具有的两个面，应该是区域活动与主题活动相辅相成，是个别探究与集体探究的统筹。因此，我们借鉴多元智能理论和

瑞吉欧方案教学，丰富了主题活动的探讨与开展，为幼儿创设更多交流、交往、合作的环境与机会。

（三）突破期：研究综合主题活动，支架起儿童的主动学习

我们对综合主题活动的理解是：以培养幼儿初步解决实际问题的能力和初步的创造意识、创造能力为主要目的，同时兼顾培养幼儿良好的情绪情感、合作意识、分享意识和表现意识等。在主题活动中，我们强调教师的"导师"作用——平等中的首席。

几年来，我们开展了"汽车""水果""动物""水""光""电与电器""服装""食品""露营""土壤""大海""天气""环保""节日""超市""人体""小学""莲花二村小区"等主题活动，孩子们在大自然与社会中，通过参观、调查、记录、访问、宣传等方式，感知外界事物，丰富生活经验，了解自然和人文，培养良好的个性品质和意志品质，为幼儿一生的发展打下了良好的基础。

在研究中我们拓展了主题开展的形式，从性质分为"线形主题""以点带面的主题""纲举目张的主题"；按形式分为"小主题""中主题""大主题"。在主题的深入探究中，我们坚持计划课程和生成课程，既有预先设定的主题，又有根据幼儿兴趣和需要生成的主题。实现了"有准备的课程"和"有需要的课程"的有机结合。

（四）深化期：形成支架儿童主动学习的本土化课程模式

1．开发具有中国文化特色的探究材料

自制了符合中国国情和园本课程发展需要的活动区材料。例如，"十二生肖转盘""深圳的旅游景点""词语花瓣"等，逐步实现蒙氏教育内涵本土化。

2．实现区域活动和主题活动的连接。

针对教师对区域活动与主题活动怎样结合产生的困惑，专家引导教师大胆思考，可以由材料到主题，也可以由主题到材料。区域材料"深圳的旅游景点"，就是由"爱我家乡"的主题活动而来。教师还围绕如何开展主题活动、如何合理安排幼儿一日活动进行深度剖析和重新规划，让幼儿从不同角度和层面合作探究，使其情绪情感、合作交流、表达表现等能力得到发展，实现了区域活动和主题活动的连接。

3．实现工作材料可视化，让幼儿的学习看得见

设计与每份材料相匹配的"记录单"，力求将幼儿的学习和发展过程转化为"可视化"的"工作记录"，让幼儿、教师与家长都能看到反映幼儿成长轨迹的"工作成果"。此外，建立"儿童成长档案"，不断将幼儿的"工作成果"收藏其中，教师通过对档案资料的收集整理、分析评价，加深对幼儿学习和发展状况的了解，为进一步修正和调整教育策略以及进行有效家园沟通搜集依据。

经过专家和全园教师十年坚持不懈的努力，本土化"多元智能做中学综合主题课程"丛书已由教育科学出版社出版发行。这一课程实现了根据幼儿个体差异进行的适宜性、有效性的探究式学习，在理论上凸显多元智能理论的引领，在实践层面彰显出"问题连续体，纵横大贯通"的课程思路。

三、课程的理论基础

任何一种课程方案都是建立在一定的理论基础之上，不同的课程方案有着不同的哲学基础、心理学基础、社会学基础和不同的知识观。随着素质教育的全面推进和课程改革的深入发展，幼儿园课程得到了全新的理解。我们借鉴学习了诸多先进的教育理论及课程模式，支撑幼儿园课程的建设，从多个角度出发，深入探索如何真正支架儿童的主动学习。

（一）蒙台梭利教育法：创设有准备的环境

蒙台梭利是意大利历史上第一位获取博士学位的女性。1907年蒙台梭利在罗马贫民区创设"儿童之家"，招收3～6岁的幼儿，在这里进行教育实验，逐步制定整套的教材、教具和方法，创立了蒙台梭利教学法，受到全世界的瞩目。蒙台梭利以她广博的医学、生物学、哲学、心理学、教育学、人类学和精神病学等知识为基础，在教育实践中逐步地形成了自己的教育理论。

1. 有吸收力的心智

蒙台梭利教育原理以"儿童生命"为出发点，认为教育的目的在于发现儿童的"生命的法则"，帮助儿童发展其生命。蒙台梭利提出儿童具有"有吸收力的心智"，即儿童天生具有学习的能力，可以毫不费劲地在外部环境中进行无意识的学习。她相信儿童有能力集中精力并做到自律，并且需要能够对此提供支持的环境。尊重儿童的能力、发展速度和节奏是蒙台梭利教育理念的一个重要部分。

2. 敏感期

蒙台梭利提出了儿童感觉特别敏感期的理念，也就是处于不同年龄阶段的幼儿对于不同的事物有着不同的敏感度。在不同阶段的敏感期内，儿童会对特定的学习刺激特别敏感。比如，1岁左右的幼儿开始学说话进入语言敏感期，在这一时期，成人如果能为幼儿提供一个良好的语言环境，幼儿的语言能力则能够得到最佳发展。在敏感期内，儿童的吸收力非常强，而且在这个时期所学的东西往往跟随其一生。教育者应对处于不同敏感期的儿童进行某方面的特别教育，让儿童得到最好的发展。

3. 提供有准备的环境

蒙台梭利教育思想中，教师的主要职责之一是创设有准备的环境。认识到激发儿童好奇心和兴趣的重要性，蒙台梭利环境对秩序和吸引感官的感官材料极为重视。在蒙台梭利教室中，教师要创设安静和有秩序的氛围，与他人谈话有一些特定的规则，这突出了对儿童的尊重。教室中儿童通常忙于各自的工作，环境非常安静，蒙台梭利教室中通常会有一种"任务在身"的繁忙氛围。当教师与儿童交谈时，他们常常是私下里低声说话。儿童经常在各自的垫子上工作，教师在儿童之间走动，不时评论和询问。当然，教师也鼓励儿童间的合作学习。蒙台梭利相信，小组中年幼的儿童可以向年长的儿童学习，年长的儿童也可以在教年幼儿童的过程中学到东西。蒙台梭利强调教师作为环境保持者的职责，教师应该在宁静的教室中为儿童提供学习机会。

（二）多元智能理论：个性化与全面发展

霍华德·加德纳是世界著名的心理学家和教育学家，他最为人知的成就是提出了"多元智能理论"，被誉为"多元智能理论"之父。在1983年出版的《智力的结构》一书中，加德纳教授提出了新的智力结构观，指出每一个正常个体身上都至少包含了七种各自独立的智力。1999年，加德纳教授又在智力清单上增加了自然观察智力，从而将多元智力扩展为八种。多元智能理论一经提出就在美国教育界引起了强烈的反响和轰动，并迅速成为多个国家教育改革的重要理论基础之一。多元智能理论也对世界多个国家的幼儿教育改革产生了积极影响。

1. 多元智能理论的智力观

加德纳提出了一个新的智力的定义，即"智力是在某种社会和文化环境的价值标准下，个体用以解决自己遇到的真正难题或生产及创造出有效产品所需要的能力。"[1]加德纳所谓的智力其基本性质是多元的，即不是一种能力而是一组能力；其基本结构也是多元的，即各种能力不是以整合的形式存在而是以相对独立的形式存在，如它们都有不同的发展规律并使用不同的符号系统。

多元智能理论的主要观点包含两个方面。第一，智能是多元的。每个个体都同时拥有相对独立的八种智能，这八种智能分别是：言语—语言智能、逻辑—数理智能、音乐—节奏智能、视觉—空间智能、身体—动觉智能、人际交往智能和自然观察智能。

1　Gardner, H.（1983），Frames of mind: The theory of multiple intelligences, New York, Basic Books.

第二，智力的组合方式是多元的。每个人身上的这八种相对独立的智力在现实生活中错综复杂地、有机地以不同方式、不同程序组合在一起。不同的智力组合使得每一个人的智力都有独特的表现方式，每一个人都具有不同的智力强项和弱项，各具特点。

表1　八大智能的特征和表现

智能名称	智能特征	具体表现
言语-语言智能	听、说、读和写的能力。	对文字感兴趣。 喜欢与大人说话。 喜欢听、讲故事，喜欢阅读各种故事书。 别人说过的话能很快记住并复述出来等。
音乐-节奏智能	感受、辨别、记忆、改变和表达音乐的能力。	喜欢倾听各种声音，包括人的嗓音、环境中的声音以及音乐。 当情绪不好时，音乐能够帮助他缓和情绪；听到某种音乐时表现得很兴奋、很激动，可能会随着手舞足蹈。 喜欢唱歌，并能很快学会新歌曲等。
逻辑-数理智能	运算和推理的能力。	对数字感兴趣。 喜欢数学计算活动。 能很快分清事物之间的关系。 能够提出问题并做出假设。 能够掌握因果、时间等关系。 做一件复杂事情时比较有条理，能安排出合理的做事顺序等。
视觉-空间智能	感受、辨别、记忆和改变物体的空间关系并借此表达思想和情感的能力。	绘画活动以及各种需要具体想象的活动。
身体-动觉智能	运用四肢和躯干的能力，包括有效控制身体运动的能力、灵活地操作物体的能力以及协调身体和大脑的能力。	喜欢模仿各种身体动作和面部表情。 手指动作灵活，喜欢折纸、拆装玩具等，喜欢学习手工技能。 喜欢使用各种工具、器械。 喜欢体育运动，能较好地控制身体，手脚协调、平衡能力好等。

续表

智能名称	智能特征	具体表现
自然观察智能	能够识别植物群和动物群，能够对自然界中各种物种分门别类，并且能够使用自然观察智力（在打猎、农业、生物科学等领域）生产出有效产品的能力。	对植物、动物感兴趣。善于识别不同种类的动植物等。
人际交往智能	与人相处和交往的能力。	乐于交流，善于与人沟通。
自知自省智能	认识、洞察和反省自身的能力。	善于自我反思和总结。

2. 多元的教学方法

根据多元智能理论，每个幼儿的智力都是八种相对独立智力错综复杂地以不同方式、不同程度的组合，每个幼儿都有自己的优势智力领域和弱势智力领域，有自己独特的学习类型。因此，教师应该全面、整体地去看待每一个幼儿，认识到每一个幼儿都是有自己独特智力特点、学习类型和发展方式的极具塑造性的个体，以积极乐观的态度去促进每一个幼儿的发展。

教育实践中，应该尊重每个幼儿独特的发展特点，为幼儿提供多元的学习切入点、多样化的学习内容和方式，使他们能够根据自己的特点和爱好选择最适宜的学习途径，并取得最优的学习效果。幼儿园课程内容的表征形式要多样化，课程内容尤其是相同的课程内容在信息表达时以多种方式展现，包括语言、逻辑、视觉、听觉、动觉、情感等展现方式。在课程实施过程中，教师要能够欣赏、重视每个幼儿的智力特点，多渠道地培养和发展不同幼儿多种多样的优势智力领域，同时鼓励和帮助幼儿将自己优势智力领域的特点迁移到弱势智力领域中，使自己的弱势智力领域也得到最大化的发展，从而促进幼儿的全面发展。在教育评价方面，多元智力理论认为每个幼儿都有不同于他人的智力特点和组合方式，由此决定了不同的幼儿对问题的解决可以有不同的方案，学习的成果也有不同的表征方式，因此，我们在评价幼儿时不应以单一化的标准去评价所有的幼儿，而应该在多元价值观的指导下，运用多样化的标准去评价幼儿。

3. 光谱方案

"光谱方案"（Project Spectrum）建立于1984年，是哈佛大学"零点方案"（Project Zero）的一个组成部分，是幼儿园和小学低年级进行评价和课程开发时可供选择的方法[1]。其理论依据主要是多元智力理论。光谱方案的研究者相信："每个儿童都有其不同能力的独特形态，即'智能光谱'。这些智能不是静止不变的，而是能被富有刺激性的材料和活动的环境所促进。一旦儿童的强项被发现，教师可以利用这些信息设计一个更具个人化的教育方案。"[2]

"光谱方案可以在许多层面上得到应用，它可以用于评价、当作课程，或作为一种强有力的哲学框架，从中可以看到儿童的特殊优势及工作风格。"[3]对于幼儿园课程，光谱方案启发我们对区域课程、主题课程的设计，并重视差异性学习，在材料设计、内容选择上，都为每个儿童提供主动选择的可能，让儿童获得个性化、多元化发展。另外，光谱方案对幼儿园课程的评价实践也产生了积极的影响。幼儿园课程的评价应关注动态的过程，经常在真实情境中观察幼儿，对幼儿与活动做出评估，而不是进行统一标准的测量。

（三）瑞吉欧方案教学：主题活动的生成性

瑞吉欧方案教学是风靡全球的意大利瑞吉欧·艾米利亚小城（Reggio Emilia）在教师、家长及其他社区成员共同创造的一套影响深远的课程及教学模式。它是瑞吉欧幼儿教育体系中的主要的教育活动，反映了瑞吉欧幼儿教育教学的理念，又是其课程的组织形式，更是幼儿生活、工作和学习的最主要的途径。瑞吉欧方案教学在我国也曾风靡一时，其课程模式的优势也对莲花二村幼儿园的课程产生了一定的影响。我们认为，瑞吉欧方案教学在以下几个方面富于创新和突破[4]。

第一，它强调幼儿的主动建构与合作学习。瑞吉欧方案教学本质上是让幼儿主动去进行各种探究、操作、表征的活动，并在其中寻求合作。

第二，它侧重以多种表达和学习方式来摸索其主动学习规律，并以此促进幼儿主动发展。瑞吉欧方案教学让孩子有灵活自由的学习形式，这一点是与幼儿的主动建构、合作学习相辅相成的。

第三，它重视并尊重幼儿的兴趣，不规定强制划一的学习时间，更便于开展促进幼儿深入理解多种学科的方案教学。活动时间、活动内容的灵活性也保证了幼儿主动学习

---

1 Project Zero. http://www.pz.gse.harvard.edu/project_spectrum.php. Harvard Graduate School of Education. 2015-3-10.

2 Chen, J. Isberg, R. and Krechevsky, M.（Eds.）（1998）. Project Spectrum: early learning activities. New York: Teachers College Press.

3 Krechevsky, M.（1991）. Project Spectrum: An innovative assessment alternative. *Educational Leadership*, 48（5），43-49.

4 霍力岩等.幼儿园课程开发与教师专业发展：比较研究的视角[M].北京：教育科学出版社，2006：180-181.

的可能，这是瑞吉欧方案教学在推动活动自然生成、支持儿童实际需要的重要体现。

第四，在教育教学的过程中，它关注多样性、启发性和艺术性的环境创设。环境的开发与多元也是保证儿童主动学习的重要方面。

第五，它给教师提出了更高层次的要求，要求教师研究幼儿的知识建构和学习过程，成为幼儿学习的合作者和研究者。成人与儿童是平等的，教师的作用是支架儿童的主动学习，成为儿童的倾听者及研究者，而非教授者。

第六，它努力建立并维持教育机构与家长、社区高水平的多边互动与交流。缺少了来自家庭、社区的支持，也就缺少了丰富资源的支持，瑞吉欧方案教学中给予幼儿的自由、充分探究的机会也将失去。

对于幼儿园课程的建构，这些瑞吉欧教育经验对课程中的主题活动、家园合作等都很有启发。在瑞吉欧方案教学的启示下，幼儿园课程的主题活动应关注预设活动与生成活动的平衡，提倡活动的灵活性及综合性。教师应及时捕捉活动过程中自然生成的有价值的话题与内容，在已有活动准备的支持下，引导儿童进一步开展探究、发现，教师在此过程中与儿童共同经历问题解决的全过程，并鼓励儿童之间的合作、分享、交流。除此之外，主题活动的生成性需要来自家庭、社区的支持，教师在活动前后，都与家长成为支持儿童参与主题活动、参与探究过程的重要支持者，共同在主题活动的推进中发光发热，保证主题活动的完整，保证儿童学习活动的多样、丰富，保证儿童学习形式的灵活、自由。

（四）高宽课程：主动学习与"计划—工作—回顾"

全美著名的早期教育课程——高宽课程（HighScope Curriculum）在儿童发展理论和研究的基础之上提炼出"支持儿童主动学习"的理念。它起初广泛运用了以皮亚杰（Jean Piaget）及其同事为先驱的认知发展研究，以及杜威（John Dewey）的进步主义教育哲学。随后，根据持续出现的认知发展研究成果对课程的主动学习理论及内容进行了更新。高宽课程所提出的"主动学习"包括五个要素，即材料、操作、选择、儿童语言及思维、成人支架[1]。高宽课程通过组织这些要素让儿童在活动中充分发挥主动参与、主动学习的品质。其中"成人支架"中的"支架"意味着成人应支持儿童当前的思维水平，并挑战它们，使其进入新的发展阶段。[2]以这种方式，成人帮助儿童收获新经验，发展创造性解决问题的能力。"主动学习"的理念对莲花二村幼儿园的课程产

1　［美］安·S.爱泼斯坦（Ann S. Epstein）.霍力岩等译.学前教育中的主动学习精要——认识高宽课程模式［M］.北京：教育科学出版社，2012.

2　［美］安·S.爱泼斯坦（Ann S. Epstein）.霍力岩等译.学前教育中的主动学习精要——认识高宽课程模式［M］.北京：教育科学出版社，2012.

生了深刻的影响，并成为本书幼儿园课程的核心理念。幼儿园课程应倡导儿童在丰富的经历中学习，而经历之中需发挥儿童的主动性，实现有效的学习，获取内化的经验。

"计划—工作—回顾"（plan-do-review）被认为是高宽（HighScope）课程的发动机和高宽课程一日生活流程的三部曲。"计划—工作—回顾"这个活动循环配合小组活动时间、集体活动时间以及户外游戏时间，构成了高宽课程的一日生活流程。

在计划时间里，儿童会告诉教师他们所选择的活动以及他们打算干什么。计划时间为教师提供了一个机会去调整和延伸儿童的想法。

高宽课程方案根据计划对儿童"主动意识以及进取意识"的贡献来识别这个计划过程，这个计划过程包括：① 确定一个问题或者目标；② 想象和期待将会发生的行动；③ 表达个人的意图和兴趣；④ 把意图具体化为目标；⑤ 周密计划；⑥ 持续不断地修正。

"计划—工作—反思"周期中"做"的部分，即工作时间，被认为是一天当中时间最长的一个独立时间段。在这个时间段，儿童忙于实施他们在各个领域所制订的计划，该课程模式训练教师去"惜墨如金地问问题"，通过那些精心选择的问题，儿童可以"巩固他已有的知识，同时意识到他是如何获取知识的"。"清洁时间"（Clean-up Time）则紧跟在工作时间之后，被认为是工作时间不可分割的组成部分。以前，清洁时间被视为是另外一个机会让儿童参加分级和分类活动。现在，清洁时间被认为给教师提供了机会，让他们去鼓励儿童解决问题，或者让教师发起"收起来"游戏，让其他幼儿合作，由教师与小组儿童参与。在这个时间段里，儿童利用大量的技巧来向教师和同伴表达他们的经验。教师可以选择让儿童反思他们学习经验的不同方面，或者为儿童的活动提供一个总的看法。

回顾时间意在给儿童的计划和工作画上一个句号，在儿童的脑海中建立计划与行动的关系，让儿童去表征他们的想法。同时回顾时间还被视为一个儿童公开发布他们成就的机会。

高宽课程对一日生活流程的提炼——"计划—工作—回顾"，对莲花二村幼儿园课程一日活动的安排及设计带来了启示。结合蒙台梭利教育法，我们的课程采用线上活动的方式，让儿童经历计划、活动、分享回顾的过程，支持儿童的主动学习，从而在每天活动中实现对儿童经验的提升。

四、关于幼儿园课程实践的一些思考

如何从借鉴中走向独立，进而形成中国本土的幼儿园课程解决方案，是我们在课程建设中不断探讨的问题。

　　我国教育部先后颁布的《幼儿园教育指导纲要（试行）》《3~6岁儿童学习与发展指南》这两份学前教育纲领性文件，是幼儿园课程中教学实践、评价实践、教师培训的基本指导思想，也是幼儿园课程得以真正中国化的关键基础。对此，在《幼儿园教育指导纲要（试行）》《3~6岁儿童学习与发展指南》的背景下，我们对幼儿园课程如何在中国社会文化环境中开展有效的实践从而支架儿童的主动学习，有以下的若干思考。

（一）教学实践的中国化

　　《幼儿园教育指导纲要（试行）》与《3~6岁儿童学习与发展指南》直接对幼儿园课程的教学实践产生影响，这主要体现在对课程结构、区域活动和主题活动的影响上。

　　1．课程结构的中国化

　　《幼儿园教育指导纲要（试行）》指出，幼儿教育活动应通过多种方式进行组织，应充分考虑幼儿的学习特点与认知规律，各领域的内容有机联系，相互渗透，注重综合性、趣味性、活动性，寓教育活动与生活、游戏中。根据这一指导原则，幼儿园课程在构建有准备的学习环境之上，充分规划幼儿一日生活，将区域活动与主题活动平衡，关注幼儿的生活、游戏、运动、娱乐，将五大领域的内容综合渗透在课程的不同方面。幼儿园课程在借鉴蒙台梭利教育法、瑞吉欧方案教学、多元智能理论、高宽课程等的基础上，通过学习内化《幼儿园教育指导纲要（试行）》《3~6岁儿童学习与发展指南》的内容，实现了适应中国文化、中国国情的需要。

　　2．区域活动的目标及内容选择

　　解析《幼儿园教育指导纲要（试行）》的目标及内容是区域活动中材料设计与投放的前提。《幼儿园教育指导纲要（试行）》中提出幼儿发展的五大领域，并在各个领域下提出幼儿发展目标、内容及要求，这些都是经过科学研究、理论论证、实践检验的有效经验。在《幼儿园教育指导纲要（试行）》的指导下，幼儿园课程中区域活动的材料布置更具科学性、完整性，并且每个区域中材料的安排具有内在逻辑，这对幼儿的操作也是一种支持。《幼儿园教育指导纲要（试行）》为区域活动内容的选择也提供了全面细致的指导，如其中健康领域的目标3"手的动作灵活协调"提出3~4岁幼儿"能熟练地用勺子吃饭"，4~5岁的幼儿"会用筷子吃饭"，5~6岁幼儿"能熟练使用筷子"，则提示教师为生活区设计并依次投放勺子、筷子用于操作的材料，为幼儿发展手部动作灵活性提供机会。

　　3．主题活动的内容选择与评价

　　《幼儿园教育指导纲要（试行）》中指出，教育活动内容的选择应遵照其第二部分的有关条款进行，同时体现以下原则：既适合幼儿的现有水平，又有一定的挑战性；

既符合幼儿的现实需要，又有利于其长远发展；既贴近幼儿的生活来选择幼儿感兴趣的事物和问题，又有助于拓展幼儿的经验和视野。《幼儿园教育指导纲要（试行）》第二部分提出了幼儿发展的五大领域，涉及目标、内容及要求、指导要点，相当于高宽课程所提出的关键经验。而《幼儿园教育指导纲要（试行）》则在细分的目标下提出可供参照的发展水平、具有实操性的教育建议，这些都为幼儿园课程中主题活动的开展、评价也提供了支持。

首先，教师在开展主题探究活动时，关注活动探究的综合性、灵活性，主题活动覆盖五大领域，使幼儿的发展更加全面综合。在开展活动时，除了基于幼儿实际的生成，教师也会参考《幼儿园教育指导纲要（试行）》《3～6岁儿童学习与发展指南》的内容，更有针对性地预设活动，为幼儿提供更有意义的探究机会。

其次，主题活动开展将促进幼儿各种经验的获取，教师在对幼儿进行观察评价时，可以依托《幼儿园教育指导纲要（试行）》与《3～6岁儿童学习与发展指南》，对幼儿经验的丰富程度做出一定的评估，进而反思主题活动开展的问题与不足。如何利用《幼儿园教育指导纲要（试行）》的目标及内容对幼儿在主题活动中经验获得进行评估，可以参照本书第二篇"支架儿童主动学习的评价实践"的内容。

（二）评价实践的中国化

《幼儿园教育指导纲要（试行）》中单独列出"教育评价"的部分，为幼儿园开展教育评价提出了诸多指导意见，涉及评价的主体、过程、方法、重点等。《幼儿园教育指导纲要（试行）》则提出3～6岁各年龄段儿童学习与发展目标和相应的教育建议，实则评价的参照标准。这些对于幼儿园课程开展幼儿评价、课程评价都有极大的指导性。

1. 幼儿评价

《幼儿园教育指导纲要（试行）》中第二部分"教育内容与要求"、《幼儿园教育指导纲要（试行）》中儿童学习与发展目标，都是可用于评估幼儿发展的框架及项目。这在幼儿园课程中的区域活动评价、主题活动评价、幼儿体能测查等多方面都有所体现。

2. 课程评价

《幼儿园教育指导纲要（试行）》中第三部分"组织与实施"、《幼儿园教育指导纲要（试行）》中的"教育建议"等，都是可用于评估幼儿园课程实施的重要内容。莲花二村幼儿园课程在开发建设之时，主要是参考国外先进的教育模式及理论，而在进行课程中国化的过程中，则是从评价入手，基于《幼儿园教育指导纲要（试行）》的这些内容，在评价中反思、完善，进而促进课程的本土化。

3. 学习品质

除此之外，《幼儿园教育指导纲要（试行）》在"说明"中专门提出"重视幼儿的学习品质"，提出"要充分尊重和保护幼儿的好奇心和学习兴趣，帮助幼儿逐步养成积极主动、认真专注、不怕困难、敢于探究和尝试、乐于想象和创造等良好学习品质。"这一提法直接引导幼儿园课程在幼儿评价上关注幼儿多种学习品质的养成，并在课程上相应地创造培养多种重要学习品质的机会，如区域活动主要是培养幼儿认真专注、不怕困难、敢于尝试、能坚持等学习品质，主题活动主要是培养幼儿积极主动、敢于探究和尝试、乐于想象和创造等学习品质，户外活动主要是培养幼儿不怕困难、敢于尝试等学习品质。

（三）教师培训的中国化

在莲花二村幼儿园课程开发之初，借鉴多元课程及理论时，教师培训往往是对其他课程模式、课程理论的学习交流乃至实践分享，而当幼儿园课程逐渐稳定、走向成熟的时候，需要对其进行中国化，这个过程的教师培训更多是对《幼儿园教育指导纲要（试行）》和《3~6岁儿童学习与发展指南》的深入学习。

1. 作为培训内容的支持

《幼儿园教育指导纲要（试行）》《3~6岁儿童学习与发展指南》的一项重要作用是作为教师培训的内容，幼儿园课程中，教师需要依托这两份文件反思教学实践，完善区域活动、主题活动、户外活动的实施，进而促进中国幼儿获得卓有成效的发展。教师通过学习这两份文件，对于开展教学实践有更为充分的思索，并使自身基本专业能力获得发展。教师通过培训后，将逐渐学会利用这两份文件指导其区域材料的设计与投放、主题活动内容的选择、主题活动的评价、户外运动的安排等。

2. 作为开展教师培训的方法指导

《幼儿园教育指导纲要（试行）》和《3~6岁儿童学习与发展指南》是幼儿园课程领导者及管理者参考的重要文件，基于这两大文件，结合《幼儿园教师专业标准（试行）》，可以充分分析教师队伍在开展教学活动中存在的问题，进而寻求问题解决的策略，在开展教师培训的时候，专门讨论，引导教师成长，弥补课程不足。

（四）幼儿园课程实践的五大特点

我们认为，幼儿园课程在长期的实践中应突显出五大特点：主动性学习、差异性学习、环境化教育、导师制教育、动态化评价。这五个特点也从另一个角度体现了幼儿园课程的理论基础及课程结构：主动性学习是关注儿童在经历中收获经典，基于高宽课程理论，让儿童在区域课程、主题课程等多元学习过程中主动参与、主动探究；差异性学习是幼儿园课程对儿童个体差异的尊重，区域课程给予儿童自由选择、自主操作的空间，鼓励儿童多元智能的表现；环境化教育源自蒙台梭利教育理论及高宽课程理论等对"有准备的环境"的关注，给孩子提供丰富有意义的学习环境，鼓励探索、发现与实践；导师制教育强调教师是"平等中的首席"，与儿童一起生活、一起学习、一起发现，又能给予引导、支持和鼓励；动态化评价是对儿童一日、一周、一月、一学期、一学年、三学年的持续的、动态的评价，通过幼儿发展档案、家园联系手册等方式评价儿童的发展，并反思课程的实施。

1. 主动性学习

幼儿园课程让幼儿在多元经历中学习，从而积累经验、收获经典，因此，幼儿进行主动性学习既是课程的显著特点，也是课程的要求。高宽课程理论认为，"儿童能够主动使用亲身经历的经验来建造和建构知识。由于他们与真实的世界间有着持续的多样且直接的联系，儿童的思维就会扩展，并能够将观察和解释考虑进去。因此，主动学习是学前儿童思维和理解发展的基础。"幼儿园课程中，儿童在区域活动需要主动选择材料进行个别探究，在主题活动需要主动参与合作探究，在日常生活环节需要主动完成自理活动如整理书包、就餐、排队等，在户外活动需要主动参与体育锻炼及运动，在周五的"户外大自选"中主动选择自己感兴趣的活动或游戏……幼儿园课程支架儿童的主动学习，同时促进儿童与环境的交互，积累经验、扩展思维、养成良好的学习品质。

2. 差异性学习

每个幼儿都有自己独特的智能特点、学习类型和发展方式，幼儿园课程应充分尊重每一个幼儿的学习风格、学习进度和学习节奏，在课程实践过程中采用多元化的教学方式。在多元智能理论的指导下，幼儿园课程应为幼儿提供多元化的学习切入点、学习内容、学习方式和成果展示方式。比如，根据幼儿的八大智能，在开展主题活动时，老师会和幼儿一起围绕某一个问题或一项任务，从多个角度、多个层面合作探究，让不同智能组合的幼儿都能在主题活动发挥自己的优势智能进行探究和学习，体验到成功的愉悦。同时，老师在传递信息时，也会使用多元化的表征方式，比如，运用故事、图画、音乐、表演等方式去展现相同的课程内容，从而使同一内容具有语言、逻辑、视觉、听觉、动觉、情感等多种呈现方式，使不同智能特点的幼儿都能够接受有效、优质的学习。在成果展示方面，老师会鼓励幼儿通过文字、音乐、戏剧表演、绘画等多种多样的方式去呈现，尊重幼儿不同的学习风格。为促进每个幼儿富有个性的发展，幼儿园课程应认真对待幼儿的个体差异性，充分尊重每个幼儿在发展水平、能力、经验、学习方式等方面的个体差异，精心设计课程内容，因人施教，使每一个幼儿都能在差异化的教育实践中获得满足和成功。区域活动对于促进幼儿个性发展具有重要意义，是实现差异化教育的有效途径。幼儿园课程充分利用区域活动对幼儿进行差异化教育，将"量体裁衣""因人施教"落实在对每一儿童都有益、有效的教育实际行动中。

3. 环境化教育

蒙台梭利强调成人必须在了解儿童身心发展特点包括阶段性、敏感期等的基础上，为儿童提供适合的"有准备的环境"。儿童在经过设计的环境中不断地经历，或者说和周围环境保持持续的相互作用，促使其获取经验、积累经典。由于幼儿处于直觉行动思维阶段或具体形象思维阶段，需要和适宜的"有准备的环境"的相互作用，才能达到对周围事物的初步理解。幼儿园课程应注重为幼儿的学习提供"有准备的环境"，通过环境对幼儿进行潜移默化的教育。在主题课程中，每一个主题活动开展过程中，老师都会运用与主题活动相对应的元素对教室环境进行设置，让幼儿通过对教室环境的观察、与教室环境的互动对主题活动更加喜爱并拥有更多的理解。区域活动中，通过精心为幼儿准备适宜的活动材料，让幼儿在与环境的互动中进行主动探究，获得对事物的理解。户外活动中，多样丰富的游戏及运动材料、环境布置等，都鼓励幼儿主动参与，在与环境交互中获得身心的良好发展。除此之外，幼儿园课程还应注重通过教室和校园中的各种标识对幼儿进行随机教育，这些都是通过环境与幼儿的互动达到有效教育的目的。

4. 导师制教育

蒙台梭利提出，教师肩负两个根本的任务，一个是发现真正的儿童，另外一个是为教育儿童做好精神准备。对于发现儿童、引导儿童来说，导师的作用好于老师的作用，因此老师的角色需要从讲授转型为引导。在幼儿园课程中，幼儿老师是"导师"，即是幼儿活动的引导者、支持者、研究者和喝彩者，老师的主要职责在于促进每个幼儿都能够得到适合其特点、类型和风格的有益发展。老师是儿童进行自发工作的"导师"，采取支持性干预为儿童提供支持主动学习的环境，引导、陪伴儿童在适宜环境中体验主动学习的乐趣，他们不仅尊重、热爱、了解儿童，更能引导儿童实现真正的自我发展。

5. 动态化评价

莲花二村幼儿园课程探索一种与课程理念相匹配的评价方式，旨在评估儿童在多元经历中的发展。儿童在园生活的每个时刻都会自然留下"痕迹"——大量的档案材料、作品、照片、记录单、日记、测查表、调查表等。这些"痕迹"好比无处不在的信息片段，经过有序整理能有效地呈现儿童的发展变化。基于此，幼儿园课程为每名儿童建立个人档案袋。这个档案袋可以包括的内容有：教师的观察报告、儿童的作品或作品的照片、家长对带回家活动的评价、儿童成长报告、主题探究成果或展览等。这样的评价方式正是基于动态化评价的理念，依据"实时记录、真实评估""层层递进、完善目标"和"完整记录、整体水平"的三大特点，对儿童进行连续、全面、有意义的评价，进而评估课程的实施。

（五）"经历、经验、经典"的理念创新

"经历、经验、经典"是莲花二村幼儿园课程始终坚持的理念，一直指导着课程开发过程中的走向，从而影响了幼儿园课程的运作方式。

1. 让儿童经历多元的学习过程

"在经历中学习"是莲花课程的核心理念，强调的是儿童世界里"生活即学习"的观点。儿童面对周围的世界，伴随着生活过程的一切经历都是他们学习的过程，基于培养目标，儿童的学习过程需要多元、富有价值，而不是重复、随机的。优秀的课程需要为儿童提供不同的、多元化的经历，这些经历着眼于儿童多元品质的培养，让儿童在多元经历中自然养成各种重要的品质，诸如专注性、坚持性、主动性、创造性、合作性、问题解决能力、冒险精神等。多元的学习过程应兼顾儿童的个别探究与集体探究，前者培养儿童的独立学习、独立思考、独立解决问题的能力，后者培养儿童的合作学习、社会交往、集体解决问题的能力。针对集体探究，不同的经历应包括与同伴、与教师、与父母等的合作。同时，多元的经历覆盖多元领域，让儿童在健康、语言、社会、科学、艺术等不同领域充分经历、学习、发展。多元的学习过程也保证了对儿童个性化的满足，同时让每个儿童获得全面综合的发展。

2. 在经历中积累丰富的经验

儿童在多元经历中积累丰富的经验，经验的丰富积累是支持儿童适应新环境的重要前提，同时激发了儿童的好奇心和主动性，让儿童在未来生活学习中敢于尝试，积极自信。杜威（John Dewey）在《我们怎样思维：经验与教育》中提出，"经验不是一种呆板的、封闭的东西；它是充满活力的、不断发展的。……经验也吸收和融汇最精确、最透彻的思维所发现的一切。确实，教育的定义应该是经验的解放和扩充。"[1]幼儿园课程应该让儿童在多元经历中扩充经验，这些经验应覆盖健康、语言、社会等多个领域，避免儿童"受孤立的经验影响，变得僵化"[2]。基于幼儿思维的特点，莲花二村幼儿园课程更强调让儿童在做事中积累经验，即自身去经历、主动地探索，而不是机械地接受间接经验。在这个过程中，随着年龄的增长，儿童开始具备抽象思维，"在经验中用新眼光看待熟悉的事物，进行想象，开拓新的经验"[3]。在经历中积累的经验，往往不局限为儿童的知识与技能，而是增长其见识——实践中的知识与能力，以帮助儿童学习适应各种环境，应对不同的事件。

---

1   ［美］约翰·杜威. 我们怎样思维·经验与教育 [M]. 姜文闵，译. 北京：人民教育出版社，2005.
2   同上。
3   同上。

3. 在经验中收获生命的经典

"经典"意指那些不会随时间流逝而改变的事物；生命的经典应该是那些有利于儿童成长、发展的核心价值。莲花二村幼儿园课程认同"学会学习，终身学习"的理念，关注支持儿童获得有效学习的本领，因此，幼儿园课程中儿童收获的"经典"则是儿童将受益终生的学习品质。杜威认为，"经验具有连续性，每项做过和经历过的经验会改变做着和经历着这种经验的人，不论我们愿意与否，这种改变都会影响以后的经验的性质。经验的连续性原则意味着，每种既从过去经验中采纳了某些东西，同时又以某种方式改变未来经验的性质。"[1]可以说，在儿童积累经验的过程中，不断沉淀影响后续经验的"经典"，我们希望幼儿园课程给予儿童在不同过程中学习的品质，这些品质伴随儿童成长、支持儿童发展。杜威也提出，"经验往往是个人和当时形成他的环境之间发生作用的产物"[2]，儿童在经历中积累经验，经验的连续性使得先前情境中的某些东西传递到以后的情境中去，在一种情境中所收获的学习品质，可以变成有效地理解和处理后来的情境的工具，整个过程在持续的经历中不断地进行着。学习品质是一种能够使儿童做好准备去获得未来的更深刻更广泛的经验的事物——"经典"。

　　总而言之，我们在此介绍了本书即将呈现的莲花二村幼儿园课程建构的背景、发展历程、理论基础、实践思考、理念创新等，回答了该幼儿园课程"何时""何地""为何""何为"这几个重要问题。随后，我们将带领您，一起发现幼儿园课程应该如何"支架儿童的主动学习"，如何为孩子们谋求当下的快乐与幸福，并在孩子们心中播下面向未来的种子！

1　［美］约翰·杜威.我们怎样思维·经验与教育[M].姜文闵，译.北京：人民教育出版社，2005.
2　同上。

第一篇
支架儿童主动学习的教学实践

篇首语

幼儿园课程中孩子的每一天都经历哪些活动？

幼儿园课程提供给孩子什么样的学习环境？

幼儿园课程的区域活动是怎么开展的？

幼儿园课程的主题活动是怎么开展的？

幼儿园课程中老师们怎么和家庭、社区牵手，支持孩子的成长？

幼儿园课程日复一日、年复一年中，都如何运转变化？

……

您对幼儿园课程如何开展的诸多实际疑问将在本篇得到解答。

教学实践是幼儿园课程的重要内容，倘若将幼儿园课程的教学实践看成一朵"花开如满月"的荷花，那课程的一日活动、学习环境、区域活动、主题活动、家园合作、周期循环，就是那饱满绽放的片片花瓣。"清水出芙蓉，天然去雕饰"，本篇将为您呈上一朵盛开的莲花，带您领略幼儿园课程中每片花瓣独有的美丽。

第一章　学习环境的创设

> 《幼儿园教育指导纲要（试行）》指出："环境是重要的教育资源，应通过环境的创设和利用，有效地促进幼儿的发展。""要为幼儿的探索活动创造宽松的环境，让每位幼儿都有机会参与尝试。"让幼儿园的每一处环境都富有教育与文化的内涵，从而浸润教师与孩子的心灵是我们的追求。在建构教育环境时，我们依据各年龄阶段幼儿身心发展的特点及他们的发展需要，考虑各区域的不同特性，尊重幼儿的喜好，力求幼儿园的每一处、每一角、每一区、每一物都带给幼儿快乐、温馨和舒适的感觉，并赋予教育的内涵。

第一节　室内活动环境：促进幼儿个性发展

教室规划要为将在其中发生的所有活动做准备。幼儿园课程应重视幼儿学习的个体差异，支持幼儿的个性发展。由此，室内的区域活动、主题活动、生活活动，都要求有相应的物质环境支撑，从而促进幼儿个性发展。在进行室内环境规划时，首先应考虑室内环境中有哪些可以利用的空间，综合教室、睡房、走廊、墙面、空中等一切可利用的因素，根据课程在室内开展的活动内容：生活方面——吃饭、睡觉、盥洗；教学——区域个别探究、主题集体探究；游戏——餐前游戏、环节游戏等不同活动的不同要求，从以下三方面进行精心规划与设计，努力为幼儿提供一个安全、开放、舒适、便捷、能提供多种学习、探索、实践机会的室内活动空间。

一、室内环境规划的理念

（一）整体与部分兼顾

幼儿园的室内活动环境是幼儿在园一日生活中占据时间最长、使用频率最高的地方，在注重"一日生活皆课程"的幼儿园课程中，科学合理地规划好室内活动环境，很好地兼顾幼儿的生活、学习、游戏等各项活动开展的需要，在整体规划后再进行布置。室内活动环境除了要设置主题活动需要的，能支持幼儿进行集体探究的大面积空旷空间，设置区域课程需要的相对独立的个别探索空间外，还要设置方便幼儿有序喝水、如厕等生活活动的空间。在幼儿园课程中空间规划时有的是单独地进行规划，针对特别的活动独立使用，有的空间则兼顾几项活动功能，它们在不同的活动中发挥不同的空间使用价值。

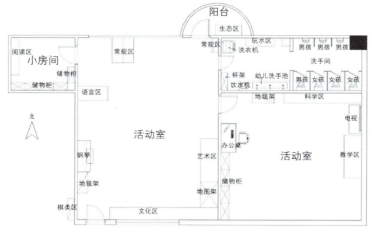

图1-1   班级区域划分平面图

（二）开放与围合平衡

幼儿园课程中一日的活动因各活动的教育功能不同，活动内容也存在着差异，因而在形式上则会出现自由、开放性高的活动和严谨、规范性强的两种形式，这两类形式的活动对空间的要求会有所区别。前一类活动开展时环境中的氛围会相对自如、喧闹，因而在环境设计时应注意空间的开放性，通过空间的开放让幼儿更好地享受活动中的轻松气氛，同时降低空间的喧嚣程度；而后一类的活动相对会需要高度的专注力和意志力，因此在安排空间时，就需要适当地进行围合，使空间相对隐蔽，提高活动对幼儿作用的效率。平衡好一个环境中的开放与围合区域，会使幼儿在园的一日活动进展得更流畅，所有的环节衔接时氛围活而不乱，"场面既有安静处又有灵动性，为幼儿提供真正促进其身心快乐成长的空间。"[1]

（三）静态与动态结合

幼儿园课程中的教育环境设置中还有一个重要因素，那就是"静与动"，这个"静"表现在某些空间环境在儿童在园的三年中都没有变化，而有的空间环境则在每天、每周、每月的变化着。

1   王微丽，主编.幼儿园区域活动——环境创设与活动设计方法.北京：中国轻工业出版社．2014：32.

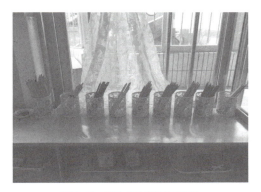

图1-2 活动柜上的学习用品

幼儿园课程的环境中有一部分是处于一种静态的方式呈现在幼儿的活动之中，这中静态的环境有的是在他们在园三年中都始终于一的陪伴着他们的成长，这些静态环境之所以不进行改变其最大的目的是为了培养幼儿生活、学习、游戏等方面的良好习惯及行为规则。这些环境包括他们的生活用具摆放、书包柜、学习辅助用品摆放等。（图1-2）

幼儿园课程中的动态环境，在变化时间方面没有一定的规定，它有时是以日的形式呈现，有时是以周的形式呈现，有的是以月或学期的形式呈现，它是根据课程支持幼儿的年龄特点、发展水平、兴趣爱好等方面的需要，及时地进行调整、更新、变化来满足幼儿的发展。幼儿园课程中环境变化一般是表现在主题课程环境和区域课程环境中，如区域课程中材料的变化，区域课程中区域结构的变化；主题课程中主题环境展示的变化等方面。

二、各种室内活动中环境创设的特点

（一）区域个别探究活动中

图1-3 一般区域中的材料柜

图1-4 美工区的材料柜

不同幼儿之间的发展水平、发展领域、发展速度、智能特点或个人生活经历、家庭背景、受教育环境等各不相同，因此教育应该尊重幼儿之间的差异，因材施教，使每名幼儿在自己原有水平上获得适宜的发展。走进幼儿园课程的幼儿园教室，你能清晰地看到室内环境被分成了许多不同的区域，支持幼儿不同知识领域和智力领域的发展，每个区域由几十到上百份材料组成。这些材料是根据幼儿的年龄特点和发展目标构成的，这些多层次多侧面的材料，适应不同发展水平和具有不同兴趣爱好的幼儿的发展需要。活动开展时，幼儿会自主地制订当日活动计划，并根据自己的计划有目的地寻找材料，积极地操作材料，从环境中自觉、主动地获得感性的知识，最终达到教育目的——促进幼儿的个性发展。（图1-3、图1-4）

（二）主题集体探究活动中

主题活动是幼儿园课程中支持幼儿社会性发展、情绪情感体验、分享交流运用已有知识的活动平台。在幼儿园课程的幼儿园环境中，主题活动的开展情况，会更多地通过墙面、空间等将幼儿的作品、活动搜集的资料、活动成果等用显性的方式进行呈现，这种呈现会随着主题的深入而不断地垒加、丰富，而且这种呈现显示出一种记录式的轨迹，让走进幼儿园课程的每一个人能从这些物品中看到主题的开始、推进、转折、成果。幼儿园课程环境中主题痕迹的变化是随着主题交替而变化的，在两个主题的交替前后，这种呈现中会显示出两种主题的重叠痕迹。而且在幼儿园课程中主题环境的创设是在一个个主题活动中自然形成的，这些创设环境的过程包含有主题活动中幼儿收集、制作的物品、信息的自然分享环节，而好环境的创设又为幼儿、家长、教师共同收集资源、整合资源提供了的平台。（图1-5、图1-6）

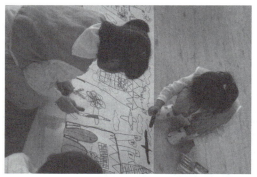

图1-5　用自带材料布置环境　　　　　　图1-6　合作布置主题墙

（三）生活自由活动中

生活自由活动是幼儿生活习惯、生活常规养成的最重要环节，过去幼儿的良好的习惯品质的培养主要是通过教师不停地说教，幼儿反复地练习而形成，但在幼儿园课程的环境中，很少听到教师组织常规的语言，而仔细观察环境，会发现环境中的桌面、地面等多了许多的点、线、圈等标志。这些静静散落在室内各处的小标志，它们用无声的语言引导幼儿在生活自由活动中遵守着各种规则，形成影响他们终身发展的各种良好的行为习惯。（图1-7）

三、各种室内活动对环境的利用

幼儿园课程中的室内环境因素包括墙面、柜子、地面、空间、桌椅、材料等不同方面，合理地分配这些因素，让它们充分地为课程服务，使课程的实施更加科学，提升课程对幼儿的积极促进作用。根据幼儿园课程中主题活动、区域活动、生活活动等对幼儿发展的定位，及各类课程

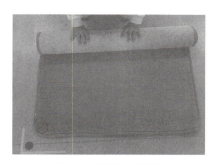

图1-7　地板上的标识

的活动目标、活动内容及活动形式，我们将室内环境因素做了以下分配，这种分配只是相对的，而不是绝对的，它需要教师在课程中灵活地使用。

柜子、环境中周边面积主要作用于区域活动课程中的个别探索，幼儿园课程中区域课程主要是通过幼儿探索材料获得发展，这些材料是每一份都用托盘盛放在活动柜中，因此活动柜在区域课程中起着很大的作用，它除了能呈现所有活动区的材料外，还可以用它来做隔断物，在区域设置时，利用柜子的高矮搭配、不同摆放方向，根据各区域需要的空间大小及区域活动时需要隐蔽、安静、开放等特点进行隔断划分，以它来创设适宜的区域活动空间。幼儿园课程中区域活动讲究个别探索，因而在空间布局时，应该尽可能地将区域柜围合成的区域环境安排在室内的周边范围中，这样能更好地让幼儿在探索时做到专注而安静，放大区域活动的教育功能。（图1-8、图1-9）

墙面、活动室中间大面积空旷地主要用于主题活动课程的集体探索，幼儿园课程中的主题活动主要是以集体形式开展进行的，这种幼儿共同合作进行的探究活动需要一定的空间才能更好地开展，因此在活动室环境规划中首先就要划分出这样的场地，这个场地一定要空旷不能有其他的物品，不要等到集体活动时教师通过挪动放在中间的物品腾出地方来开展活动，这样会使活动环节的流畅度打折，也给教师增加了不必

图1-8　柜子隔出的美工区

图1-9　柜子隔出的阅读区

要的麻烦。主题活动的开展需要通过调查、成果等展现，因此墙面在主题活动的作用非常大，墙面因素也应主要用于主题活动探索过程的展示。

角落及杂物功能室、地面等环境因素主要用于培养幼儿良好的生活习惯及常规的养成，前面提到有关幼儿生活环境会以相对静态的方式呈现，因此，在设计有关幼儿生活方面的环境时，应以不显眼，边缘等因素进行考虑和规划，杂物功能室主要用于幼儿盥洗、书包衣物的摆放，角落设计用于饮水机、口杯等日常用品的摆放，而地面最大的功能就是设计各种圈、线、点等标识，这些标识部分替代了教师管理幼儿常规的教育功能，通过圈、线、点的作用，让环境中的标识潜移默化地引导幼儿遵守各种活动规则，这些地面的标识有的是用来规范幼儿活动中桌椅的摆放方式，有的提醒幼儿饮水时队伍的排列，还有的暗示幼儿午睡鞋子的摆放位置，这些圈、线、点的长度、宽度、颜色要与活动室地板整体布局相统一，真正起到帮助幼儿与周围环境直接互动作用。（图1-10、图1-11）

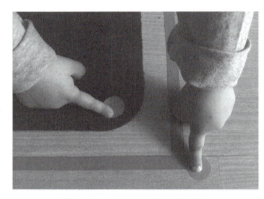
图1-10　地板上的操作毯标示

图1-11　桌子上的标示

第二节　公共活动环境：促进幼儿社会性发展

公共活动环境是基于对幼儿内在需求的了解，为充分满足幼儿全面发展的需要而创设的，它是对室内环境的有益补充。公共活动环境能培养幼儿的自主精神和创造精神，促进幼儿社会性的发展。公共活动环境是全园共享的区域，它具有区域人数较多、合作性强、交往面广等特点，幼儿在公共区域的活动中，通过与同伴自主分工合作、交流分享，自由地经历一个模拟的成人社会，促进他们社会性的发展，动手能力及交往技能获得了提高。公共区域的活动较之室内的活动而言，活动氛围更加自由活跃，这种自由开放的教育环境有利于激发他们的创造潜能，培养同伴关系，激发幼儿的自信心，建立责任感和规则意识，是对促进幼儿个性发展的有力支持。

公共活动环境因为承担对全园幼儿教育的功能，怎样在全园选择一个适宜的地点设置需要的公共环境？怎样在有限的空间环境中，兼顾到各个不同年龄、不同兴趣爱好幼儿活动的需要？在环境设计时应根据课程对环境教育要求的定位，将活动内容、活动形式进行分层思考，综合各类教育因素，对公共活动环境进行科学、合理、全面的规划。

一、根据场地的特点设置多样的公共区域

为了弥补课程不足对幼儿发展的限制，我们可以在园内设置全园幼儿共享的沙水区、艺术表现区及社会理解与机械建构区。以莲花二村幼儿园为例，在其幼儿园课程的启动探索阶段，只设置了日常生活、感官、语言、数学、科学与文化、艺术等室内个别探索区域，2003年，幼儿园开始学习和吸收多元智能理论，按照光谱方案将儿童学习领域分为八大中心，分别是运动、语言、数学、自然科学、社会理解、视觉艺术、音乐和机械建构。对照原有的活动区域，发现社会理解、沙水和机械建构、艺术表现领域的活动正是幼儿园课程所欠缺的。根据即将构建区域的特性，就在园内寻找并规划适宜的公共场地，沙水区的开展过程中因为活动中的堆砌、挖掘、倒模、填埋等创建活动会使影响周围环境的干净度，因此，我们选择了在幼儿园最边缘的一块阳光充裕的地方，让幼儿在享受日光的同时，能无拘无束的进行他们的建造。艺术表现、社会理解与机械建构区则是在园内开辟了一个200平方米的独立公共区域，这个大的环境是一个独立围合的环境，能够让幼儿尽情创作、大胆建构、感受真实的社会生活情境同时，其活动过程中的喧闹氛围不会影响园内其他活动的开展。（图1-12、图1-13）

图1-12　机械建构区

图1-13　公共玩沙区域

二、让有限的公共环境适应全园幼儿差异化的活动

公共区域因为要关注到全园不同年龄、不同兴趣幼儿的发展需要，在有限的空间要兼顾到各个层面，在幼儿园课程中通常会从以下两方面进行了探索。

（一）在环境材料一致，活动目标与要求的差异性中满足不同年龄幼儿的需要

由于每天在公共活动区域中活动的幼儿包含大、中、小班不同年龄段的孩子，而且这些场地经常是前一拨活动的是中班幼儿，后一拨活动的可能就是大班或小班的幼儿。受幼儿园场地局限，如果在场地中每个年龄都有自己适宜的活动场地和材料是不现实的，解决这个矛盾一般采取的方法是，同一区域主题一致，活动材料一致，但目标定位及幼儿参与的角色不一样，这类活动区域的环境是在幼儿来之前就已布置到位，幼儿到活动地点只需要进行角色分配和开展活动即可。如在社会理解区的"莲花超市"中，超市的环境是前期教师通过与中、大班幼儿在参观、了解超市的基础上，与幼儿共同商议后一起进行创设的，环境中提供的材料数量、内容都一样，但在大、中、小不同幼儿到此活动时，教师提出了不同的目标和要求。小班幼儿是学习购物；中班幼儿是初步尝试根据需要购物、初步了解为他人服务的技能；大班幼儿是制订设计购物计划并按计划进行购物、熟悉超市服务人员的服务技能。在角色扮演中，小班幼儿只需要在超市承担顾客的角色，服务人员由班级教师担任，教师通过与幼儿共同扮演角色引导还没有形成良好社会合作能力的小班幼儿更好地开展活动；中班幼儿除了在超市要扮演顾客外，他们也需要初步学习扮演超市服务人员的角色，教师只在活动中承担个别角色来引导幼儿更好地活动；而大班幼儿则可以在活动中自主协商分配不同主题活动的角色，并在活动中进行相互合作、相互交流，创造性地完善活动，而教师则以角色身份进入他们的活动并指导其将活动推向高潮。（图1-14）

图1-14　超市购物

（二）在同一环境，不同主题与不同材料中满足不同兴趣幼儿的需要

在幼儿园课程的公共区域中还存在另一种环境提供方式，某一区域的环境是事先没有完全布置好的。在这一个区域中会有几个"主题"的材料分类放在不同的箱子中，不同年龄段的幼儿到公共区域活动时，他们根据自己的兴趣和爱好，或根据不同的年龄层次，自由或教师引导下选择他们喜欢的或适宜的材料，进行简单环境布置后开展活动。如，社会理解区中，已有柜子隔出的空间，这个空间既可以开展"娃娃家"主题，也可开展"发廊"主题，还可以开展"餐厅"主题。环境中除了柜子外还分门别类存放着开展这三个主题的三个储物箱，不同年龄的幼儿到这里后打开箱子，将箱中的材料取出，进行摆放，贴上标志即可根据小、中、大分别开展"娃娃家"主题、"发廊"主题和"餐厅"主题；也可以是同一年龄的幼儿根据自己的需要选择性地开展其中的主题。（图1-15）

图1-15　公共角色游戏区

三、合理安排时间，实现公共环境利用的最优化

为了保证全园每个教学班在使用公共区域活动环境的时间内不与其他班级发生冲突，同时为了提高环境的利用率，幼儿园在实施的过程中经常会采用以下两种方法来避免此类问题的发生。

（一）固定的轮流活动时间安排表

在区域课程中，公共区域活动环境是与室内区域环境相互补充的，在课程定位时应将公共区域活动内容纳入整体区域课程体系之中。因此，在安排公共区域活动时间表时，教师将各个教学班的固定活动时间安排在了上午户外活动之前的时间段中，每天两个班级轮流使用，有良好的区域活动常规为前提，规范的物品管理制度作保证，在每一天班与班的活动与交替中，随处会看到材料随用随收的景象，确保公共活动环境重复使用的效率。这种固定的轮流活动时间安排的优势在于，每个班每周至少有一次活动时间的保证，既利于行政管理与监督，又保证了活动效果及环境的管理。

表1-1　201409—201501莲花二村幼儿园户外活动场地安排

地点时间		淘气堡	塑胶地	操场	沙池	后草地	感统室	门口
星期一	上午	A班	D班 E班	Q班	C班 B班	I班 H班 K班	U班	F班
	下午	F班	A班 B班	D班	I班 E班	U班 Q班	C班	H班 K班
星期二	上午	D班	H班 K班	F班 C班	A班 U班	Q班 E班	I班	B班
	下午	E班	Q班 B班	A班 I班	H班 K班	F班 C班	D班	U班
星期三	上午	I班	U班 C班	K班 E班	Q班 B班	A班 H班	F班	D班
	下午	C班	K班 F班	I班 H班	D班 U班	E班 B班	A班	Q班
星期四	上午	H班 K班	Q班 F班	U班 B班	I班	D班 C班	E班	A班
	下午	B班	D班 U班	H班 E班	A班 F班	I班 K班	Q班	C班
星期五	上午	Q班	A班 I班	C班 K班	D班 H班	U班 F班	B班	E班
	下午	U班	E班 C班	B班	Q班 F班	D班 A班	H班 K班	I班

各班颜色如下：

小班：A班　　D班　　I班　　H班

中班：F班　　Q班　　U班　　K班

大班：B班　　C班　　E班

（二）灵活的预约活动时间安排表

公共区域里的许多小环境除了开展相关的区域活动外，它还适合开展幼儿园课程中的许多其他活动，如，承担幼儿园课程主题活动中的一些小集体活动，针对节假日开展的节日庆祝活动，幼儿的个人才艺表现活动，主题环境创设活动等。班级将这些活动开展放到公共区域里开展，可以分散班级环境中人数，让幼儿享受更宽松的活动空间，在公共区域里开展这些小活动不仅可以利用这里良好的环境氛围，更好地提升活动效果，同时也增加了环境的利用率。但因为班级其他活动的开展不具有固定性，而且开展某些主题活动时可能存在同龄班同一时间开展相同内容的活动，因此有可能会出现几个班同时需要使用公共区域环境的情况，为了协调好这些关系，我们设计了活动场地时间预约表，有需要的班级提前到预约表上进行空闲时间的预约登记，预约成功的班级优先享用环境使用权。

表1-2　第 ____ 周社会理解与建构区活动情况登记表

活动时间	活动班级	幼儿活动情况	物品管理	班级教师签名
周一				
周二				
周三				
周四				
周五				

备注：

1.《幼儿活动情况》可以填写孩子当天活动的精彩亮点，如，演出的节目、搭建的作品等，也可登记当天的突发或特殊事件。

2. 如有物品丢失或破损请填写在《物品管理》中，无以上情况可以填写"正常"。

3. 班级因特殊原因没有参加三楼活动可以不作登记。

第三节　户外活动环境：促进幼儿身心健康发展

《幼儿园教育指导纲要（试行）》指出："幼儿阶段是儿童身体发和机能发展极为迅速的时期，也是形成安全感和乐观态度的重要阶段。发育良好的身体、愉快的情绪、强健的体质、协调的动作、良好的生活习惯和基本生活能力是幼儿身心健康的重要标志，也是其他领域学习与发展的基础"。为了抓住3～6岁孩子身体发育的第一个加速期和孩子身体成长的黄金时期，在户外环境创设时，把握"自由、安全、快乐、全面"

的原则，一寸一寸地规划设计户外场地，让每一处户外场地凸显一项主要锻炼功能，并探索制定每一处户外场地的各项活动指标，使全园的户外场地既独立又互补，构建了科学、安全的园内立体体育活动空间。在户外活动时间，幼儿可以根据自己的需要完成促进体能的走、跑、跳、跃、攀登等动作，也可以根据自己的爱好开展戏水、玩沙、钻洞、爬坡等活动，还可以根据自己的实际发展水平开展悬吊、跨栏、平衡、跳远等活动。不同的活动、不同的器械、不同的选择最大限度地满足了幼儿的不同要求，每周五我们还允许幼儿自由选择活动场地、活动器械、活动对象，让他们在"大自选"的自主户外活动中获得身心健康的全面发展。这种户外环境的科学性规划与创设是怎样形成的呢？（图1-16、图1-17）

图1-16　户外活动器械

图1-17　自创的时光隧道

一、解析《幼儿园教育指导纲要（试行）》和《3～6岁儿童学习与发展指南》健康目标，制订出园级分层健康领域目标

　　《幼儿园教育指导纲要（试行）》和《3～6岁儿童学习与发展指南》都明确地提出了幼儿健康领域的目标，特别是《幼儿园教育指导纲要（试行）》中不但提出了目标，还在每个目标下都有"各年龄段典型表现"与相应的"教育建议"。这些为幼儿园开展户外体育锻炼提供了更科学的、操作性更强的依据。为了更好地创设能有效促进全园幼儿身心健康发展的户外活动环境，幼儿园首先就应根据全园幼儿实际发展情况，分解了健康领域的相关目标，制订出能落实《幼儿园教育指导纲要（试行）》和《3～6岁儿童学习与发展指南》精神，完善全园整体课程建构的健康领域分级目标，这种分级目标不但更加的细化了各个动作领域的目标，而且在年龄分层上也更精确。如《幼儿园教育指导纲要（试行）》健康领域（二）动作发展目标1，3～4岁能沿地面直线或在的低矮物体上走一段距离。针对这个目标和年龄，在制订操作性、可行性更强的园级

目标时，从两个方面对目标进行了解析，一个是年龄方面，细分为3岁，3岁半，4岁，在锻炼物品上也进行了细分，距离的长短，还有低矮物体的具体高度与宽度，经过课题实验，收集分析实验数据后，教师制订了3岁幼儿能沿地面直线走多长距离，3岁半幼儿能沿地面直线走多长距离……3岁幼儿能沿高度多少、宽度多少的物体走多长距离，3岁半幼儿能沿高度多少、宽度多少的物体走多长距离……幼儿园不但制订可操作目标，还在每学期初和学期末对每个幼儿进行检测。

二、分析园内所有户外活动场地的运动适宜性，确定场地的运动项目与内容

制订好园级户外运动目标后，幼儿园应着手从以下几方面科学地进行户外运动环境的规划与创设。

（一）科学地分配户外运动场地的运动项目

户外场地因为各幼儿园设计不同，场地也不全是整齐地长方形，它们有的可能是一块很大而空旷的场地，有的可能只是两个建筑中一个狭小的连接处，还有的可能是建筑转角的一个小角落，合理地规划好这些不规则的场地，需要逐一地分析场地的大小、形状、平整度、地面的软硬程度，科学地分析哪一类户外场地适合进行哪一类运动项目，通过整合分析后的情况，将需要完成的园级体育运动的所有项目划分到适合的运动场地中，科学地将运动项目与运动场地进行匹配。如在分配方正的长方形操场的体育活动项目时，不能只局限地思考运用场地完成幼儿的操节类活动，更要看到操场的平整、空旷等特点，将能集中体能锻炼、器械容易搬放、器械摆放活动场地相对需要平整的项目分配到操场上。

（二）高效地布局户外运动场地的运动位置

幼儿因为一天时间都在幼儿园，户外运动时间在幼儿一日生活时间中所占比重也非常重，要让幼儿喜欢户外活动，让运动真正促进幼儿身心健康发展，丰富的运动内容、多种类的运动形式，是保证幼儿积极参与户外活动的前提条件，在有限的运动空间合理地设置多项运动项目，才能保证所有的运动项目有其适宜的地方，同时提高每一处场地的运动有效率，使每处户外场地的作用最大化。因此，幼儿园的每一处户外场地的功能都不是单一的，在进行场地规划时，首先要进行运动场地的平面规划，平面规划又本着先中间后边缘的方式；然后进行空中规划，空中的规划一般是在场地的边缘位置和角落位置，以免环境中间的空间设置造成空间压抑感。如在幼儿园课程实

施的某园的一块不规则的长形户外
场地中，在分配运动项目时，它兼
顾早操、走、跑、钻等项目，因此
在规划时，首先将场地中相对比较
大的场地设计为早操、走、跑等运
动项目使用空间；边缘不规则的小
面积地方设计为钻、平衡等运动项
目使用空间；而在边缘的空中再设
计高空钻的活动来促进幼儿的体能
发展，也挑战幼儿的运动极限并培
养他们的勇敢精神。（图1-18）

图1-18　户外运动塑胶地

（三）巧妙地安排户外运动场地的器械摆放位置

在幼儿园课程中看到的户外运动场地都兼顾着多种功能，开展着多项运动项
目，这些运动项目器械在环境中的摆放也是需要进行综合地规划。器械在环境中
存放除了既要便于幼儿取放、又要有明显的指引取放标识外，还要做到当没有开
展到相关器械的活动时，器械的存放还不能干扰幼儿其他运动项目的开展。因
此，巧妙地安排户外运动场地的器械摆放位置也是提高运动场地利用的重要因
素。针对户外运动器械的摆放，幼儿园课程中运用了以下两种方式来解决以上的
问题。

1. 隐蔽式存放

户外运动器械的隐蔽式存放有两种情况。第一种是器械不适合风吹日晒，放在露天
下容易造成提速器械的破损程度，而破损的器械容易形成安全隐患，这一类器械因选择
隐蔽式存放。第二种是场地周围的环境不适宜进行隐蔽式存放，而需要选择一个与场地
相邻的地方进行器械的存放。如，早操器械、玩沙工具。

2. 敞开式存放

敞开式存放的方式适合比较大型、厚重、结实一些的运动器械，这些器械因为大
而不方便在封闭的空间中摆放整齐，而且不方便幼儿进行搬放而进行整理。因此，将
这一类运动器械整齐地摆放在场地周边的空闲地方，会减少器械取放整理需要的时
间，将更多户外活动时间用于幼儿真正的体育活动上。选用敞开式存放方式在运动场
地周围摆放运动器械，一定要有明显、有指引效果的标识，通过这些标识保证幼儿自
主地收拾整理场地上的运动器械，同时让幼儿形成良好的物品规范意识，更重要的是
保证户外场地的整洁、规范和安全性。（图1-19、图1-20）

图1-19 室外运动器械

图1-20 室外大型玩具

三、根据目标及场地特点，购置或自制各类安全的活动器械

要保证幼儿积极而兴趣高昂地参与户外体育运动，除了教师科学地制定活动内容、设计活动形式，还离不开各种适宜而有趣的户外活动器械。当户外活动场地规划好后，根据场地活动项目所需要达成的目标，有目的、有计划的选购或自制各种适宜的锻炼器械，也是保证日后体育活动开展是否成功中重要的一环。选择器械时在安全性为前提的情况下，运动器械配置时，首先要考虑全园场地一体化，锻炼目的一样的器械在园内不宜过多地重复出现，要让园内运动场地出现促进幼儿动作、体能等不同方面发展的不同各类的运动器械；其次，同一场地、同一锻炼目标的相同器械要根据场地的大小、该场地能容纳的安全运动人数进行分析后，合理地投放适宜的数量，使运动场地在幼儿运动时既高效运用空间但又不至于人数过多造成拥挤，而形成安全隐患。全面、细致、合理将场地各方面情况都进行精心地考虑，才能真正构建科学、安全的园内立体体育活动空间，幼儿园课程的户外活动场地就是通过科学实用的规划创设，全面实现和落实了园本课程中健康领域所设立的目标体系、内容体系和方法体系，幼儿在这种有预设的户外活动场地中自由、愉悦、充实活动，获得身心健康的全面发展。

四、针对不同场地的运动项目制订各年龄段、各项活动指标

当户外体育环境创设成功后，怎么能保证幼儿在户外活动时能得到系统面全面的发展？怎样保证场地当初的预设效果会在每一次的活动中得到落实？在探索户外活动促进幼儿身心健康发展的推进过程中，通过科研、教研等无数次的研讨、实践、调

查、实验等活动后，收集整理了各种相关数据后，我们制订出了各种不同运动项目在一次活动中最适宜幼儿进行的运动数量和最佳的运动时间。制订出各种不同场地中的各项运动的活动指标，让教师在户外活动时严格执行指标要求来开展活动，通过在每次活动中落实定量指标中的运动数量、完成指标中的规定运动时间，确保每一次幼儿户外活动质量。科学制订适合各种不同发展水平、年龄特点的幼儿运动指标，具体实施时可从以下几方面进行。

（一）年龄特点

年龄特征是指在一定年龄阶段中那些一般的、典型的、本质的特征。因此，在制定各种活动指标时，我们可以首先考虑的就是以年龄为特征来进行对活动对象进行分层，制订出小班上（3岁）、小班下（3岁半）……大班下（6岁半）等不同年龄特征幼儿活动的指标，根据年龄特点来制订的运动指标是一个宏观的活动对照指标，真正要让每个不同的个体在户外活动中得到适宜的发展还应该制订更有针对性的活动指标。

（二）发展水平

年龄特征既是相对稳定的，同时又是可以随着社会生活和教育条件等文化背景的改变而有一定程度的改变，基于此，在每个不同的年龄段中，幼儿因为遗传因素、后天环境、智力优势、兴趣爱好的不同，他们之间的运动能力会有着显著的差异。因此，在年龄特点制订的运动指标基础上，我们还要根据幼儿的发展水平制订出更为细致的每个年龄段中体能发展高、中、低幼儿的活动指标，让教师在户外活动时能根据班级幼儿的发展水平更有针对性地进行指导。

（三）季节性

一年四季幼儿生长发育的情况是有区别的，遵循着自然界季节的变化规律和特点来安排幼儿的户外活动量，会使户外活动更为科学、合理。因此，在运动指标方面我们也会因为四季不同气候特征和气温差别来调整活动的运动指标量，而教师在组织幼儿的户外活动时也会根据这些差异性的指标来指导幼儿，让活动能科学而安全地促进幼儿的身心发展。

本章小结

幼儿园课程的学习环境包括室内活动环境、公共活动环境与户外活动环境，其中室内活动环境的规划与创设主要是围绕区域活动、主题活动与生活活动进行；公共活动环境则包括全园幼儿共享的沙水区、艺术表演区及社会理解与机械建构区；户外活动环境则包括开展戏水、玩沙、钻洞、爬坡、悬吊、跨栏、平衡、跳远等活动所进行的环境。每类环境的设置都有各自的目标、要求及步骤。而对于户外活动环境，幼儿园课程也专门设计了"大自选"的环节，给予幼儿自主选择环境进行活动、游戏的平台。

第二章 一日活动的安排

幼儿园课程的一日常规活动流程，是按照幼儿的心理、智力和体力活动的生物节律，来安排的幼儿园生活作息制度，在正常的情况下，是按照固定的环节安排周而复始地进行，课程中不但环节相对保持不变，而且各环节开展的时间长度也基本不变。这种规律性的流程安排，能提高幼儿的活动、游戏、学习效率。幼儿在园的三年时间中，他们在这种有规律性的活动中生活、游戏与探索，让他们在自己的生命体内慢慢地建立了在园活动的节律生物钟，它是幼儿生命体内的无形的"时钟"，它是幼儿在园生命活动的内在调节器。当幼儿建立起这种生物钟后，每到一个环节，他们会形成一种生理反应，自发地调整状态来适应环境，适应即将到来的活动。

第一节 一日活动流程

幼儿园课程的一日活动分为生活活动、户外活动与探索活动三大板块，每一板块又由不同的活动所组成，在这些活动中，除生活类活动有所重复外，其他的活动在一日流程中很少重复出现。生活活动板块的内容主要包括入园、进餐、盥洗等活动，户外活动板块的内容主要包括早操、早锻、户外游戏、体能等活动，而探索活动板块的内容则包含区域个别探究、主题探究两大活动。每一板块中的一个活动内容呈现课程流程的一个环节，这些环节活动经过不断地实践、完善和提升已形成了自己独具一格的活动开展形式，这些开展形式由一套主要方式呈现并进行，但在主要方式的基础上，每个流程的各步骤又有许多的变化与衍生。根据活动步骤所涉及的不同内容，选用与区域相结合的方式来组织幼儿进行活动，会使各活动更为科学、鲜活，从而有力地促进幼儿的全面发展（具体的课程流程安排如表2-1）。

表2-1　幼儿园课程一日活动流程表

1. 入园	7. 转换连接（第二次线上活动）	13. 午休
2. 早锻及早操	8. 主题活动（上午）	14. 户外活动（下午）
3. 早餐	9. 户外活动（上午）	15. 午点
4. 自由活动	10. 餐前活动	16. 主题活动（下午）
5. 计划启动（第一次线上活动）	11. 午餐	17. 离园
6. 区域活动	12. 餐后游戏	

第二节　一日活动中的关键环节

在幼儿园课程的三大版块中，活动时间最长、包含内容最多的是探索活动部分，这一部分由计划启动、区域活动、转换连接、主题活动四个子部分组成，构成了一个层层递进、有机连接的完整活动关联体。计划启动是整个探索活动的引子，它主导当日探索活动的研究方向，区域活动则以个别探究的方式开展，主要是通过幼儿与环境、材料互动获得知识与经验，而主题活动以集体探究的方式进行，重视幼儿能力的展现，也是区域知识的输出口，转换连接环节在区域活动与集体活动中起着转承启合的作用，它既是区域活动的结束部分也是主题活动开始部分，通过它将区域与主题巧妙地进行串联。

一、计划启动

计划启动是幼儿一日探索活动的开始，它衔接着幼儿来园后的生活环节与后面的学习探索活动，有着承上启下的作用，共包含调整情绪、谈话导入和制订计划等三个小的环节。计划启动环节的时间一般在5～10分钟，时间不宜过长，时间太长幼儿很可能因坚持性不够而躁动不安，或产生疲劳而减弱幼儿参与后面活动的兴趣。

（一）调整情绪

调整情绪是计划启动的第一步，一般情况下采用相同的舒缓、柔和的音乐，作为活动开始的信号，幼儿听到音乐会自觉结束前一活动，根据自己的节奏稳定情绪、调整状态，营造一个安静的氛围，拉开一日探索活动的序幕。音乐在这一环节中起到一种暗示作用，当幼儿听到熟悉的音乐后，会自然地做出相关反应，在潜移默化中达到稳定情绪、培养常规的双重效果。

（二）谈话导入

当大部分幼儿的情绪从兴奋到平和后，教师可以开展第一次的线上谈话活动。这一活动主要是教师通过语言，将幼儿的思维导入到预先计划的主题之中，并引导幼儿围绕主题进行思考，展示自己的结果。由于，这一谈话活动是新一天探索活动中的第一个集体交流活动，因此，谈话主题的设置范围非常广泛，它可以探讨常规问题、聚焦近期热点新闻；可以介绍新的活动材料、总结提升以往经验；还可以是主题探究中将要研讨内容的涉及、主题活动前一日家园共探的总结等。

（三）制订计划

区域探究活动是幼儿在老师提供的有准备的环境中，根据自身的发展、兴趣及需要有目的、有计划主动的个别学习过程。在此过程中每个幼儿探索的内容及节奏都不相同，因此活动前制订计划尤为重要。活动中老师给予幼儿一定的思考时间，幼儿经过独立思考后，确定自己探索计划。由于幼儿存在个体差异，每个幼儿制订计划的时间也会有差异，因此在计划制订完成后教师可依据幼儿计划制订的先后，让幼儿陆续进入区域开展探索活动。计划制订的形式也应根据幼儿发展水平不同采用不同的方法，可以采用语言形式，也可以采用非语言形式。语言形式是幼儿通过语言与教师或同伴交流，非语言形式采用者一般是语言能力较弱，或计划性形成还有待完善的幼儿，他们可以先用图画形式、手势或直接行动的方式告知自己的计划内容。

附：计划环节的作用和策略

➔ 计划启动环节中幼儿的发展
- 根据周围环境，及时调整个人情绪的能力
- 用语言表达想法
- 制订计划的能力
- 倾听他人讲述

➔ 支持计划启动环节的策略
1. 调整情绪
- 运用舒缓、柔和的音乐给出调整的信号
- 利用安静小游戏让思维、情绪进入状态
2. 谈话导入
- 提出一个与当日探索活动相关的话题

- 创设一个能激发幼儿讨论的氛围
3. 制订计划
- 鼓励幼儿用语言讲述自己的计划
- 给幼儿足够的时间思考计划
- 引导能力弱的幼儿用其他方式呈现计划

二、区域活动

课程中的区域活动指让幼儿在"有准备的丰富、适宜的区域环境"中，尊重每一个幼儿的学习进度、学习风格、学习节奏，让他们通过与环境和材料的互动，激发他们的创造性和自主性，促进不同差异的幼儿在自身水平上得到发展与提高。区域活动主要是以个别探究的形式开展，在这一过程中，幼儿要根据前期制订的当日活动计划，独立寻找自己需要的材料，在观察的基础上动手操作材料，在不断地探索过程中，发现问题、解决问题，并寻求答案，从而获得经验提升能力，在自制、坚持的探索过程中培养幼儿良好的学习品质。个别探索活动在时间把握上，教师应根据幼儿的发展动态地调整时间的长短，时间可在30～50分钟。

（一）寻找观察

幼儿根据自己制订的活动计划，在相应的活动区域找到匹配的操作材料，将材料取放到活动毯或桌面后，幼儿将要做的是观察熟悉材料，幼儿对材料的熟悉程度会直接影响到探索过程的流畅性以及准确性。幼儿观察时应首先了解材料的结构，即哪些是主体材料，哪些是辅助材料，然后了思考材料的操作方式有步骤。观察材料的目的是培养幼儿行事时"三思而后行"的良好品质，这种观察也是幼儿更好地实施制订计划的前奏。

（二）对话操作

这一过程主要是幼儿在与材料的互动中获得新的经验，这种新经验的产生很大程度取决于幼儿的探索正确与否。因此前期的观察为幼儿的动手操作做了很好的铺垫，使探索活动更为有序而高效。在此过程中，教师应充分地尊重幼儿的探索，千万不要随意干扰幼儿的思维，打断幼儿的探索，应多观察他们的活动表现，揣摩他们的活动心理，分析他们的活动行为，真正了解了他们的需要后，选择适当的时机介入，为幼儿提供适宜的指导。

（三）记录呈现

幼儿在区域活动中，通过与材料互动获得经验。这一过程中，由于幼儿的发展水平存在差异，因而在探索材料的路径上会有所不同、获得的经验也会各不相同。区域活动中因每个幼儿在根据不同的兴趣、不同的发展水平、不同的学习节奏完成不同的活动，在观察记录上仅凭教师一人之力，很容易出现观察不仔细，记录不全面的问题。教师应引导幼儿与自己一起采用多种方法，将幼儿在区域活动中的探索过程进行呈现，也就是将活动过程"可视化"，用多情境的记录方式，为后期的活动评价，创设评价在情境回顾中进行，也使后面的评价更生动、易为幼儿接受。

（四）导向修正

幼儿操作材料并完成结果记录后，教师应及时地跟进指导。这里的指导包括协助幼儿提升经验，及时引导幼儿活动中不足，对幼儿活动中的错误进行纠正，激发幼儿展开进一步探索活动的欲望等。只有通过导向修正，才能使幼儿与材料的对话画上圆满的句号，才能促进幼儿朝着适宜的方向发展。

（五）有序整理

本课程里涉及的区域材料，出现在幼儿视野里就应具有完整、有序、美观等特征。在一个区域活动时间里，一份独立材料有可能被不同的幼儿来回操作，要使材料每一次的出现都保持这些特点，操作中的有序整理环节是非常重要的。每一个幼儿操作完一份材料后，应根据材料的性质将其归类，然后整齐有序地摆放在材料盘中，并根据盘上的标识，将托盘摆放到有相同标识的活动柜中。以此来保证下一名幼儿在操作此份材料时拿到的是一份完整、有序的材料。

⊙ 个别探究活动中幼儿的发展
- 提高幼儿活动的目标性意识
- 独立操作材料并形成经验
- 通过不同的方式将探索结果进行呈现
- 根据材料指引学习检查活动成果，并学习订正错误
- 环境整理和自我管理的良好习惯
- 活动中的他人合作

➡️ 支持个别探究活动的策略

1. 寻找观察

● 提供适宜数量的区域材料供幼儿选择

● 材料以开放的形式呈现，摆放整齐、美观

● 区域标识明显，为幼儿提供清晰的寻找范围

2. 对话操作

● 提供的材料具有可操作性、引导性

● 每份材料独立、完整、规范

● 提供适宜的活动指导

● 及时为幼儿的发现和成功喝彩

3. 记录呈现

● 设计与材料匹配的纸张记录单

● 提供音像设备

● 创设呈现作品的地方

4. 导向修正

● 活动过程中有适宜的指导

5. 有序整理

● 提供归类放置材料的盛器

● 活动柜标识与材料盛放物标识的统一

三、转换连接

转换连接环节是区域活动转换到主题活动中的一个承上启下的环节，它包含众多的内容，由四个部分组成：个人整理、释放调整、分享交流、转入主题，它既是串起区域活动与主题活动的纽带，也是区域活动与主题活动的组成部分，还是幼儿个人情绪释放及生活照顾时间。由于这一环节内容涵盖面广，环节与环节之间有重叠，因此教师在开展这一环节活动时要科学把握时间，精心挑选内容，同时合理地规划好环境场地，使转换连接环节的活动紧凑、有效，避免因内容拖拉、冗长而减弱幼儿参与后面主题活动兴趣。

（一）个人整理

个人整理包含两层意思，一是区域环境中物品的整理，二是幼儿生活活动整理。这一环节启动意味着区域活动的结束，它一般由计划启动环节的音乐引出。舒缓的音

乐响起时，幼儿就明白自己的个别探究活动时间到了，应该开始慢慢地调整思维，开始整理正在进行的材料，将自己进行的材料进行有序归整后，再将大的区域环境进行清洁整理。当这一层任务完成后，幼儿还需根据自己生理需要进行个人生活活动，包括盥洗和进食小餐点。清洁环境和个人生活活动的开展是同时进行的，幼儿依据自己的做事速度先后进入这两个活动，但有部分当天承担值日生的幼儿，既要清洁环境，还需要协助教师在生活活动中开展分发、摆放食物的工作，先行整理出适合其他幼儿享用小餐点的环境，以便其他幼儿完成环境清洁后有序地进行小餐点的饮用。在这个活动中整理工作以个别形式开展，小餐点活动多以小组形式进行。

（二）释放调整

区域活动的个别探究需要幼儿非常的专注、执着、认真。活动结束后，由于幼儿对材料的喜欢，他们的情绪、思维有很长一段时间会沉浸在材料之中。为了更快地将幼儿从安静的状态转入开放、跳跃的状态，以便他们更好地加入后面的以集体探究为主，需要多方合作、交流的主题探究之中去，在此设计了释放调整活动。教师选用感染力很强的音乐，在音乐声中与幼儿一起开展韵律活动，通过动感的音乐活动，让幼儿充分地释放情绪，调整状态。此活动与前一个人整理活动有部分是重叠的，先完成个人整理活动的幼儿先参与，随着幼儿陆续结束前一活动，进入到此活动中，当全部幼儿进入后，教师观察幼儿的情绪与状态达到理想程度后就可以集体结束活动。这一活动与前期的环境整理、享用小餐点形成一个从个别到小组再到集体的活动曲线图，在这一曲线中，幼儿与群体的接触面一步步扩大，交往与交流程度也一步步加强，前后活动形成一个层层递进行的效果。个人整理与释放调整两个环节虽然内容层面比较多，开展方式小组、个别、集体交替，因此教师在活动安排、场地安排方面要精心设计，而且在时间方面也要很好地把握，时间太短不利于幼儿从容完成活动，时间太长则会使部分动作快的幼儿因等待其他幼儿加入而产生消极涣散的情绪。最佳的时间一般掌握在15分钟内完成。

（三）分享交流

分享交流活动是教师组织全体幼儿回顾区域学习过程、讨论材料操作结果、梳理和提升关键经验、形成对问题共识的重要环节。通过这一环节的交流、讨论、梳理，教师能够了解幼儿对活动内容的掌握情况，检验他们的活动效果，幼儿之间则通过相互介绍、展示自己的学习过程与结果，加强相互间的了解、促进了幼儿间的相互学习，开阔了眼界，拓展了思维，激发了进一步探索的欲望，放大了区域活动对幼儿发展的实效。

（四）转入主题

转入主题是转换环节的最后一个活动，也是区域与主题真正的连接点，要将幼儿从区域活动的思维情境中自然、顺利引入主题，教师在当天的区域活动开展时就应观察、思考，找到一个与当天主题活动内容有关联的话题、作品或场景，通过它将活动巧妙地从区域过渡到主题，使环节与环节之间做到环环相扣，有机联系，合理转折。

附：转换连接环节的作用和策略

◉ 转换连接环节中幼儿的发展

- 整理、清理环境的能力
- 照顾同伴，为同伴服务
- 随环境或活动变化调整自己情绪
- 用语言描述自己活动
- 倾听他人讲述，理解讲述内容

◉ 支持转换连接环节的策略

1. 个人整理
- 固定熟悉的音乐提示
- 提供便于幼儿物品归纳的环境
- 合理地规划环境，满足同一环节不同内容对环境的需要

2. 释放调整
- 幼儿喜爱且具动感的音乐
- 提供安全、宽敞的空间

3. 分享交流
- 能呈现幼儿操作成果的各形式的支持方式。如投影、电脑、作品展示台等。
- 根据当日需要选定适宜的展示作品内容
- 把握好分享的时间长度

4. 转入主题
- 提早选定与主题相关的话题
- 适宜方式的选择

四、主题活动

主题活动与区域活动是幼儿园课程中探索活动的主要组成部分，虽然它们各成体系，却部分融合、相互补充。两者犹如一个硬币的两个面，各有各的风景，却构成一个整体。如果区域活动探索以个别活动为主，在主题活动中则完全采用集体探究的形式；区域活动以幼儿习得知识、获取经验为主要目标，在主题活动中教师则更注重幼儿能力的培养与发展。本课程中的主题活动是教师引导幼儿，并和幼儿合作进行的集体探究活动，它以问题为线索，在一个个活动中引出不同的小问题，最终构成一个问题连续体，而形成一个完整的主题。主题活动主要是通过创设幼儿之间相互合作、相互分享的机会，让幼儿去解决问题、寻找答案，在活动中培养他们的意识、能力和态度，促进他们的社会性发展。

（一）导入激发

导入激发是主题活动的开始部分，在主题活动中具有举足轻重的作用，它的出现对后面的主题开展起着导向性，这一步骤中教师既要选择好的方法，用极短的时间激发起幼儿的兴趣，又要选择适合的内容，为后面的感知探索做好铺垫。构思科学的导入激发活动能充分调动幼儿的好奇心与探索欲望，快速调整幼儿的思维、情绪，以积极的态度投入到后的探索活动之中。这一环节的最终归结点是"问题的提出"。

（二）感知探索

感知探索、发现记录、分享展示三个环节构成主题探索活动的主体部分，感知探索是围绕提出的问题幼儿通过兴趣形成的小组合作探索，或教师引导下的集体合作，在多感官的参与与体验后，运用前期的经验、知识，共同发现问题、分析问题、解决问题，最终总结出自己的经验与收获。这种探索活动为幼儿提供了输出知识与经验的平台，让他们在运用知识经验的过程中，各方面能力得到提高和发展，特别是幼儿在集体合作中，他们学习与他人协商、合作，弥补了区域个别探索中幼儿社会性发展的不足，同时在反复寻找问题答案的过程，他们的坚持性、创造性、目的性等得到提升。在主题感知探索过程中如果个别有特别的需求，可以让他单独开展个性化的探索活动。

（三）发现记录

这一环节幼儿将自己对问题的答案，也就是自己的发现成果，用不同的方式进行情景化的呈现，在后面的分享中让自己的"学习过程看得见"。在主题探索活动中，不同的幼儿会有不同的探索过程、得到不同的探索结果，因此，这个过程和结果的记录应以幼儿为主，教师在观察地基础上，对有需要的幼儿进行适当地引导和帮助。要使记录更为清晰、真实、有效，针对不同的活动内容选用不同的方式进行，如，语言的创编适合用图画的形式进行记录，科学实验适合用图表的形式进行记录，而戏剧创作则用录像的形式进行记录。

（四）分享展示

分享展示环节是为幼儿提供一个展示主题活动过程及结果的平台，这个平台既能检查他们对主题问题了解的程度，也能展示他们在主题探索中获得的成果。通过这个平台，幼儿可以将他们的合作探索过程及结果大胆地表现出来，同时他们可以看到其他幼儿的探索过程，在情境性的展示中与其他幼儿共同回顾他们的活动过程，并了解和共享他们的发现，使经验和认识得以补充和扩展。分享展示环节教师应把握好展示的作品，展示的作品应有代表性，如有特别发现的，创意新颖的，可以提升关键经验的，或对其他组有启示的，使展示作品多层面，展示的作用才会最大化。

（五）聚焦提升

聚焦提升环节是一个完整主题的活动的尾声，好的收尾应具有两方面的作用，一是能提升主题活动内容，二是激发幼儿进一步探索新主题的愿望。根据其作用，这一环节应最少有两个步骤的活动，第一个步骤就是本主题活动经验的提升，这种经验提升可以是活动规则方面的，也可以是关键经验方面的，还可以是活动难点突破方面的等。第二个步骤则是提出新问题，并对围绕新问题将开展的主题活动提出建议、构思设想。聚焦活动可以说是当日主题的结束，也是新主题的开始，幼儿园课程中的主题活动就是在这种不断循环的过程中推进、完善而实现的。

附：主题活动的作用和策略

⊙ 主题活动中幼儿的发展

- 在与他人合作中社会性发展
- 在探索中提升好奇心、创造性、坚持性等学习品质
- 围绕问题进行探索的能力
- 用语言描述自己的活动过程
- 多方式记录探索过程和结果

➔ 支持主题活动的策略

1. 导入激发
- 根据内容选择导入的方式
- 环节时间的把握

2. 感知探索
- 确定探索阶段的组织形式
- 提供足够支持幼儿进行探索的材料
- 场地的准备

3. 发现记录
- 支持幼儿记录的物件
- 呈现记录结果的场地

4. 分享展示
- 创设能充分展示结果的平台
- 确定展示的适宜人数及作品数量

5. 聚焦提升
- 筛选明确有用的信息提前制订下一主题所需要的话题或物品（如家园调查表等）

第三节　一日活动中的自由活动

自由活动中教师对幼儿的支持包括的范围比较广泛，体现在教师对幼儿的观察能力、分析判断能力等方面。

首先，自由活动前后，教师对幼儿的支持体现在教师的常规要求。常规要求在自由活动开展前后非常重要，针对小班、中班、大班，分别有不同的表现与价值体现。

小班——遵守共同规则的认识期。小班幼儿处在集体生活的初始期，他们还没有建立集体生活的规则意识，也没有掌握群体交往的正确方法，加上语言表达能力受限制及在新环境中的安全感还未完全建立，因此，在自由活动中幼儿发生冲突的频率非常高。对此，教师在每次自由活动前，应通过情境、提问、角色扮演等方法，帮助幼儿回顾并强化活动中的常规，减少幼儿在自由活动的过程中与同伴可能发生的冲突。随着小班幼儿在园活动内容逐渐丰富，他们与同伴的交往时间会增多、交往的内容会更丰富、交往的方式会更复杂，出现问题的概率也会增多，所以，教师在自由活动前后"温馨的唠叨"是帮助小班幼儿建立并提升良好交往规则意识的基本手段。

中班——学习建立规则的初始期。中班幼儿虽然有了与人交往的一些方法，并形成了一定的常规意识，但随着游戏中合作机会的增多及中班幼儿活动能力的增强，游戏中新的冲突也会不断出现。因此，自由活动前教师引导幼儿回顾必要的活动常规，能帮助幼儿更文明地参与游戏，减少他们可能发生的矛盾。除了在游戏前帮助幼儿回顾必要的规则，教师也可在自由活动后根据活动中出现的问题，让幼儿尝试共同建立一些幼儿认可的游戏规则，或通过语言描述、情境表演等方式将一些活动中发生的问题与过程再现，引导幼儿思考解决问题的方法，并鼓励中班幼儿在活动中遇到冲突时，尝试通过思考、协商等方法学习自我解决问题，初步培养幼儿自我解决问题的能力。

大班——自我完善规则的推进期。大班幼儿经过两年的集体生活，他们基本能很好地掌握活动中与人交往的技能及遵守必要的规则，但在特殊的活动前，如新增加的游戏、新场地的活动、有新同伴加入的活动等，教师还是需要带领孩子们共同回顾必要的规则及要求，使他们的自由活动更安全、更和谐、更快乐。对于大班幼儿，教师在活动前鼓励他们在遇到问题时自己处理，在活动后及时肯定他们正确的处理方式以及在活动中的文明交往方式，会激发大班幼儿自我完善自身行为、共同维护并完善活动规则的意识，会使自由活动的时间、空间、内容更自由、开放、和谐，使自由活动真正地属于幼儿自己。

其次，在自由活动中，教师对幼儿的支持还体现为教师处理儿童冲突时的策略。在处理冲突时，教师针对不同年龄段的儿童，应该扮演不同的角色身份，给予不同儿童以适宜的空间，支架他们在冲突解决中的主动学习。

小班——教师是小班自由活动中的引导者。小班幼儿群体生活经验不足，自我解决问题的能力还没形成，而且他们的语言表达能力不足以支持他们的思维反应，因此，在自由活动中经常出现交往方面的问题，如果教师没有及时地引导，单纯依靠幼儿自己解决，很容易发生肢体上的冲突，使矛盾升级。在自由活动中教师主要应以引导者的身份加入幼儿的游戏之中，既要在游戏中关注幼儿的兴趣，平等地与幼儿进行游戏互动，也要及时发现幼儿的需要，把握游戏的方向，还要随时发现游戏中出现的问题，引导幼儿合理地解决问题，并掌握和巩固游戏应遵守的共同规则。

中班——教师是中班自由活动中的合作者。中班是幼儿自我意识的丰富期，初步萌发对自我社会角色以及心理活动的意识，把握这个关键期，对孩子进行良好自我意识的培养是相当重要的，也最容易产生效果。在这一期间，当幼儿发现自我认识与外界的认识有差距时，他们很容易为了维护自我的认识而与他人发生激烈的冲突，因此，在活动中协助幼儿化解这些冲突是教师在中班自由活动中要解决的主要问题。中班幼儿经过小班的积累，已初步建立了解决问题的能力，教师应努力激发幼儿自主解决同伴间问题的意识，让他们积累更多解决问题的方法。自由活动中幼儿是与同伴交往最多的环节，教师在自由活动中将解决问题的机会交给幼儿，以合作的姿态与幼儿共同商议问题解决的方法，能帮助中班幼儿在人际交往的过程中培养人际交往能力，加强对自我及他人的认识与理解，调控自己的行为，增加自我控制能力，为后期幼儿在园自由活动时更加和谐、自然、快乐打好基础。

　　大班——教师是大班自由活动中隐形的导师。幼儿园的集体生活使大班幼儿的社会交往能力得到了很大的提高，他们基本能适应园内的各种环境、友好地开展各类活动，基本能协调好与他人及集体的关系，在活动中能担当自己应该承担的责任，其处理问题的能力也基本形成。在大班的自由活动时间，教师除了参与幼儿邀请的活动外，更多的任务是在一旁观察幼儿的活动，分析、反思幼儿各方面的发展。当活动过程中发生了幼儿自身难以解决的问题时，教师也应该敏锐地把握问题的中心点，引导幼儿尝试寻找最佳方案，独立解决问题，并鼓励幼儿将合理的方案进行推广，促进幼儿成为活动冲突中问题解决的主要对象，将更多解决问题的机会与平台提供给幼儿，使他们解决问题的能力得到进一步提升。

　　为了更生动、详细地说明教师如何在自由活动中研究儿童并支架儿童的主动学习，我们呈现三个年龄段的活动案例，并对此做具体的分析。

一、小班：开小车

（一）年龄：小班（3～4岁）

（二）具体过程记录与分析

➔ 第一部分

【教师引导幼儿回顾活动中要注意的常规】（图2-1）

图2-1　自由活动前，老师组织幼儿回顾常规

　　姜老师利用一个简单的小游戏，安抚稳定了幼儿的情绪，并集中幼儿注意力后，说："一会儿啊，姜老师要请小朋友去玩玩具，但在玩玩具之前，姜老师有几个问题要问问小朋友。玩玩具的时候——（等待幼儿思考并回应），不能从别人的手里拿玩具。你特别想玩——（等待幼儿思考并回应），怎么办？"

　　一个幼儿小声地说："你可以说借我玩吧。"

　　"那别人手里玩玩具，你也想玩，怎么办？"姜老师再重复了一遍。

　　有的幼儿说："要等一等，"还有的幼儿说，"要跟他商量一下。"

"怎么商量呀?"姜老师问,"东东,怎么说?"

"我可以玩一下吗。"东东和其他幼儿集体回答。

"这句话真好听。如果他说,好吧,那我们一起玩吧——(一幼儿说,好!);那如果说,不可以,怎么办呀?"

有的幼儿回答说,"那就玩别的玩具。"也有的说,"可以等一等。"

"可以玩别的,还可以等一等。哎呀,这些方法真好呀!"

姜老师简单回顾玩常规后,跟所有幼儿介绍小厨房、小汽车、泡沫积木等玩具,请幼儿开始自由选择并开展游戏。活动室中瞬间热闹起来。

【缘由分析】

小班幼儿刚刚由个体生活环境转入集体生活环境,尚缺乏正确与同伴交往的方法,良好的活动常规还没形成,活动前常规的回顾与提醒会缩短良好常规建立的时间周期。

【教师策略】

教师在活动前通过语言、肢体动作、情境表演并提问的方式,与幼儿进行互动,帮助幼儿进一步熟悉已有的常规,并提醒幼儿在后面活动中遵守规则。

【价值体现】

小班活动前的常规回顾,可以使幼儿回忆并熟悉还没有建立的集体活动规则,帮助他们养成良好的行为习惯,获得与人交往的正确方法,减少活动过程中冲突的发生。

➔ 第二部分

【幼儿在活动场地根据自己的喜爱与需要选择玩具独自玩耍或与同伴合作游戏】

幼儿选择自己喜爱的玩具,独自玩耍,有的玩筐里的搭建玩具,有的玩大型的彩色泡沫积木,有的坐在小汽车上绕着活动室"开车"……姜老师在各处边走边看,观察幼儿的游戏状态,不时提醒个别幼儿参与到游戏中去。

【缘由分析】

小班幼儿以自我为中心,且缺乏交往方法与经验,游戏中互动及合作成分少,而在游戏中了解合作交往的方法,积累交往的经验,是培养他们社会性发展的最佳途径。

【教师策略】

教师观察幼儿的游戏,发现幼儿的需要,与之合作互动,引导他们用正确的交往策略与同伴合作开展游戏。

【价值体现】

　　小班的自由游戏是幼儿自主与他人交往的第一个平台，是他们独立开展交往的起步，小班幼儿可以在游戏中获得与人交流交往的有益经验，从而促进他们社会性良好的发展。

◉ 第三部分

【游戏中个别幼儿发生冲突，教师引导幼儿一起运用共同游戏规则合理地解决冲突】（图2-2）

　　忽然，"杨大个"（小名）小朋友追在淘淘正"开着"的小汽车后面，然后拉住不放，被猛地拉倒在地，摔了一跤，"哇哇"大哭起来。姜老师见状赶紧过来，扶起杨大个，问怎么了。"我要这个车——"杨大个边哭边说。

　　"你要这个车啊，怎么办呢？"姜老师用安慰和同情的语气问。

　　杨大个还是哭，不作声。被拉住车的淘淘只能停下来，也不说话。

　　姜老师提醒说："那你应该跟淘淘说什么啊？"

　　杨大个说："商量一下，"说着，就转过去对着淘淘的脸说，"可以给我玩吗？"

　　淘淘指着活动室另一边停着的一辆车，说："那里有一辆车。"

　　杨大个立马说："我只要这辆车。"说完，又呜呜地哭起来。

　　姜老师说："那你这样说，你说，等你玩完了再给我玩好吗？"

　　杨大个又对着淘淘说："等你玩完了再给我玩好吗？"

　　淘淘一句话也没说，用手指着远处的车。姜老师会意了，问杨大个："你玩别的车好吗？"杨大个不同意，说："我要玩最快的车。"手里还是拉着淘淘的车不放。

　　姜老师只能提示说："那你要好好说，你说，等你玩完了再给我好吗？"

　　杨大个停住了哭声，很认真地对着淘淘轻声客气地说："等你玩完了再给我玩好吗？"这时，淘淘点点头。姜老师拉着杨大个的手站起来，说："好，等他玩完了我们再玩好吧，走，杨大个。"杨大个也跟着站起来，淘淘把车开走了。但是杨大个觉得哪里不对，嘟囔着说："转圈……"姜老师也想起来了什么，

图2-2　老师引导幼儿协商解决"抢小车"的冲突

问杨大个："你知道他什么时候玩完吗？"杨大个说不知道。

姜老师说："那我们去问问淘淘好吗？"杨大个说好。于是，他们拦住淘淘，问他："等你玩完了告诉我一声好吗？"淘淘说："好！"淘淘开着车又转了几圈，杨大个也去玩自己的新玩具了。过了一会儿，淘淘把车停下来，跟杨大个说，"我玩完了，该你了。"杨大个开着自己想要的车玩起来。

【缘由分析】

小班幼儿初步懂得了游戏中应与人商量，但还没有学会站在他人的角度理解他人，不懂得游戏中的合作、轮流、等待。当他把自己的想法告诉同伴后希望马上能得到他想要的结果。

【教师策略】

教师了解、分析幼儿冲突发生的原因及过程后，通过帮助幼儿回顾游戏规则与引导幼儿站在他人角度思考问题这两种不同策略，让引起问题的幼儿进一步熟悉并理解规则，同时也让小班年龄的幼儿知道当自己的需要与他人需要有冲突时，要学会站在他人角度思考问题，并在集体生活中学会必要的等待、轮流。

【价值体现】

每个幼儿的个性都不一样，在游戏中发生的冲突各不相同，经历不同的问题会积累不同的交往经验。因此，自由游戏中的个别问题处理能有针对性地帮助幼儿学习正确与人相处的方法，从而形成使其终身受益的良好行为习惯。

⊙ 第四部分

【活动结束后教师再次引导幼儿回顾游戏规则】（图2-3）

自由游戏活动结束，音乐声响起来，幼儿自动整理玩具。姜老师组织整理完玩具的幼儿围成圈坐好。

姜老师："今天小朋友们玩玩具玩得可真开心啊。如果你在玩玩具的时候，别人也来抢你的玩具，怎么办？"

坐在姜老师旁边的杨大个说："等一下。"

"等一下，这是一个办法。还可以干吗呀？"

幼儿众说纷纭。姜老师大声说："对，还可以玩别的。除了等一下、玩别的玩具，还有什么办法？"

"还可以跟他一起玩。"有个小朋友说。

"对，还可以商量着一起玩。还有吗？"

图2-3　自由游戏后，老师和幼儿一起回顾游戏中的常规

　　杨大个说："可以说一声。"姜老师回应说："对，还可以说一声，请你玩完了我再玩，对吗？"

　　最后姜老师总结各种办法，说："好，那下次我们玩玩具的时候就可以更开心，是不是呀？！"自由游戏活动结束。

【缘由分析】

　　自由活动中的冲突是发生在个别幼儿的身上，在处理问题过程中他们获得了有益的交往经验，这种经验有必要与其他的幼儿分享。

【教师策略】

　　教师根据小班语言表达能力的实际情况，在活动结束前以教师主导的方式，对活动中的个别冲突进行了讲述，并引导全体幼儿再次回顾与人交往应遵循的规则，强化规则在游戏中的作用。

【价值体现】

　　教师在小班自由活动后再次与幼儿一起回顾规则，并提出问题，可以进一步让全体幼儿熟悉规则，这种对常规的不断巩固认识，可以让小班幼儿尽快知道规则、熟悉规则、理解规则、遵守规则，减少此类冲突在后续活动中的发生。

图2-4 自由游戏前，老师和幼儿一起回顾户外草地上的游戏常规

二、中班：玩秋千

（一）年龄：中班（4～5岁）

（二）具体过程记录与分析

➲ 第一部分

【户外草地上，教师与幼儿回顾相关的游戏规则后，幼儿自由选择自己喜欢的活动】（图2-4）

张老师带领K班的幼儿来到后草地，准备开始自由游戏活动。开始之前，张老师与幼儿集体重复活动常规。

张老师说："今天我们又可以来后草地玩了，你们开心吗？"幼儿集体大声说："开心——！"张老师补充说："除了开心，我们还需要怎么样呢？"大部分幼儿说："遵守规则！"

张老师接着问："有哪些规则啊？"随即点了一个离得近的幼儿回答。她说："不能打打闹闹。"张老师点头重复之后又点了一个，说："不可以推别人。"之后她又点了若干名幼儿，分别说：不能跑太快容易撞到别人、不能爬高（不能做危险的事）等。交流游戏规则结束后，幼儿自由选择后草地的设施玩耍起来。

【缘由分析】

中班幼儿随着自身能力的增强，他们与人交往的愿望在增强，但由于交往内容的增多，他们与同伴间产生矛盾的可能性也在加大，活动前共同回顾维护游戏良性进行的规则，可以使后续的游戏活动更为友好、和谐。

【教师策略】

教师根据中班幼儿的年龄特点，直接而明确地围绕要巩固的规则与幼儿进行互动交流，帮助幼儿进一步理解规则，并提醒幼儿在游戏中遵守规则。

【价值体现】

幼儿的规则是在不断地重复运用中得到强化的，从中形成终身受益的良好行为品质。活动前的重复，既可巩固幼儿对常规的认识，也可减少后续自由活动中冲突的发生。

⊙ 第二部分

【秋千处幼儿的纷争，幼儿尝试自己解决问题未果】(图2-5)

图2-5　幼儿在争抢秋千，并尝试自行解决冲突

张老师指导各个游戏点的幼儿开展体育游戏。幼儿们非常有秩序、和谐地开展着自由活动。在玩秋千的地方，每个秋千都有幼儿占着荡来荡去。忽然玲玲小朋友跑过来，抓住琪琪的秋千不放，说："你都玩那么久了，下来，下来，给我玩。"琪琪占着秋千不愿意让给别人，说："没有，还给我。你给我走开！你给我走开！"玲玲和琪琪都发出尖锐的吵闹声。张老师在远处也听到了这里的响声，但是只是站着观察，并没有靠近。

旁边的三个小朋友都围过来，有一个男孩问："怎么了？"琪琪还在大叫"走开！走开！"但是没有人回答小男孩的询问，所以他跑去找老师。

【缘由分析】

中班幼儿社会性已得到较大的发展，虽然他们能初步处理一些简单的交往问题，掌握了一定的交往技能，但随着活动内容及活动难度的增大，他们出现新问题、新冲突的概率也在增多。

【教师策略】

幼儿出现冲突后，教师判断事情的严重程度后，发现事情在可控范围内，不会给孩子造成伤害，且幼儿正在积极想办法解决，教师决定将问题交给孩子，让他们先尝试解决，自己在旁边观察分析。

【价值体现】

随着自主性的迅速发展，中班幼儿遇到问题不会先找老师，他们非常希望能通过自己的努力解决问题，通过解决问题得到同伴的认可和教师的认可。在不涉及幼儿安全的前提下，把处理问题的机会交给孩子，会更好地促进幼儿社会性的发展，培养他们思考问题、解决问题的能力。

图2-6 教师引导幼儿协商解决办法，达成轮流玩秋千的规则

第三部分

【教师引导幼儿共同出谋划策，达成共识后解决问题】（图2-6）

张老师被小男孩叫过来，说了一声："谁啊？"走过来之后，她靠近玲玲和琪琪，轻声问："怎么了？怎么了？"玲玲先说："琪琪都玩了很久了，她就是不给我玩！"琪琪大叫："没有！才玩一会儿！"

张老师问："你们两个都想玩这个秋千，是不是？"

玲玲和琪琪说："对。"

张老师接着说："那怎么办呢？秋千就只有这四个，这么多小朋友想玩。我们想个办法来解决这个问题吧。怎么办呢？"

玲玲说："可以排队，轮流玩。"

张老师说："轮流玩，对，这个办法很好。但是怎么样才能轮到下一个小朋友呀？"

有个小男孩低声说："用数数。"

"用数数，可以吧？"张老师问其他幼儿。

"同意！"幼儿们说。

"但是数多少个数，玩多长时间合适呢？"

20、30、50、100，幼儿们都有想法。张老师说："那我选一个不多也不少的，40怎么样？"幼儿们齐声说："好！"但是张老师发现等待的幼儿站位混乱，没有明确的排队的位置，存在安全隐患。所以故意站在秋千前面，询问幼儿："我站在这儿排队好不好？"有的幼儿说："会被撞飞的。"张老师又故意走到秋千正后方，问："这样呢？"有的幼儿说："也不好，秋千会回来的。"幼儿最后确定站在秋千旁边的柱子旁等待。秋千的游戏继续，等待的幼儿自觉数着数："1，2，3……"。

【缘由分析】

中班幼儿受语言表达能力的限制，而且中班幼儿个人影响力还有待建立，在解决很多新出现的问题过程中，幼儿所起的导向作用并不十分明显，解决问题的过程如果没有教师合作参与，即使是平息了，但问题发生的实质并没有化解。

【教师策略】

教师根据分析在幼儿无法解决问题且事态有可能恶劣的情况下，即时的介入到幼儿中间，虽然教师已了解事情经过，为了让幼儿对事情有清晰的认识，教师还是重新询问了事情经过，并让幼儿回顾了他们的解决办法，通过对问题产生关键性的提问，开展问答互动让幼儿找到了解决问题的方法。

教师还根据观察发现了游戏的安全隐患，在问题解决后又特别与幼儿商议了相关的游戏规则，确保游戏的安全性。

【价值体现】

在中班幼儿发生冲突后，教师以平等的身份与幼儿协商问题的处理方式，可缓解现场的紧张气氛，激发幼儿的表达欲望，让现场的每个孩子加入讨论的队伍，并在此过程中获得有益的经验，为他们真正独立解决问题打好基础。

⊙ 第四部分

【活动小结，集体讨论，明晰玩秋千的规则，并在排队处做好标记】（图2-7）

自由游戏活动结束，张老师集合全班幼儿。她说："今天我们游戏的时候，玩秋千的时候发生了一件事，你们知道吗？"有个女孩回答说："玲玲和琪琪抢秋千。"

张老师说："哦，抢秋千。但是最后我们想到了一个非常好的办法来解决。来，玲玲说一下吧。"

"轮流玩耍，"玲玲说。

"哦，对，排着队轮流玩。那我们数多少轮到下一个小朋友啊？"

"40，"部分幼儿说。

"对，我们数40个数，就轮到下一个小朋友玩。那我们要站在哪里等候呢？"

"柱子的旁边。"

"对，刚才我请骆老师为我们做了一个排队的

图2-7　教师引导幼儿协商解决办法，达成轮流玩秋千的规则

标记，这是一个箭头。现在我就把它贴到我们排队的地方。"

张老师与幼儿商量站在什么地方等待才安全，并一起商量在柱子上贴好箭头的标志，一起愉快地回教室了。

【缘由分析】

部分幼儿间发生冲突、解决冲突的过程虽然有特殊性，但不能保证它没有再次发生的可能，要防范事情的再次出现，集体回顾总结是有效的手段。尤其是由此问题衍生出新规则时，这种集体回顾更是十分必要。

【教师策略】

教师在结束活动前对事情进行了关键性的回顾，让全体幼儿明白了此类冲突的解决办法，并了解了新的游戏规则和安全玩法。教师还通过贴箭头等简单的图示帮助幼儿了解游戏规则，这种符合幼儿年龄特征的做法能够将抽象的安全要求变为了具体可操作的办法。

【价值体现】

集体认识新规则及应注意的安全要素，可让幼儿更快地了解规则、清晰规则，学习安全知识，为他们后期安全、快乐地游戏打好基础，也在此过程中丰富了幼儿的交往经验，提高了同伴间处理问题的能力。

三、大班：谁来演

（一）年龄：大班（5～6岁）

（二）具体过程记录与分析

➡ 第一部分

【午餐后，幼儿自由进入公共区域选择自己喜欢的游戏】

吃过午饭，幼儿们陆续到公共区域玩耍，有的在表演区穿衣服准备表演，有的在搭积木，有的在小超市购物，还有的在玩过家家的游戏。刘老师站在公共区域的入口处，观察玩耍中的幼儿，同时迎接刚吃完饭进入区域的幼儿。

"我吃完饭了，可以去玩吗？"进来一个小女孩，问刘老师。

"你漱口了吗？"刘老师问。

"漱了。"小女孩说。

"好，进来吧。"

【缘由分析】

大班幼儿在群体生活中与人交往的技能、方法都相对于中小班幼儿要成熟很多，而且由于他们自身能力的不断提升，他们一般都能较好地处理同伴间发生的问题。

【教师策略】

教师在活动中的站位非常重要，教师选择了一个既能观察到所有幼儿自由活动，又能在第一时间与新进入场地的幼儿开展互动的位置，在此环节中教师重点关注每一个加入新游戏的幼儿，及时询问他们前一环节的事情是否一一完成。

【价值体现】

在自由活动期间，大班幼儿能独立自主地选择游戏，组织游戏，创造性地开展有情节、有内容的游戏，教师在这种活动中可隐身在幼儿的身后，做活动的观察者、支持者、记录者、反思者，更好地了解分析每个幼儿在活动中的表现，根据活动分析，在后续的活动中为幼儿创设更好的自由活动的环境，满足幼儿的真正需要。

⊙ 第二部分

【五个幼儿在表演区自由活动，为选角色两个幼儿发生争执，五个幼儿尝试自我解决，但是都没有成功】（图2-8）

慢慢地，表演区聚集了五个幼儿。兰林提议说："我们来表演故事吧？"其他幼儿都同意。

冬冬问："表演什么故事呢？"

兰林再次提议："我们表演《睡美人》吧？"

冬冬问："《睡美人》都有什么角色呢？"

兰林说："嗯，有睡美人公主，一个王子，两个仙女，一个女巫。"

可可立刻说她想当仙女可以飞，晓玲也说她想当有翅膀的仙女。冬冬说他是男的，他来当王子。这时小女孩飞飞插话说："我想当睡美人，因为我长得很漂亮。"她刚说完，兰

图2-8　两个幼儿在表演区争执角色，其他幼儿帮忙解决冲突

林就说："我也想当睡美人呀。"

可可问："只能有一个睡美人，你们两个都想当，怎么办呢？"还没等飞飞和兰林回答，晓玲就提议说："我们三个都确定角色了，你们两个再商量吧，我们先去表演了。"只留下飞飞和兰林在商量谁当睡美人的事情。

兰林对飞飞说："我有漂亮的裙子，我可以当睡美人。"

飞飞反驳说："你的裙子不在这儿，根本穿不了。睡美人有很长的头发，看，我的头发多漂亮啊。你的头发那么短，根本就不像睡美人。"（飞飞是长头发，兰林是短头发。）

兰林不甘示弱，她说："我可以戴假发呀，而且，我的声音比你好听。你信不信？"飞飞说："我不信，你说来听听，像睡美人一样。"最后，她们俩干脆扯起嗓子："我要当睡美人！我要当！"互不相让。

表演区里的其他三个幼儿跑过来说："不要吵了不要吵了。我们都是好朋友，我们来想想办法吧。"

可可说："把睡美人让给飞飞吧？"兰林不同意，她说飞飞以前也当过公主。飞飞说那是好久以前的事了，而兰林最近才当过一回公主。

小男孩冬冬建议说："那你们石子剪刀布，谁赢了谁当睡美人。"但是飞飞和兰林都不同意。随即又争吵起来。

【缘由分析】

大班幼儿在自由活动中的争执，与小班幼儿的只有动作没有语言的争执和中班幼儿的要求他人服从自己决定的争执不同，他们会阐述自己的理由，也会听别人的讲述，但由于年龄及心智的影响，他们还是希望结果满足自己的愿望。

【教师策略】

根据大班幼儿处理问题的能力程度，教师发现幼儿发生争执后，没有盲目地介入其中，她站在孩子们身旁先观察，看幼儿是否有能力自己解决问题。

【价值体现】

幼儿的交往经验更多地是在与人交往的碰撞、协调、平息中获得的，当一般性事情发生后，如果对孩子没有造成伤害，可适当地将处理问题的平台交还给孩子，不要剥夺孩子成长的机会，让孩子在自己处理问题的过程中获得经验，并运用到以后的交往中。

➲ 第三部分

【教师观察后走过来询问事情的经过，并咨询他们原来准备怎样解决的方案，教师

引导幼儿寻找原来方案没成功的原因，可以怎么改进。幼儿通过思考、协商后达成了相对比较满意的方案】（图2-9）

图2-9   老师引导幼儿想新的办法，幼儿自己顺利解决问题

在争吵声中，刘老师走过来，询问发生了什么事。了解情况之后，刘老师知道飞飞和兰林都想当睡美人公主，于是安慰两个争吵的女孩，提示说："现在离午睡还有二十分钟，每次我们表演一个故事都用十分钟的时间，你们有什么办法吗？"

可可说："那我们可以表演两次故事，兰林和飞飞各当一次睡美人。"兰林和飞飞都同意，其他三个幼儿也同意演两次。之后，在老师和幼儿的提议下，兰林和飞飞通过石头剪刀布决定谁第一个当睡美人。

【缘由分析】

幼儿受社会经验不足及思维广度的局限，他们在思考问题时，尤其在情绪激动的情况下，既不愿意听取别人的意见，也很难周全地想出最佳的解决方案。

【教师策略】

教师了解清楚所出现的问题以及幼儿自己解决不成功的原因后，她没有选择直接帮幼儿想办法、找答案，而是根据找到的冲突中心点及大班幼儿的知识水平，提出了关键的问题——"时间"，从另一个角度引导幼儿开展思考，寻找解决问题的方法。

【价值体现】

大班教师在处理儿童纠纷中，静静地倾听幼儿的讲述，这一行为能平复幼儿的心情，安抚幼儿的情绪。当他们的情绪得到控制后，才能心平气和地听取别人的意见。老师在聆听的过程中也能给自己争取时间来进一步了解事情发生的经过，寻找出解决问题的关键点，并围绕关键点指导幼儿自己想办法，解决发生的矛盾。

⊙ 第四部分

【幼儿找到方法后快乐地继续游戏】

最后，孩子们开心愉快地表演起《睡美人》的故事。刘老师站在舞台旁边，观看幼儿的演出。表演的时候，第一次演睡美人公主的飞飞的头巾还掉了，老师帮她重新戴上，幼儿们都玩得很开心。

【缘由分析】

冲突解决后，幼儿的情绪会很快重新转移到自己选择的游戏之中，但事情是否会依照协商方案进行却有待观察。

【教师策略】

教师退出幼儿的活动圈，在一旁观看幼儿的活动，并关注幼儿在运用新方法解决问题后再次开展活动的进展情况。

【价值体现】

问题解决后，将场地交还孩子，会更快地让幼儿忘记发生的矛盾，放松地重新投入自己喜欢的活动之中，但这一过程的经历会让他们获得新的解决问题的经验。

本章小结

幼儿园课程的一日活动分为生活活动、户外活动与探索活动三大板块，每一板块又由不同的活动所组成，其中，生活活动板块的内容主要包括入园、进餐、盥洗等活动，户外活动板块的内容主要包括早操、早煅、户外游戏、体能等活动，而探索活动板块的内容则包含区域个别探究和主题探究等两大活动。在这三大板块中，活动时间最长、包含内容最多的是探索活动部分，这一部分是由计划启动、区域活动、转换连接、主题活动四个子部分组成，它们构成一个层层递进、有机连接的完整活动关联体。探索活动中的每个部分也都有各自开展的内容、形式及方法。

本章还对自由活动中教师如何研究并支持幼儿的学习、发展进行了案例分析，通过小班"玩积塑"、中班"玩秋千"、大班"谁来演"三个活动中的幼儿冲突，呈现教师对幼儿解决冲突的支持策略与处理方式。

第三章　区域活动的开展

　　幼儿园课程中的区域活动旨在培养独立、自主，并有学习能力的儿童。与常见的自由游戏或低结构区域活动不同，本书的幼儿园课程在借鉴蒙台梭利教育法的基础上，采取独特丰富的、物化经验及探索过程的工作材料作为幼儿自主操作的任务，让幼儿在区域活动中独立选择、独立探究，从而获取诸多方面的经验。这些经验既包括材料所蕴含的《幼儿园教育指导纲要（试行）》所涉及的目标、内容，也包括幼儿在操作中获得的能力。每份材料都好比一个一个的装有秘密的盒子，等待孩子去开启，发现秘密，获得成就感，培养自信，积累经验。久而久之，每天区域活动的探索发现，将让孩子学会独立探索、自主学习，并掌握比较全面的常识经验，拥有持续进步的学习品质。

第一节　区域活动的设置

　　幼儿园课程在区域活动的实践体系主要包括四大类型[1]：预备区域、基本区域、创意区域、延伸区域，其中前三种区域是幼儿园课程的常规区域，占主要部分，是幼儿的"必修课"；而延伸区域是根据幼儿的特别需要专门设置，可以看作"拓展区"或"研究区"，即幼儿的"选修课"。同时每种区域类型下又包含相关的亚类型。每个区域都有相应的材料配备及培养目标。区域活动旨在供给幼儿进行个别探究的平台，促进幼儿的个性发展。具体的区域活动实施框架如下（图3-1）。

一、预备区域

　　预备区域是整个区域活动的准备和前提，是区域活动的重要组成部分，包括生活区、感官区和生态区三个基本区域。预备区域以发展幼儿的基本动作、培养幼儿的独

1　本章所呈现的区域活动都基于深圳市莲花二村幼儿园的理论与实践探索展开阐述，具体可参考阅读王微丽主编的《幼儿园区域活动——环境创设与活动设计方法》。

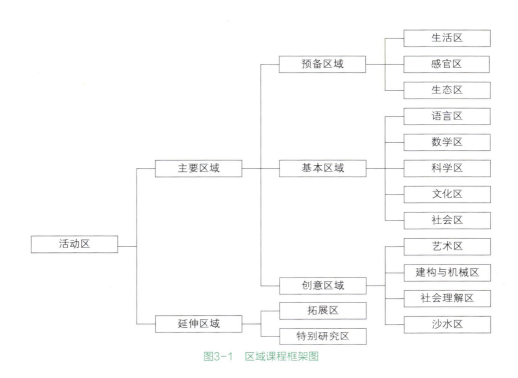

图3-1 区域课程框架图

立生活能力、激发幼儿热爱大自然的情怀为主要目的，同时锻炼幼儿的思维能力，激发幼儿的求知欲和好奇心。预备区域的内容安排很多，可以进行不同的种类划分，也可以利用生活的具体事件对预备区域的内容进行安排。预备区域的材料投放依照班级幼儿的实际情况进行，具有计划性和针对性，投放顺序需让幼儿在操作时由易到难，把握好材料的使用，教师及时观察幼儿的发展需要，及时更新材料。

表3-1 预备区域解读

生活区	生活区选取与幼儿生活经验贴近的、以日常生活练习为主要内容的活动材料，主要通过提供材料再现一些真实的活动内容和情境，围绕发展幼儿的基本动作、自我服务能力、照顾环境、生活礼仪等几方面进行。 生活区是小班幼儿重要的区域活动内容，教师可以根据本班幼儿的实际发展情况，充分利用各种资源，给幼儿提供自我锻炼的机会，并把日常生活练习与幼儿的现实生活联系起来，帮助幼儿培养良好的生活习惯和能力。
感官区	感官区借助发展幼儿视觉、听觉、嗅觉、味觉、触觉的相应材料，促进幼儿的感官协调、全面地发展。 感官练习更多地蕴含在幼儿的日常生活当中，教师要引导幼儿运用多种感官充分感受、体验、探索生活中的事物，从中获得生活与学习经验，提高感官能力的敏感性和精确性。

续表

生态区	生态区以种植和饲养活动为基本内容，幼儿通过亲身参与种植花卉、植物、蔬菜和照料、饲养小动物的活动，体验亲近大自然与小动物的快乐，了解常见动植物的外形特征及生长的基本规律，培养幼儿热爱大自然、保护环境的意识。 　　班级内的生态区一般包括植物角与饲养区两个部分。在教师的指导下，让幼儿参与种植和饲养活动，可使他们积极主动地观察动植物，从而培养幼儿的观察力，增强其环保意识，培养其环保行为。

二、基本区域

　　基本区域是幼儿园整体区域范畴中最为重要的一个领域，它包括语言区、数学区、科学区、文化区、社会区等几个相对独立又紧密联系的区域，涵盖了幼儿园的基本教育内容。教师根据幼儿的年龄阶段和学习特点，将学习目标分解，将学习内容物物化为可以操作探索的活动材料，让幼儿从亲身体验入手，通过观察、比较、操作、实验、探究等一系列自主活动，初步感受各文化领域的丰富内容，体验探究学习的乐趣，培养热爱学习的情感态度和发现问题、分析问题、解决问题的能力，帮助幼儿不断积累经验，并将其运用于新的学习活动，使幼儿养成受益终生的学习态度和能力。

表3-2　基本区域解读

语言区	语言区为幼儿创设了相对安静舒适的区域空间和自由宽松的语言交往环境，提供了丰富的语言教育环境，以听、说、读、写为活动线索，引导幼儿依照一定的方式和顺序来进行活动，全面促进幼儿口头语言和书面语言的发展。 　　幼儿语言能力的发展是在与他人交往、主动运用语言的过程中完成的。教师应遵循幼儿学习语言的规律和需要，以发展幼儿的听、说、读、写能力为基本线索，并依据由浅入深、由易到难、由简单到丰富的层次递进，把语言区材料转化为幼儿可视听、跟读或操作的材料，让幼儿通过自主学习促进语言能力的发展。
数学区	数学区是教师根据幼儿园教育目标和幼儿的数学发展水平所创设的活动区域，它通过有目的地投放数学活动材料，让幼儿按照自己的意愿和能力进行操作摆弄，进行个别化的自主学习的活动。 　　数学区材料所体现出的知识点，涵盖了幼儿阶段数学领域学习的基本内容，其中包括有关数学的感知、体验和态度，数、量和数量关系，形状和空间概念。教师通过在数学区为幼儿提供大量具体、可操作的材料，把抽象知识具体化，培养幼儿对数学的直观认识和学习兴趣。

科学区	科学区中，教师选择贴近幼儿生活和幼儿特别感兴趣的探究内容，给予幼儿安全的操作环境和支持性的心理氛围，鼓励幼儿探究自己，探究外界，了解物体和材料的物理特性、相互关系和有趣的科学现象。 　　科学区内容涵盖对自己身体的认识、对大自然的认识；帮助幼儿了解自然现象的形成，观察日月形象的变化；引导幼儿学习动植物的分类，观察动物的生活习性特点等。科学区还提供有科学观察、测量和分类活动，为幼儿提供适宜的工具，支持幼儿利用工具进行探究活动，鼓励幼儿进行科学实验。
文化区	文化区主要是对幼儿进行历史文化与地理文化等方面的粗浅教育，在区域内容安排上包括历史部分和地理部分。历史部分以"我"为开端，以时间和空间为线索，使幼儿推己及人、由近及远地感受时间的特性，时间与生命、自然界的关系。地理部分涵盖粗浅的人文和地理知识，幼儿通过操作世界地图、中国地图的拼图、地球仪以及不同国家的国旗、著名建筑物等活动材料，了解自己所在省市的地理位置、城市风貌、特产美食等，再拓展到认识亚洲和世界，促进幼儿对国家与世界的了解，从而激发幼儿爱家乡、爱祖国的情感，对世界各国产生向往之情。 　　文化区创设的区域环境和所提供的活动内容，在于让幼儿接触并吸收简单的科学文化知识，让幼儿理解历史发展具有连续性和阶段性，懂得人类文化随着时间的流逝会发生各种变化；通过有关地理的活动，让幼儿了解简单的天文地理知识，培养幼儿喜爱科学文化并激发探究的兴趣。
社会区	社会区以发展幼儿的人际交往能力和社会适应能力为主要目的，为幼儿提供情境化的社会活动，幼儿通过模仿、再现、创造，去参与和体验各种社会活动。 　　幼儿阶段是人的社会性发展的重要时期。培养幼儿良好的社会适应能力，可为幼儿形成健康的个性以及与社会环境建立和谐关系奠定基础，它对幼儿的学习与发展具有重要意义。社会区正是为了实现这一教育目标而创设的区域。

三、创意区域

　　创意区域是基于对幼儿内在需求的了解，为充分满足幼儿全面发展的需要而创设的区域，有艺术区、建构与机械区、社会理解区、沙水区。创意区域是对基本区域的有益补充。幼儿园可根据自身的条件，挖掘并利用各方面的资源，因地制宜地创建创意区域。例如，充分利用室外活动场所、幼儿园的公共区域以及社区环境等，根据不同区域的需要来选择适宜的场地。在材料提供上，可更多地使用低结构化、半成品材料，同时收集可加工使用的废旧材料，创造宽松自由、充满创意的区域环境，为幼儿提供更为丰富的实践机会，促进幼儿的学习与发展。

表3-3　创意区域解读

艺术区	艺术区包括音乐区和美术区两个基本部分，其中音乐区以培养幼儿对音乐活动的兴趣、提升幼儿对音乐的感受力和表现力为主要目的。在音乐区，可提供与音乐欣赏和表演活动相关的材料和设备，为幼儿创造音乐欣赏和表现的环境；还可搭建小舞台、小剧场，为幼儿提供展示的场所。在美术区，教师要根据各种美术形式的特点，为幼儿提供丰富多样的美术材料，鼓励幼儿主动参与，尝试学习多种美术技能，培养幼儿对美术创作的兴趣。 　　艺术活动是最能打动人们心灵的活动，是人们感受美、表现美和创造美的重要活动形式。幼儿更是经常借助唱唱跳跳、绘画、表演等方式来表达自己对周围世界的认识与内心的情感和喜好。艺术区为幼儿提供了充分展露个性、表达内心情感和艺术天分的舞台。
建构与机械区	建构与机械区拥有充足的建构与机械材料，这些材料具有规则性、可操作性和灵活性的特点，能够帮助幼儿发展建构能力和空间知觉能力，帮助幼儿认识物体的基本形状和数量关系。 　　幼儿通过有意识地堆积、拼插、排列、组合建构材料，主动进行各种认知建构，获得了感性经验和心理满足。建构与机械区的活动对发展幼儿的客体认知，激发幼儿的创造性，以及提高幼儿解决问题的能力具有积极作用。
社会理解区	社会理解区通过创设生活化的游戏环境，投放真实的或替代性的操作材料，引导幼儿在该区域中按照自己的意愿选择和扮演角色，设计活动情节，模拟再现他们所了解的真实的社会生活情境，并充分发挥想象力进行创造。 　　社会理解区是幼儿园公共区域中相对大型的活动区域，能够满足幼儿再现生活场景和模仿成人的愿望。"莲花小镇"正是一个全方位模拟再现社区基本功能设施的大型游戏区域，幼儿在不同场景中模拟各种社会角色，感受他们之间的关系，学习交往与合作，获取社会情感体验。
沙水区	沙水区可开设在空气清新、阳光充足的室外。为了让沙水活动更为有趣，教师可提供必要的活动工具或辅助材料。 　　沙、水是幼儿最喜欢接触的自然物质，幼儿在自由自在的玩沙、玩水活动中，通过玩沙水来了解它们的特性，并从中体验玩沙、玩水的乐趣，培养他们的自主性、创造性。

四、延伸区域

　　延伸区域是对基本区域和创意区域的延伸拓展，它主要是根据幼儿的特殊需要和具体情况，针对解决某项具体问题或满足幼儿某些特殊需要而设置的专门的研究区域。其目的在于尊重幼儿发展的个别差异，促进幼儿富有个性的发展，满足每个幼儿的发展需求。延伸区域包括拓展区和特别研究区，拓展区是对问题的补充性探究，特别研究区是对问题的专项研究。

表3-4 延伸区域解读

拓展区	拓展区为幼儿提供研究在基本区域中发现的问题以及进行进一步探究所需要的延展性材料，它能够满足幼儿的个体差异和不同的发展需求。 拓展区一般与主题活动密切联系，当教师发现幼儿在主题活动中需要了解的关键知识点、难点以及幼儿感兴趣的问题时，可以将其转化为可操作的物化材料，设置与主题活动相关的拓展区。
特别研究区	特别研究区是为幼儿生成的或者特别感兴趣的"课题"提供的进行专门研究的活动区域，它能够让幼儿体验探究的过程、了解研究的方法以及增强解决问题的能力。 特别研究区主要来源于幼儿的实际生活，他们日常生活中自然会表现出对某个特殊物品、地点或新闻等的兴趣，教师应抓住这些兴趣点，创造条件满足幼儿的特别需要，为他们提供特色研究的区域材料。

第二节 区域活动的配备

一、区域及材料的布置

立足中国本土的幼儿实践背景，区域活动自然也应该面向全体幼儿设置。因此，区域的位置安排要考虑到幼儿在教室里的工作分布。首先，教室里设置有很多不同区域，不同材料相应投放到相应的区域中，区域与区域之间有较为明显的区分或分隔。其次，同类别的材料（即"工作材料"）因为数量较多整齐摆放在多层的架子上，架子高度应适宜幼儿自由取放。另外，每个教室对应幼儿人数配备有足量的工作毯，便于幼儿坐在地上独立开展区域活动（即"进行工作"）时使用。

对于各个区域在教室中的空间分布，则考虑诸多因素灵活安排，在保证区域安全、体现区域功能、有效划分区域的前提下，布置好的区域位置在较长时间内保持固定不变。部分大型的区域，如"创意区域"，则因在教室外（另外的教室或公共区域）独立设置，区域内材料放置则相对更为灵活。

二、区域内材料的设计及投放

为了便于幼儿在进行区域活动时独立探究，每一份材料都采取较为统一的方式进行陈列摆放，即将一份材料放置在一个大小适宜的托盘式容器中，为幼儿提供一份单独的"工作"。

每份区域材料的设计需遵循以下原则：安全、难度适宜、生活化、情境化、和谐、原材料易得等，而且区域活动投放的材料应具有可操作性、引导性、层次性、丰富性。[1]其中，引导性和可操作性紧密相连，可操作性提供了材料的动手空间和创造机会，留给幼儿操作、思考的空间，而引导性明确了材料的操作范围和创造程度。对于材料的引导性，关键在于材料的"错误控制"。所谓错误控制是指教师在材料设计过程中，通过各种巧妙的方式，将能够引导幼儿独立操作的提示物化到材料之中，从而让幼儿在操作过程中自觉发现并纠正错误。材料的科学设计与投放是对区域活动有序开展和促进儿童发展的重要保障。

对于区域材料的整体规划投放，幼儿园课程从目标、内容、方法三方面共同开展探索，以实现区域活动的丰富、完整、可操作、促发展的目标。

（一）区域材料目标体系

教师根据设立的各基本区域，对照、解析《幼儿园教育指导纲要（试行）》五大领域的目标和要求，首先要制订总的区域目标体系，然后基于《幼儿园教育指导纲要（试行）》分析幼儿身心发展的实际水平及他们的发展需要，在总目标体系下分解各项目标，分别制订出各区域的高、中、低目标子体系，针对不同的幼儿提出不同的目标要求，从而保证在具体的区域中落实幼儿各方面的发展。

（二）区域材料内容体系

教师根据不同层次的目标体系，结合《幼儿园教育指导纲要（试行）》《3—6岁儿童学习与发展指南》中的内容及要求，构思、设计、制作、落实每一目标的各级操作材料，使每一个区域的材料既有自己的独立体系，又能让每个拥有不同优势智能、不同活动风格、不同发展水平的幼儿能在多层次、多种类的材料中找到满足其发展需要的活动材料。

（三）区域材料方法体系

区域提供的材料应该是富有教育内涵的，幼儿需要动手操作、动脑思考才能完成，在每份材料的制作中，教师精心设计了能引导幼儿一步一步开展自我探究、获取认知经验的线索，真正实现让所有的区域活动内容都变成符合幼儿特点的具体活动对象，让教具变学具，使幼儿在操作"物化了"的教育内容的过程中实现其自身综合而全面的发展。

基于区域材料目标、内容及方法的体系，教师在设计及投放区域材料时，才能真

1　对此可详细参考：王微丽，主编.幼儿园区域活动——环境创设与活动设计方法.北京：中国轻工业出版社.2014.

正做到心中有数、多而不乱，让每个区域的材料都具有其内在线索，而不是随意地堆砌与重复地累积，保证幼儿在区域工作中富有成效地探索、学习。

三、区域内材料的更换

每个班级区域材料的投放不是一劳永逸的，需要根据需要适时调整更换。由于幼儿的发展是动态变化的，幼儿的需求也具有即时生成性的特点，同时，就材料本身而言，有些材料因幼儿的不断操作，失去了它原有的吸引力，或者教师在观察中发现了材料设计上的不足，所以材料的投放需要教师根据实际情况及时调换。

在材料的更换上，教师针对不同原因采取不同的区域调整策略。依据不同时机，主要分为三种策略：随机性个别调整、季节性局部调整、阶段性分批调整。

表3-5　区域材料调整策略的解读

随机性个别调整	教师主要根据个别幼儿的发展需求及个别材料的情况进行随机调整。教师根据找到的原因进行个性化材料规划，开发设计出适宜的材料进行投放。
季节性局部调整	教师根据季节的变化以及季节性主题活动的开展，相应地调整区域材料。教师有针对性地对材料进行反思：班级幼儿可能会因为这种季节的变化而产生哪些集体性的新需求。对此可相应地投放一些季节性的材料。
阶段性分批调整	教师根据班级多数幼儿的发展变化，对局部材料及区域设置在某个阶段进行分批的调整。当班级幼儿的整体发展水平发生了变化，或班级产生了新的主题时，都可以采用阶段性分批调整。

第三节　区域活动开展的五步法

每一次的区域活动都是一次完美的探索与体验过程，它引导幼儿走入未知世界，探索未知世界，了解未知世界。对幼儿来说，每一次的探索都值得期待。而且，每一次的区域活动开展都是对前一次活动的巩固与延伸。因此，教师既要注重每次区域活动的完整性，也要考虑区域活动连续实施的方法与技巧。为了使单次活动的开展具有整体性，而且与前后区域活动形成连续体，单次区域活动流程包括引入及计划、操作与探索、总结与记录、导向与修正、表现与提升五个环节组成，这五个环节既是一次区域活动的完整过程，也是前一次区域活动的延续与提升以及后一次区域活动的准备与前奏，它与前后区域活动形成一个既独立又关联的循环探索过程。

表3-6　区域活动各步骤的作用

引入与计划	操作与探索	总结与记录	导向与修正	表现与提升
1. 转换情绪，调整状态 2. 计划性的形成 3. 根据计划选择对象能力的建立 4. 形成用不同方式呈现计划的能力	1. 各种学习品质的建立 2. 各领域知识的习得 3. 各种良好习惯的形成 4. 各种能力的发展	1. 学习通过各种方法将活动过程进行记录（活动过程的可视化） 2. 总结发现活动中的收获	1. 规则的完善 2. 活动材料适宜性的检测 3. 活动过程中的维护 4. 问题出现后的修正	1. 活动中问题的提出 2. 梳理提升关键经验 3. 不适宜规则的修改 4. 回顾活动过程。 5. 激发再次活动的兴趣 6. 经验的运用

表3-7　区域活动各环节的开展方式

引入与计划	操作与探索	总结与记录	导向与修正	表现与提升
1. 音乐及安静的小游戏 2. 语言讲述或各种表征方式的呈现 3. 直观情境中的观察与发现	与各区域材料的真实互动	1. 记录单 2. 摄像 3. 拍照 4. 作品保存 5. 语言描述	1. 通过材料的错误控制自我修正 2. 在教师引导下修正 3. 同伴的帮助下修正	1. 语言描述 2. 针对可视结果开展 3. 情境再现

　　幼儿园课程中教师在进行区域活动各个环节时运用了非常多的方式，在这里我们将选取非常经典、效果显著的方法在这里进行解析。

一、引入与计划

　　区域活动是幼儿在教师提供的有准备的环境中，根据自己的需求有目的、有计划地主动学习的过程。由于区域活动是一种个性化的探究活动，活动中不同的幼儿以不同兴趣、不同需要、不同学习节奏及不同的学习风格从事不同的探索内容，因此，在区域活动中幼儿拥有很强的自主性。虽然区域活动中凸显幼儿自主性、差异性的发展，但同时幼儿计划性发展也应得到充分地重视。因此活动初始的引入及计划部分，教师就应当承担起激发幼儿参与区域活动兴趣和根据个人需要制订出探索计划两方面的作用，通过这一环节让幼儿在充满激情的状态中，有目的、有计划地开始新的探索活动。引入及计划环节包含三个小的步骤：一是音乐提示，调整情绪进入状态；二是引入激发，谈话导入激发兴趣；三是制订计划，规划制订当天区域活动计划。

（一）音乐提示

区域活动以个人探索为主，它能培养幼儿良好的意志力——坚持性、专注性等学习品质。与主题活动的开放，热烈相比较，区域活动会显得平稳、静态一些，因此，它的启动音乐应是旋律优美、抒情的轻音乐，曲调平和，乐段之间有循环反复，能够自然结束，通过音乐的品质来营造出温馨、静谧的学习氛围。适合的启动音乐一旦确定，应持续地使用此音乐，让幼儿对音乐自然地形成相关的反应，并自发地在舒缓的音乐中调整自己的情绪，以良好的精神状态迎接后面的个别探索活动。在这一环节的活动中教师一定要督促幼儿将前一活动结束，并迅速整理个人事务后，加入到区域探索的启动活动之中，教师除了要督促动作慢的幼儿，对于先加入的幼儿教师可安排一些小的安静游戏，让他们在有意义的活动中等待其他同伴及其下一活动的开始，也可告知小环节的活动主题，让幼儿在安静的走线活动中边走边思考自己下一环节要分享的内容。

（二）引入激发

每个新的一天开始，幼儿与教师都会从不同的地方，不同的人群里带来许多新信息，他们需要在集体中讨论或分享这些信息，引入激发环节就是为交流这些新信息而设置的活动平台。在这个平台上教师既要引导幼儿讨论或解决相关问题，也要构思好转入计划环节的方式。在这个环节中，既要鼓励幼儿充分地参与到话题之中，但教师也应充分地考虑活动的时间、方式与内容，活动时间过短不利于充分调动幼儿的情绪，激发他们的思维，使他们更好地参与后面的活动。但时间太长的活动又会消耗幼儿过多的精力，使他们由于疲劳而影响后面的探索活动。

这一环节的活动方式虽然是以谈话为主，但在信息导入时可根据不同的分享内容选择开展方式，使活动的效果达到最优化（如表3-8所示）。

表3-8　引入激发环节的方法与作用

活动内容		活动引入方式
1. 强化经验	2. 学习品质提升	问题引入
1. 新材料介绍	2. 突破性操作	实物引入
1. 区域环境变化	2. 常规讨论	情景引入

1．问题引入

用问题提出的方式来引入活动，谈话的主题会非常直接、明了地出现在幼儿的面前，引起幼儿参与活动的兴趣，便于他们很快地围绕中心话题，形成讨论氛围。从用问题出现的方式导入区域活动的开始，教师可以选择在某些学习经验需要再次强化、幼儿的学习品质需要巩固等时候开展，这种方式开展此项活动容易使活动达到比较理想的状态。

2．实物引入

新材料的出现，某个幼儿有突破性探索后的提升，主题活动中有家园合作项目，幼儿带回来调查表、物品等资料需要汇集等，这种有实物呈现的活动，在此环节中就可选用实物引入的方式来开展活动，实物引入方式符合幼儿直接形象思维的特点，当实物出现在幼儿面前，会很快引起幼儿回绕实物发散自己思维，抒发自己意见的愿望，从而使活动较快地进入需要的氛围中。

3．情景引入

在幼儿园课程中区域环境是动态变化的，这种变化有时会有明显的呈现，有时因细微变化会被幼儿所忽略，当幼儿没有及时发现这种变化时，在开始的谈话活动中教师就可在真实的情景中引导幼儿观察、发现这种变化，了解变化的原因，并根据变化调整后面的探索活动。幼儿常规出现问题等情况下教师也可通过预先设置的情景来呈现这种问题，通过观察真实情景的问题，幼儿直观地发现问题并通过谈话来解决问题。

二、操作与探索

操作与探索环节是指区域组成环节中最重要的一环，幼儿在丰富的区域环境中，通过制订的活动计划，有目的地选择活动材料与探索材料，建立各种学习品质、习得各领域知识、形成各种良好的习惯，各种能力得以发展。在操作与探索阶段，教师应给予幼儿充分的权利，鼓励幼儿去发现、去学习、去发展。操作与探索环节又由以下几个步骤组成：寻找观察、对话操作。

表3-9   操作探索的方法与作用

材料操作探索各步骤的作用	
寻找观察	1．依据计划，有目的地选择目标材料。 2．说出各种材料的名称 3．了解材料的用途 4．熟悉材料的使用方法
对话操作	1．通过自我操作的方式完成对材料的探索 2．在操作中习得知识，发展能力

（一）寻找观察

这个环节就是幼儿根据制订的计划，在创设好的环境中寻找把持他发展的活动材料，由于不同幼儿自主性及任务意识的差异，针对不同的幼儿，教师需要用不同的方式来支持他在此环节的活动。能力强的幼儿会按照计划快速地选择好所需要的材料，教师只需要观察记录即可；能力中等的幼儿及来园时间不长的幼儿，他们的有可能会偏离自己的计划，这时教师应及时地跟进，在适当的时候给予一定的引导，使幼儿能按计划选择材料；能力弱的幼儿和在计划部分没有明确目标的幼儿，则需要教师引导幼儿根据他的"最近发展区域"，选择适合他的活动材料，并作为合作伙伴与幼儿一起观察材料，让他能够更好地开展后续的活动。

（二）对话操作

对话操作步骤是幼儿通过自我操作的方式进行学习，在与材料的不断"对话"中，获得新的知识经验。虽然在区域活动课程中实现的是师生"一对一"的活动情境，但并不是每个幼儿在探索每份材料的过程中身边都需要一位教师陪伴，很多时候幼儿在与材料的对话中是能够独立的探究与思考，当他们需要有帮助时，教师才及时地进行有针对性的指导。因此在这一步骤中教师应选用以下三种方式来开展活动。

1. 幼儿独立完成材料操作

能用这种方式完成操作活动的幼儿，所选择的材料应该是该幼儿发展较好的领域，此幼儿已具备了独立探索材料的能力，而且推理、分析等方面能力已初步形成，当他操作材料出现问题时，会坚持不懈并运用多种方式来解决问题。还有部分幼儿是经过同伴的影响而对材料已有了一定的了解，他们根据已有的部分经验尝试独立操作材料并取得成功。

2. 幼儿间相互合作完成材料操作

这种相互合作形式下的幼儿是由发展水平一致、共同的兴趣爱好自然结伴而成的，还有一种就是同伴相互帮助自发形成的，这些幼儿在与同伴共同合作、共同探索中加强了发现问题、解决问题的力量，使探索过程能顺利地完成。对于前一类情况和这一情况教师只需通过观察，记录他们的活动，并发现他们活动中有价值的东西，为他们后续发展提供依据即可。

3. 在教师指导下，完成探索活动

这种方式在运用中教师要分两种情况进行介入，一类是针对依赖性强的幼儿，这些幼儿由于个性中的某些原因，不能独立完成任务，喜欢成人的陪伴，对于这类幼儿教师应在活动中及时地引导、鼓励，帮助他通过自己的努力完成活动，并逐步减少指导的时间与数量，最终让他们学会独立完成活动。有一部分幼儿属于某领域发展较弱的幼儿，在他们进行活动时教师不光要指导他们，很多情况下教师需要作为他的合作伙伴身份与他一起共同进行探索，慢慢地促进他在此领域的发展。

三、记录与整理

记录与整理环节包括两个方面，一个方面是将幼儿在区域中的活动情况通过多种记录方式让它可视化，另一方面是将活动后的材料及区域回归到原始状态，方便第二天的活动，也培养幼儿良好的学习习惯。

（一）记录

幼儿在与材料的互动过程中，很多时候处于独立自主的探索阶段，教师虽然也在观察与记录，但这种随机的记录有时会不完整，有时教师在指导其他幼儿工作而有所遗漏。为了更真实、全面地记录幼儿的活动情况，我们选用幼儿适合的记录方式，采用教师记录与幼儿记录相结合，让记录更科学地反应幼儿的活动状态，呈现幼儿的整个活动过程。

1. 幼儿自己记录

幼儿由于受语言、文字发展水平的限制，在活动过程记录时，不宜使用语言描述或需要大量文字书写才能进行记录的方式，因此，在区域课程中，让幼儿进行个人活动过程记录时，我们主要通过让幼儿选择用各种符号、图画、影像等表征方式进行，为了更全面、方便地让幼儿参与记录，我们将活动材料进行分类，活动完成后有实物呈现的，让幼儿通过图画、影像进行记录，而无法有实物呈现的，我们将活动设计记录单，幼儿通过操作材料获得结果后完成记录单，将活动过程通过记录而"可视化"。

2. 教师记录

教师在区域活动中承担观察、指导等任务，而且这种差异化、个性化教学因每个幼儿的活动材料不同，教师的指导任务非常重，基于这些，我们为教师设计了各个方面的记录表格，教师通过表格记录非常快速而准确地完成幼儿活动情况的记录，有一部分记录则在活动完成后教师根据活动情况进行回忆后记录。

（二）整理

整理是幼儿或班级将活动后的区域材料、区域环境回归到活动前的整齐状态，这种整理分个别整理和集体整理两种方式。个别整理是单个幼儿开展材料探索后，需要将自己活动中使用的材料按照取出时的状态，进行分门别类的整理，并将材料送回到它原来储放的柜子中，个别整理是幼儿操作材料过程的一部分；集体整理是区域活动全部结束后，当天负责整理的幼儿，根据职责将所有区域的材料进行整理，这种整理方法不仅能保持个别材料的完整性，还能保证整个活动区域的整洁性和规范性。

四、导向与修正

导向与修正是幼儿在活动过程中出现某些不足，通过进一步的与操作材料互动来实现正确探索材料的过程。幼儿一般是通过材料的错误提示自我发现、同伴发现、教师发现三个方面检测自己的活动过程正确与否。

（一）导向

在导向这一环节中，主要以教师的导向为主，其次是材料的错误提示。

1. 教师方面

在这个阶段，教师导向的时机非常重要，教师既要做到尊重幼儿的自主操作，又要将幼儿导向适宜的发展方向。教师在选择导向与修正的时间时应着重把握三个时间段：活动前、活动中、活动后。活动前，教师以小组活动的形式向幼儿介绍区域活动的操作材料，让幼儿了解区域活动的规则以及区域材料的最新更换情况；活动中以个别指导为主，主要是根据幼儿的需要为其提供帮助；活动后，老师的点评面对全体幼儿，老师不仅要对幼儿在当天活动中的突出表现进行表扬和鼓励，还要指出幼儿在活动中的不足，更重要的是鼓励幼儿展开进一步的探究活动，提出老师的期望，也可以激励其他幼儿，使之产生强烈的操作和探究欲望。

2. 材料方面

需要将材料的错误提示巧妙地设计在幼儿操作的材料中，当幼儿完成探索活动后，可以通过这些提示自我发现错误。这些设计又分为提示"独立于材料中"、提示"隐藏于材料内"、提示"匹配于材料里"三种方式。"独立于材料中"的错误提示是将指示设计成独立的、只提供提示而不需要幼儿进行操作的材料，它和与之相关的、幼儿需要借助它才能完成操作的材料放在一起，构成一份完整的区域操作材料。"隐藏于材料内"的错误提示是指将指示隐藏在幼儿操作的材料之中，需要幼儿经过观察、思考才能发现其使用方式，它有可能隐藏在材料的边框处或材料的背面，也有可能设计在材料的画面之中。"匹配于材料里"的错误提示指的是，指示既发挥幼儿活动时的指示作用，也是材料操作过程中幼儿需要完成的一个步骤，只有将这一步骤完成，才能完成整个材料操作过程。

（二）修正

修正是幼儿发现问题的基础上再次开展材料探索。根据材料探索的难度、材料操作所需要的时间、发现问题的时间、问题对幼儿发展的影响程度，幼儿对问题修正的时间可以选择在同一次单次区域开展时间内，也可以是次日的区域活动时间或后期的区域活动时间。

五、表现与提升

表现与提升是老师组织全体幼儿回顾区域活动过程、操作结果、梳理和提升学习经验、形成对问题共识的重要环节。通过这一环节的表现、展示、交流、讨论、归纳、总结，老师不仅能够了解幼儿对材料的掌握情况，检验活动的效果，还可增加幼儿与幼儿间的相互了解，开阔幼儿的眼界，拓展他们的思维，放大区域探索活动的实效。

审视活动内容，活动内容主要从当天活动过程中发现，这些内容都是在有代表性的幼儿身上发现，重点涉及幼儿当天活动中的关键经验、活动时遇到的难点、活动需要的品质等方面。

选择活动方式，演示法——对操作步骤进行梳理；归纳法——对操作结果进行确认；探讨法——与有困难的幼儿共同探讨，帮助幼儿解决困难。

把握活动时间，这个环节是区域活动最后的一个环节，也是幼儿园课程主题启动环节，因此在活动时要根据情况而定时间，如果幼儿兴趣浓厚，时间充裕，可以时间稍长一些，如果影响到下一个教学环节，可以在一日活动中另找时间分解完成。

第四节　区域设置的实例

幼儿园课程中区域数量繁多，但设置原理有共通之处。基于上述区域设置的理论依据及实践经验，在此呈现室内区域、室外区域成长的案例各一个，以更生动具体地呈现幼儿园课程中区域设置的过程。

一、室内区域的成长：以小班生活区为例

生活区是幼儿园课程区域活动中自始至终贯穿的活动内容，其中的材料与幼儿生活经验贴近，以日常生活练习为主要内容，发展幼儿的基本动作，培养他们的自我服务能力、生活礼仪等。对于小班幼儿来说，生活区是他们区域活动中的重要内容，且

是进行其他区域的基础，所以在此以小班生活区作为例子来说明室内区域成长的过程。对于全新的班级，新建小班生活区将大致经历四个阶段。

（一）启动阶段

最初教师应明确设置生活区需要注意的关键问题。

第一，教师为生活区所提供的操作材料必须与幼儿的生活相关。包括若干方面的内容：① 幼儿的基本动作，如走、坐、站立、搬运、放置等动作的练习；手指配合的活动、手腕手掌配合的活动，如倒、折、剪、切等动作练习。② 幼儿的自我服务能力，如系纽扣、进行简单的编织活动、切水果、整理物品等。③ 幼儿照顾环境方面的练习，如打扫、整理环境、擦洗桌椅等。④ 幼儿生活礼仪方面的训练，如打招呼、问候、致谢等。

第二，教师提供给幼儿的材料必须具备探究性。教师提供的材料不是让幼儿看的，而是让幼儿去摆弄的；不是成品，而是能让幼儿去创造的半成品；同时，在探究活动结束之时，还必须能做出成品来。

第三，教师提供给幼儿的材料必须具备引导性。教师所提供的半成品应该能够引导幼儿独立做出成品来。给材料注入具备引导作用的关键点是体现引导性的一种方式。

第四，教师提供给幼儿的材料必须具备层次性。材料要能够实现不同水平的教育目标，适合不同能力的幼儿来使用。针对小班幼儿，材料的操作难度要适应幼儿实际的发展水平。

第五，材料外观设计必须能够吸引幼儿，让幼儿对操作材料感兴趣。

（二）实施阶段

教师根据内容选择，基于《幼儿园教育指导纲要（试行）》的目标分解，根据要求制作相应的操作材料。这个过程要经历数周的时间，在幼儿操作新材料的时候观察幼儿的反应，从中发现材料制作存在的不足，进行必要的改进，反复提升材料的质量及数量。

不同班级的教师可以互相观摩交流，从而更有效地提升材料的质量及数量，也有利于区域设置中教师学习共同体的建立，这对后续区域的设置、区域活动的顺利开展等都有长远的影响。

（三）反思阶段

在实施阶段经过了若干周后，教师已经制作出一定数量的操作材料，这时，教师应对照《幼儿园教育指导纲要（试行）》和《3—6岁儿童学习与发展指南》中"健康"

与"社会"领域中与幼儿生活相关的目标、内容与要求，对已经制作好的材料以及区域的设置进行反思。教师应明确自己所制作的材料是在实现什么教育目标，对应文件中的哪些内容。最后将已有的材料与《幼儿园教育指导纲要（试行）》对比，看看其中还有哪些能够物化的内容还没有被制作成可供幼儿操作的材料，然后根据需要补充新的操作材料。这个过程可以集体进行，保证区域材料设计的完整与丰富。

（四）完善阶段

这一阶段教师需要完成两项工作。

第一，为每份已经制作完成的操作材料写出材料的文字性说明。通过文字的方式来总结、提升材料对教师来说非常有价值，能帮助教师巩固材料制作的要点，并在这个过程中自觉发现材料制作的科学程度。具体文字性说明的案例可以参看下面"区域材料设计的实例"中的内容。

第二，教师需要关注材料的层次性。教师应考虑本班幼儿的年龄特点、能力水平以及兴趣爱好等因素，根据这些因素将已经制作的学具的难度梯度做出一个大致的排序。未来在投放这些学具时，就要根据幼儿的特点进行投放。教师还需要通过观察，为能力较强的幼儿提供更具挑战性的材料。

二、室外区域的成长：以社会理解区为例

室外区域主要是"创意区域"的内容，其中社会理解区是室外区域的一个典型。如果在班级教室内不单独设置角色扮演区，那么，室外的社会理解区是供幼儿按照自己的意愿选择和扮演角色，模拟再现他们所了解的真实的社会生活情境的平台，有利于促进幼儿的社会性发展，培养幼儿遵守社会规则的意识。

在此呈现社会理解区"莲花超市"的设置过程，主要包括三个阶段。

（一）准备阶段

首先，教师需要根据《幼儿园教育指导纲要（试行）》和《3～6岁儿童学习与发展指南》中对幼儿社会性发展所提的目标及内容进行理解、分析。在《幼儿园教育指导纲要（试行）》中，适合在社会理解区中培养的目标有：① 乐意与人交往，学习互助、合作和分享，有同情心。② 理解并遵守日常生活中基本的社会行为规则。而根据《幼儿园教育指导纲要（试行）》，可以进一步分解出3～4岁、4～5岁、5～6岁幼儿所需发展的层次目标。

其次，教师根据目标需要，设计与幼儿生活经验相关的场景，作为社会理解区中

角色扮演的模拟环境。对于"莲花超市"这个背景，教师结合不同年级的主题探究活动，在公共区域设置了"超市"主题环境，并设计了"逛超市""各种商品""认识职业"等与超市主题相关的系列活动，给全园幼儿提供了一个贴近生活、模拟真实超市的主题活动环境。

（二）布置阶段

教师着手为幼儿创设一个宽松自由、贴近生活的购物环境。"莲花超市"中提供商品陈列架、收银机、小推车、购物篮等超市设备；设立了收银台、服务台、兑奖区，提供了不同面额的模拟钱币；搜集了商品包装盒、饮料罐等商品模型。

同时，教师鼓励幼儿在生活中和爸爸、妈妈到超市购物，积累经验。

（三）完善阶段

"莲花超市"的材料布置基本完成后，教师带领幼儿前来参观超市，了解超市的区域划分，向幼儿介绍超市中的货品。随后帮助幼儿分配角色，明确各自的职责，鼓励幼儿积极参与角色游戏，游戏结束后请幼儿将物品归位整理。在这个过程中，教师应观察幼儿游戏过程中的状态及出现的问题，同时观察幼儿游戏后整理物品的情况，及时发现区域设置存在的不足，完善该区域。

第五节　区域材料设计的实例

对于区域材料的设计，本部分依次提供语言区的"词语接龙"、文化区的"深圳著名景点"、社会区的"表情娃娃"，作为室内区域操作材料的设计案例。

一　词语接龙

1. 材料名称：词语接龙

2. 材料目标

（1）喜欢接龙游戏，体验运用语言的快乐。

（2）熟悉词语接龙的方法，根据词语中的尾字进行接龙，丰富词汇量。

（3）增强思维能力和反映能力。

3. 材料解读

（1）词与词之间相同的字颜色相同，引导幼儿正确操作。

（2）材料后面的数字既可以使材料立体化，又便于幼儿检查对错。

（3）汽车的造型能够吸引孩子。

图3-2　进行词卡接龙

图3-3　检查并认一认

4．材料构成

（1）图文词语卡、有标题的玩具汽车、记录单、胶水、剪刀。

（2）大、小编织筐。

5．操作步骤

（1）取出图文词语卡片，读一读后放在地毯上。

（2）把汽车底板摆好后观察图文词卡，进行接龙，如，"椰树——树木——木马"。
（图3-2）

（3）接龙游戏完成后，查看前后词之间相连的字是否相同，再检查词卡后面的数字
是否排列有序。（图3-3）

（4）有序地指读图片上的词语。

（5）对照操作材料，完成记录单，并再次读一读。

6．适合年龄：4~5岁

7．错误控制

（1）接龙游戏后，数字显示从1到7的顺序排放。

（2）词与词之间相同的字颜色相同。

8．注意事项

（1）词语接龙时提醒幼儿注意：前一个词语的最后一个字是否与后一个词语的前
一个字相同。

（2）操作完成后，引导幼儿检查词语卡后面的数字是否按顺序排列。

9．变化延伸

（1）词语接龙可以拓展为成语接龙。

（2）汽车造型可以更换为火车头、轮船等。[1]

1　王微丽，主编.幼儿园区域活动——环境创设与活动设计方法.北京：中国轻工业出版社.2014：167 ~ 168

二 深圳著名景点

1. 材料名称：深圳著名景点

2. 材料目标

（1）激发热爱家乡的情感。

（2）了解家乡的著名旅游景点和标志性建筑，知道它们在地图上的位置。

（3）能用较完整的语言描述家乡的美景。

3. 材料解读

（1）在深圳地图上用不同的颜色把各个区域划分开，如：福田区——紫色、罗湖区——绿色……

（2）选择的景点应是幼儿熟悉的、具有代表性的。

4. 材料构成

（1）带有深圳地图的操作底板、景点图卡和景点字卡、记录单、剪刀、胶水。

（2）托盘、小布包、盒子、袋子。

5. 操作步骤

（1）从托盘中取出操作底板，观察各区的地图特征。

（2）取出图卡和字卡，放在一侧。（图3-4）

（3）拿起一张景点图卡，根据它所处的区域，摆放到操作底板中相对应的方框里，说一说，如这是民俗村，它在南山区……

（4）找到民俗村的名称字卡，摆放在图卡旁边。

（5）依次完成所有的景点图卡和名称字卡。（图3-5）

（6）查看图卡和字卡边框的颜色与地图上的行政区域颜色是否一致。

（7）对照操作卡完成记录单，并与同伴分享深圳的美景。

6. 适合年龄：5~6岁

7. 错误控制

同一景点的图卡边框、字卡边框、行政区域图用相同的颜色做标记。

8. 注意事项

请家长协助，带幼儿去材料中涉及的景点游玩，让幼儿熟悉各个景点的景色。

9. 变化延伸

可以变换材料为深圳各区的公园、深圳的街道等。[1]

---

1 王微丽，主编.幼儿园区域活动——环境创设与活动设计方法.北京：中国轻工业出版社.2014：194～195

图3-4　取出图卡和字卡　　　　　　　　图3-5　图卡与字卡对应

三　表情娃娃

1．材料名称：表情娃娃

2．材料目标

（1）懂得情绪愉快、健康心态的重要性。

（2）了解人的情绪是有变化的，感受不同情绪下五官变化产生的各种表情。

（3）能够模仿做出开心、生气、惊讶、伤心等面部表情。

3．材料解读

（1）表情娃娃的身体部位和头部分别用纸筒和瓶盖等废旧材料美化制作而成。

（2）表情娃娃的头部是独立的，可以取下摆放，也可以竖立放在身体上。

4．材料构成

（1）表情娃娃纸筒和表情图卡各1套。

（2）小筐。

5．操作步骤

（1）从小筐中取出表情娃娃纸筒，整齐地摆放在地毯上。（图3-6）

（2）取出四个表情图卡，判断是什么表情，然后逐一对应摆放在表情娃娃的身体旁。

（3）分别把各表情图卡竖立放在纸筒上方，说一说开心、生气、惊讶和伤心的表情特点。（图3-7）

（4）与同伴一起分享、模仿表情娃娃的各种表情。

6．适宜年龄：3~4岁

7．错误控制

每一个表情娃娃纸筒的颜色和对应的表情娃娃的头发颜色一致，便于幼儿操作和辨认。

8．注意事项

教师可引导幼儿根据表情的特点为娃娃重新设计发型。

图3-6　辨识各表情图卡

图3-7　组合表情娃娃

9.变化延伸

（1）适当增加表情的数量。

（2）增加情境图卡，引导幼儿在观察辨识后匹配各种表情。[1]

第六节　幼儿进行区域工作的实例

区域活动是最能促进幼儿个性及优势智能发展的活动方式，区域材料的投放与研究是区域活动的工作重点，科学而适宜的材料能既能关注幼儿学习与发展的整体性，又能尊重幼儿发展的个体差异；既能理解幼儿的学习方式和特点，又能重视幼儿的学习品质。作为幼儿活动的支持者、合作者、引导者，教师应观察、反思、评价班级幼儿不同的认识水平、能力发展、兴趣爱好，根据每一幼儿的最近发展区，及时地调整、更新材料，为幼儿的成长提供"支架"，满足他们的需要，促进他们的发展，下面将以数学区为例，详细呈现教师是怎样做到在区域活动中观察评价幼儿，为幼儿及时提供材料支撑，促进幼儿个性化成长的案例。

观察班级：莲子Q班

观察区域：数学区

观察教师：D老师

幼儿：W小朋友；出生日期2009-09-14；入园日期2013-09-01

◆ 幼儿分析

W小朋友是莲子Q班年龄最大的幼儿，性格相对平和，但探索愿望强烈，愿

1　王微丽，主编.幼儿园区域活动——环境创设与活动设计方法.北京：中国轻工业出版社.2014：208～209

意挑战新的活动材料，通过半年多幼儿园生活、学习，各方面的发展比较均衡，且相对优于班级其他幼儿的发展。近期，她突然显现对数理逻辑方面活动材料的强烈兴趣，观察了解她成长过程中所出现的敏感期特征，D老师充分尊重她自身的发展特点，尽力为她准备满足她成长需要的环境及材料，D老师在数学区基本材料的基础上，研究她的"最近发展区"，及时地制作、调整、增添能满足她发展的特别研究性材料，运用推荐、引导、与之合作等方法让她发现新材料、鼓励她积极探索新材料。活动中重点且细致地观察她在探索过程中的表现，开展反思与分析，既发现她在数理逻辑方面的优势条件，也寻找阻碍她在探索材料过程中所存在的不利因素，针对评价结果，为她在后续数理逻辑能力的发展提供科学性支撑，也为她提供解决阻碍发展的其他区域材料，促进她一方面更好地提升数理逻辑能力的发展，另一方面引导她通过探索与之相关的其他区域材料来提高自身其他方面的能力，降低对数学区材料操作中的难度。

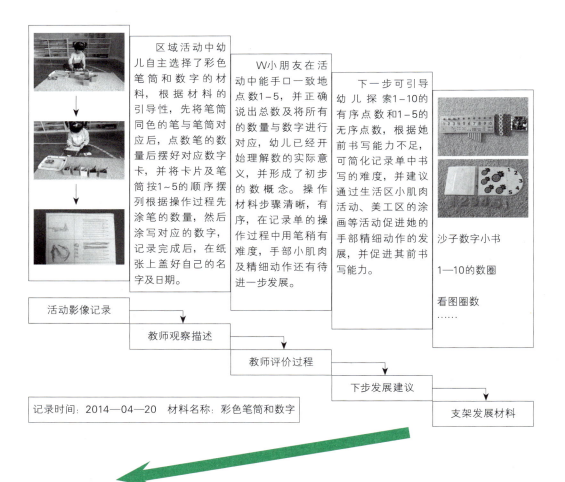

区域活动中幼儿自主选择了彩色笔筒和数字的材料，根据材料的引导性，先将笔筒同色的笔与笔筒对应后，点数笔的数量后摆好对应数字卡，并将卡片及笔筒按1~5的顺序摆列根据操作过程先涂笔的数量，然后涂写对应的数字，记录完成后，在纸张上盖好自己的名字及日期。

W小朋友在活动中能手口一致地点数1-5，并正确说出总数及将所有的数量与数字进行对应，幼儿已经开始理解数的实际意义，并形成了初步的数概念。操作材料步骤清晰，有序，在记录单的操作过程中用笔稍有难度，手部小肌肉及精细动作还有待进一步发展。

下一步可引导幼儿探索1-10的有序点数和1-5的无序点数，根据她前书写能力不足，可简化记录单中书写的难度，并建议通过生活区小肌肉活动、美工区的涂画等活动促进她的手部精细动作的发展，并促进其前书写能力。

沙子数字小书

1—10的数圈

看图圈数

……

活动影像记录 →

教师观察描述 →

教师评价过程 →

下步发展建议 →

记录时间：2014—04—20　材料名称：彩色笔筒和数字

支架发展材料

　　今天幼儿选择的是看图圈数，她翻开操作提示书，逐一点数每一页上的物品数量，根据总数找出对应的数字，并正确地进行摆放。此材料上的物品数量是无序排列，幼儿在做第二次总数为4的点数时，数量是4，但最后操作时将总数放成了3，记录操作过程的记录单也显示结果为3。

　　幼儿点数方法是只用眼睛点数区分物体，以眼代手的动作，并且是不出声的默数，由此可以看出幼儿对5以内物体的点数及总数的概念非常的清晰，操作中出现错误的可能原因：第一次操作无序排列材料或操作完后没强化对总数的记忆，取数字摆放时，出现记忆误区。

　　下步可让幼儿操作按数取物、按群计数等材料，初步实现对数概念的实际运用及促进数概念的抽象性发展，也为幼儿后续的组成学习奠定了基础。根据幼儿操作中出现的错误，可引导她去感官区操作有关记忆精准性方面的材料，逐步培养检查操作结果的好习惯。

按数取物

单双数

合起来是几

……

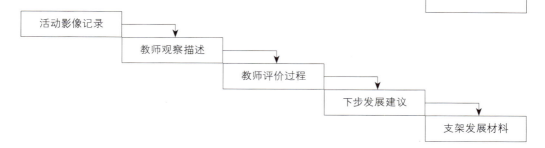

活动影像记录 → 教师观察描述 → 教师评价过程 → 下步发展建议 → 支架发展材料

记录时间：2014—05—08　材料名称：看图圈数

今天，幼儿选择了材料"合起来是几"，操作前她几次观察并尝试独立摆放材料后，示意教师需要引导，教师随即与她一起探索材料，此过程使她确认了自己之前的探索方式是正确的，教师离开后，她独立完成了材料的探索，并根据探索过程完成了纸张的记录工作。

幼儿通过材料探索，初步感知组合中分合的关系，能将两个不同或相同数量合并成一个数量并用正确的数目进行表示，理解了一个集合与它的子集之间的等量关系，幼儿初步建立数的组成概念，幼儿在操作正确的情况下寻找引导，探索材料中自信心方面还需加强。

根据幼儿现有发展水平，可引导她探索"十以内的合成与分解"继续深化她对数的组合概念，合成概念非常清晰后可提供加法类的材料促进她的发展，根据她前期发展本次活动中的数字是用盖印章的方式呈现，观察了解她的前书写发展情况，有提高可开展书写记录。

十的合成

十的分解

加法板

……

活动影像记录 → 教师观察描述 → 教师评价过程 → 下步发展建议 → 支架发展材料

记录时间：2014—05—29   材料名称：合起来是几

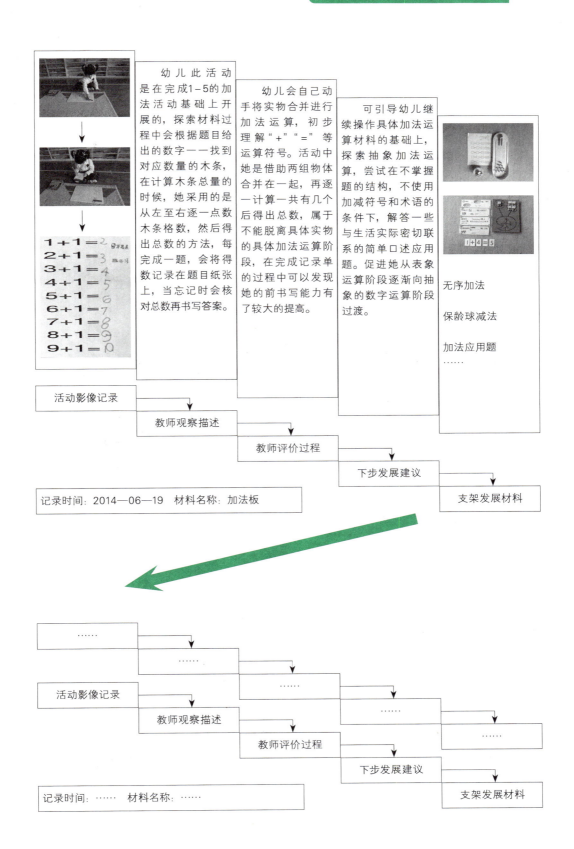

幼儿此活动是在完成1-5的加法活动基础上开展的，探索材料过程中会根据题目给出的数字一一找到对应数量的木条，在计算木条总量的时候，她采用的是从左至右逐一点数木条格数，然后得出总数的方法，每完成一题，会将得数记录在题目纸张上，当忘记时会核对总数再书写答案。

幼儿会自己动手将实物合并进行加法运算，初步理解"+""="等运算符号。活动中她是借助两组物体合并在一起，再逐一计算一共有几个后得出总数，属于不能脱离具体实物的具体加法运算阶段，在完成记录单的过程中可以发现她的前书写能力有了较大的提高。

可引导幼儿继续操作具体加法运算材料的基础上，探索抽象加法运算，尝试在不掌握题的结构，不使用加减符号和术语的条件下，解答一些与生活实际密切联系的简单口述应用题。促进她从表象运算阶段逐渐向抽象的数字运算阶段过渡。

无序加法

保龄球减法

加法应用题

……

活动影像记录 —— 教师观察描述 —— 教师评价过程 —— 下步发展建议 —— 支架发展材料

记录时间：2014—06—19 材料名称：加法板

……

……

……

……

……

活动影像记录 —— 教师观察描述 —— 教师评价过程 —— 下步发展建议 —— 支架发展材料

记录时间：…… 材料名称：……

　　本成长案例是从莲子Q班W小朋友的个人成长档案中摘录的，为了更好地说明探索区域材料可以促进幼儿某一方面能力的持续发展，教师选择了一个区（数学区）某一阶段的记录为代表，来呈现这一周期中幼儿与材料的互动过程，教师的观察、反思、评价等教育行为，以及教师诊断后为幼儿提供的支架材料等多方面信息，由此展现幼儿园课程中幼儿如何开展区域工作。

　　以上记录呈现的是2014年4月到2014年6月期间，W小朋友在数学区探索的有代表性的部分案例，在她的成长档案中，这一阶段还存有她探索数学区以外的其他区域材料的记录，为了让记录线索更为清晰、明确，在此教师只进行了单一区域的呈现，其他区域记录在此不再一一呈现。

第七节　区域活动中教师对幼儿的支持

　　区域活动中，除了幼儿的自主操作与独立探究，常常需要教师对幼儿的区域学习进行"画龙点睛"式的支持。当然，教师在进行支持时，需要根据年龄差异、能力发展水平，给予不同的支持方式。而对于教师支持策略的选择，是以教师对幼儿的观察、分析为前提的。区域活动中教师对幼儿的研究与支持，可能是"无声胜有声"的观察，也可能是教师的演示与说明，也可能是介于两者之间的简单指导。以某幼儿园为例，呈现三个年龄段的数学区中的区域活动案例，从而回答：在区域活动中，教师是如何支架儿童的主动学习的呢？针对不同年龄段的幼儿，分别需要什么样的支持策略？

一、小班：点数5个以内的物体

　　幼儿年龄：小班（3～4岁）（图3-8）

　　材料来源：《幼儿园教育指导纲要（试行）》3～4岁科学——数学认知——目标2～3，能手口一致地点数5以内的物体，并能说出总数。

表3-10　小班（3～4岁）

活动内容	幼儿行为	教师策略
幼儿进入数学区选择活动材料。	在数学区前徘徊寻找、发现自己需要的材料。	在幼儿身后默默观察，发现幼儿的行为及思考需要的支持策略。
幼儿请教师一同取出活动材料。	幼儿走到教师旁边，请求教师与他一同去取材料。	教师寻问幼儿有什么需要帮助，并咨询幼儿能否独立完成。

续表

活动内容	幼儿行为	教师策略
幼儿与教师取材料一同到地毯前坐好，教师操作材料，引导幼儿观察。	幼儿观察教师的操作。	教师先坐在地毯中间，演示材料一个部分，并与幼儿互动，引导幼儿进行观察，了解材料的操作方法。
幼儿操作材料，教师在旁边观察、记录幼儿的行为。	幼儿操作材料，不时回望教师，寻求依靠。	教师观察、了解幼儿，当幼儿有需要时给幼儿及时的支持。
幼儿在完成纸张工作时遇到数字不清晰的问题，教师指导幼儿认识数字。	幼儿能说出总数，但在用数字表示时，2和5的认知存在概念模糊。	教师引导幼儿区分2和5。
幼儿完成操作，教师给予鼓励，针对活动给出评价。	幼儿完成操作，并将记录单给教师。	教师对幼儿的记录单对幼儿进行评价。
带幼儿到数学区认识数字的材料处，引导鼓励幼儿下一次可尝试做做这份材料。	幼儿收拾材料后兴奋地回到教师身边。	教师引导幼儿到数学区前，找到支撑幼儿下一次活动的材料（认识数字），鼓励幼儿下次活动进行选择。

图3-8 老师指导幼儿"点数5个以内的物体"

幼儿发展与教师支持

1. 幼儿学习品质分析

（1）针对幼儿发展的研究。

上述案例中的幼儿处于小班初始期，幼儿在个别探索活动中由于对环境的认同度还欠缺，在个别操作及材料深入探索中，会对成人有一定的依赖性，影响他们在个别探索活动中自主性、独立性的发展，也容易破坏幼儿在探索过程中的专注性。

（2）基于教师行为的分析。

幼儿明白自己想要操作的材料，但在行动时希望教师能陪伴在身边，给自己一种安全感，教师针对他的年龄特点，即满足了他的需要，但在指导幼儿时，教师只是给幼儿必要的支持（内容选择的示范、鼓励时简洁的语言、眼神、手势等），教师在小班幼儿区域活动开展的初始期，这种选择性的陪伴，既是逐步培养幼儿独立完成活动的品质，也能在幼儿需要时给予幼儿及时的支持，满足小班幼儿的心理需求，让他们在安全的氛围中建立各种良好的品质，同时获得知识、能力等方面的发展。

2. 幼儿领域发展分析

（1）针对幼儿发展的研究。

幼儿能手口一致地进行点数，说出总数，但在数字的区分上有不足之处，2和5两数的认识需要进一步清晰。

（2）基于教师行为的分析。

教师能根据该幼儿的发展，发现幼儿已有经验及存在不足，在已有经验上让他进一步提高，如提供记录单，在不足上对幼儿进行引导促进发展，清晰幼儿对数字的认知，并在幼儿完成探究后，单独对幼儿进行了评价。根据自己的分析与反思找到幼儿下一步发展的策略，鼓励幼儿在后续活动中选择新材料开展探究。

二、中班：7的分解

幼儿年龄：中班（4～5岁）（图3-9）

材料来源：《幼儿园教育指导纲要（试行）》4～5岁科学——数学认知——目标2—3，能通过实际操作理解数与数之间的关系。

表3–11 中班（4~5岁）

活动内容	幼儿行为	教师策略
幼儿主动到数学区选择材料"数的分解"。	幼儿比较自信、快速地到数学区前选定自己需要的活动材料。	在幼儿身后默默观察，了解幼儿是否需要教师的支持。
到地毯前坐下，观察并探索材料，教师在幼儿旁边走动观察。	幼儿坐下后，先逐一观察了解材料，试着操作材料。	教师在距离幼儿一定的地方悄悄观察幼儿的需要。
幼儿遇到问题，示意教师需要帮助，教师坐到幼儿的身边。	幼儿摆放好材料后，在进行分解时，有点不明白材料步骤及材料背后的内涵，反复思考后不能解决，举手示意教师需要帮助。	教师正在旁边指导其他幼儿，看到幼儿需要后，即时到幼儿身边，询问：怎么了？
教师与幼儿合作让幼儿了解材料的正确操作方法，并引导幼儿了解材料的内涵。	幼儿和教师互动，共同探索材料并操作材料。幼儿学会材料的操作及内涵。	教师让幼儿观察材料，理解总数7，观察将7个星星分给一个女孩的一个男孩，女孩有几个？男孩有几个？
幼儿继续探索材料至完成探索，教师一旁观察并兼顾其他幼儿的需要。	幼儿继续探索材料，并认真完成记录单。	教师在活动室巡回观察，了解幼儿。
幼儿完成操作，整理材料，教师到完成得筐中取出幼儿的记录进行观察分析。	幼儿整理材料放回框子后，继续寻找后续活动材料。	教师在幼儿将记录单放到完成筐后，到筐中取出此幼儿的记录单，并思考幼儿后续的活动材料。

图3-9 幼儿独立开展区域工作"7的分解"，期间偶尔寻求老师帮助

幼儿发展与教师支持

1. 幼儿学习品质分析

（1）针对幼儿发展的研究。

中班的幼儿经过一年的学习和生活，在自主性、独立性都有了明显的发展，在个别探究时，他们能根据自己的需要和兴趣，独立选择自己适宜的材料，主动、专注并开展个别操作。在遇到困难时，他们也能尝试用不同的方法去挑战难度，从而获得成功的快乐。

（2）基于教师行为的分析。

教师在幼儿自由选择材料、开始探究材料时，根据幼儿的发展，并没有对幼儿进行干预，而是在幼儿旁边默默地观察幼儿，看到幼儿遇到困难时，教师也是用眼睛积极地观察，当幼儿有了真正的需要时，教师才走到幼儿的身边，而且根据中班幼儿的发展水平，教师在后续过程中一直与幼儿是平等的合作关系，共同探索材料，直到幼儿真正了解材料后，教师通过简洁的点评让幼儿明白材料的内涵，提升幼儿的知识结构。

2. 幼儿领域发展分析

（1）针对幼儿发展的研究。

幼儿通过在区域操作材料，具体形象地理解了数与数之间的关系——7的分解。

（2）基于教师行为的分析。

教师能根据该幼儿在探索中的表现及其能力发展，在幼儿出现操作难点时，以合作者的身份与幼儿共同探索材料，促进幼儿领域能力的新发展，在内涵提升时教师又以导师的身份通过引导让幼儿理解了数与数的关系。幼儿探索结束后能及时地分析幼儿的记录单，并思考幼儿后续发展的支持材料。

三、大班：加法板

幼儿年龄：大班（5~6岁）（图3-10）

材料来源：《幼儿园教育指导纲要（试行）》5~6岁科学——数学认知——目标2—3，能通过实物操作或其他方法进行10以内的加减运算。

表3-12　大班（5~6岁）

活动内容	幼儿行为	教师策略
幼儿自主选择数学区材料"加法板"。	幼儿非常有目标地到数学区取出活动材料"加法板"。	在幼儿一定距离处，观察了解所有幼儿的活动，并随时解答有需要幼儿的问题。

续表

活动内容	幼儿行为	教师策略
幼儿逐一观察了解材料后开始探索材料，教师在他身后处观察。	幼儿逐一取出材料，仔细观察。	教师巡视活动室幼儿的活动，给需要的幼儿活动支持。
幼儿操作材料、完成记录单，然后核对答案后，发现自己活动过程中发现有一题出现了问题。	幼儿的整个活动过程。	教师在其他幼儿处进行指导。
幼儿拿记录单到教师处寻找帮助。	幼儿与教师讨论出现的错误。	教师检查发现幼儿其他记录都正确，唯有一个不正确，初步判断是粗心造成，让幼儿重新操作这一步过程，幼儿重新操作后，检查结果正确。
教师引导幼儿重新探索出现问题时材料，幼儿发现问题，并找到正确的答案。	幼儿重新操作材料，并找到正确的答案。	教师在幼儿旁边观察幼儿对出现问题处材料的操作。
幼儿收整材料并与教师互动。	教师观察幼儿，并分析记录单中出现的错误，及时与幼儿互动，提出遇到错误要学会检验的方法及鼓励他挑战新材料。	幼儿收好材料，将记录单放回自己的盒子。

图3-10　幼儿独立完成了"加法板"的工作，但记录结果时遇到问题寻求帮忙

幼儿发展与教师支持

1．幼儿学习品质分析

（1）针对幼儿发展的研究。

案例记录的大班幼儿已有两年的区域活动经验。有较长区域活动经验的幼儿基本能独立地、有目标地选择符合自己发展与需要的活动材料，在平时的活动中，他们会通过观察同伴操作，及在区域讲评时通过同伴的介绍，对未操作的材料会有一定程度的了解，借助材料的引导性，除个别能力非常弱的幼儿，一般情况下大班幼儿都能认真专注、克服困难、富于创造与想象地独立完成材料探索。

（2）基于教师行为的分析。

根据大班幼儿的区域活动特点，教师在活动中只是作为幼儿背后的支持者出现，她在不干扰幼儿活动的情况下观察、了解、分析幼儿，但当幼儿出现问题时，她又及时地针对幼儿还没有掌握检验方法，巧妙而有针对性地启发幼儿，鼓励幼儿进一步地探索，并在幼儿成功完成活动后及时地给予幼儿继续活动的支持性策略。

2．幼儿领域发展分析

（1）针对幼儿发展的研究。

幼儿借助实物进行有序的10以内运算能力已形成，检验活动成果的经验及方法还有待进一步加强。

（2）基于教师行为的分析。

教师能根据该幼儿在本次活动中的表现情况，发现他的不足，对他提出高一点的要求，教师在对幼儿的记录单进行分析后，进一步提出这种高一点的要求，并激励幼儿挑战符合他最近发展区域的后续活动材料。

小贴士1： 有特殊需要的儿童怎么参与到区域活动中呢？

有特殊需要的儿童也同样可以参与到幼儿园课程的区域活动中来，这是对每一个孩子的爱与尊重，也是对幼儿园课程"全纳教育"理念的彰显。一般情况下，在幼儿园平均每个班都会有一到两个有特殊需要的孩子，老师们都会给他们特殊支持与照料，在一视同仁的情况下，积极带领孩子们参与到独自操作的区域活动中，单独带领、指导这小部分的孩子到各个区选择感兴趣的材料，然后进行操作，教师在旁指导，辅助有需要的孩子操作。在这个过程中让这部分孩子尽可能地熟悉区域活动的参与过程，在日复一日中获得点滴进步。过往的经验事实表明，这些有特殊需要的孩子也和其他孩子一样，会慢慢地喜欢上区域活动，并学会安静、独自操作材料，获得惊人的成长。

小贴士2： 为了保证区域活动开展的有序、有效，教师需要帮助儿童在区域活动中形成哪些常规？

　　区域活动主要是幼儿在一定环境中根据自己的兴趣和能力自主选择活动内容和活动方式的教学形式，它在时间上和空间上都是开放的，幼儿可以自己决定学习的速度、可以自由选择活动区。合理的区域规则，既是区域活动顺利开展的前提和保障，也是培养幼儿自律行为和社会责任感，能促进幼儿的社会性发展。为了保证区域活动开展的有序、有效，教师需要从以下方面帮助幼儿形成良好的区域活动常规：首先，制订区域环境中的规则。教师与幼儿共同探讨活动区的共性与不同，教师和幼儿一起根据每个区的自身特点制订出各区进区常规。其次，熟悉区域操作中的规则。包括取放材料则、探究活动时的规则。再次，懂得区域分享中的规则。在幼儿交流活动经过和展示作品的时候，能够认真倾听，享受分享带来的快乐。

小贴士3： 假如幼儿对区域工作不感兴趣，教师如何对待？

　　在区域活动中，教师既要充分了解班级中每一个幼儿的发展水平、个体差异，又需要密切观察幼儿自主学习的整个过程，对幼儿的表现快速应。当幼儿对区域工作不感兴趣时，可能出现了以下两种情况：一种情况为幼儿当天身体不舒服、情绪有问题等原因，进区活动的积极性不高，对区域活动不感兴趣；另一种情况为班级中个别特殊儿童只对单一材料感兴趣，从来不愿意去别的区域进行活动。针对以上这两种情况，教师一般会采用以下策略：在第一种情况下，当教师发现幼儿情绪不高时，教师会及时介入，了解原因，对幼儿提出合理化的建议，允许幼儿不参加当日活动，让幼儿去有地毯和毛绒玩具的安静区休息，或者鼓励幼儿以一个旁观者的身份观摩同伴的活动。当发现班级个别幼儿出现第二种情形时，教师应该了解到特殊儿童在区域活动中的局限性，在各区域中专门设计、投放他们感兴趣的材料，如：YY从入园开始只对班上喂养的小乌龟感兴趣，每天的区域时间都去照顾小乌龟，从来不愿意去别的区域参与活动，为了引起他对其他区域的兴趣，教师专门为他在美工区设计了一份装饰小乌龟的工作、在科学区投放了一份乌龟嵌板，以YY喜欢的小乌龟为契机，有效做到学习经验的迁移，使他对其他区域工作产生兴趣。

本章小结

　　幼儿园课程的区域活动旨在培养独立、自主，并有学习能力的儿童。本章介绍了幼儿园课程中区域活动开展的方方面面。幼儿园课程中的区域可划分为预备区域、基本区域、创意区域和延伸区域，其中，区域及材料的布置、材料的设计、投放、更换，都有各自的特点与要求。区域活动在开展中，包括引入与计划、操作与探索、记录与整理、导向与修正、表现与提升等过程。针对幼儿园课程区域活动的开展，本章以小班生活区的实例说明室内区域的设置，以社会理解区的实例说明室外区域的设置，以"词语接龙""深圳著名景点""表情娃娃"三份材料说明材料设计的要点，最后以一名幼儿进行区域工作为实例说明幼儿在区域活动中的操作过程及发展变化，并呈现了小、中、大三个年龄段中，教师在区域活动中对幼儿主动学习的支持案例。

第四章 主题活动的开展

主题活动开展的质量有其内在的逻辑起点，有其根本的缘由，那就是，平衡课程的其他方面，实现幼儿全面综合的发展。换句话说，保证主题活动开展的质量，就是为了培养幼儿的创造性、合作性、问题解决能力、合理冒险精神，等等，从而弥补其他课程模块未能有效提供这些发展机会的缺憾。主题活动是与区域活动平行的另一个平台。主题活动与区域活动有一个共同点，就是对幼儿发展的好处是看不见的，至少在短期看不见，如果忽视了，虽然暂时好像没有区别，但在长远发展上，就会出现问题。因此，主题活动的开展在幼儿园课程中占据十分重要的地位。

第一节 主题活动的特点及保证

一、"八大特点"

我们认为，主题活动就是幼儿教师引导幼儿并和幼儿合作进行的集体探究活动。我们从设计及评价主题活动的需要出发，总结了主题活动应具备的八大特点，借此来保证主题活动的质量。[1]

（一）目的性

主题活动应该是有明确目的的，而不是目标游离的。它以培养幼儿初步的解决实际问题的能力和初步的创造意识、创造能力为主要目的，同时特别注意培养幼儿良好的情绪情感、合作意识、分享意识和表现意识等。

（二）计划性

主题活动是根据幼儿的年龄特点和社会发展需要制订课程规划的，而不是教师个

---

1 霍力岩. 幼儿园多元智能做中学综合主题课程教师用书[M]. 北京：教育科学出版社，2009：4-5.

人随意进行的。教师需要有预先设计的主题活动网络，为系列活动生成做好准备，且在开展每个活动之前需要有相应的计划，为紧接着开展的单独活动也做好充分的准备。而且，主题活动需根据学年、学期、季节、月份、节日、年龄段等有层次、有针对性地开展。

（三）探究性

主题活动是在探索中帮助幼儿获得发展的，而不是让幼儿被动接受的。它特别强调幼儿的探究——幼儿的探究意识、能力和态度，尤其强调在幼儿探究的过程中培养幼儿的意识、能力和态度，主张幼儿的探究既应该包括对社会的初步探究，也应该包括对自然界的探究；既应包括对已知世界的探究，又应该包括对未知世界的探究。

（四）合作性

主题活动是多人合作进行的，而不是某一幼儿独自进行的。它既是师生之间的平等合作，也是幼儿之间的合作，而且时常还包括与其他班级、儿童家长、社区机构等的合作。

（五）平等性

主题活动特别重视突出师生关系的平等和班级气氛的民主，强调教师的"导师"作用——"平等中的首席"。

（六）综合性

主题活动应该是多元综合的，而不是围绕单一知识的。它不仅是健康、语言、社会、科学和艺术的五个领域的综合，而且是幼儿态度、能力和知识三个方面的综合，更应该是上述五个领域和三个方面的有机结合。主题活动的综合性会随着活动的实际开展自然得到体现，而不是教师特意地进行所谓的"综合设计"。而且综合性是针对系列活动而言，而不是要求每个单独的活动都必须面面俱到。

（七）灵活性

主题活动应该是在预设活动基础上的灵活生成。它应该根据儿童的兴趣和需要不失时机地生成课程，实现"有准备的课程""有需要的课程""预设课程"和"生成课程"的有机结合。灵活性也同样会随着活动的实际开展得到体现，在探究的驱动下不断在预设中生成新的活动与探究内容。

（八）主题性

主题活动应该是问题导向的，而不是知识导向的。它在幼儿一定知识经验的基础上，为他们提供围绕一定主题如常见问题或现象进行探索的机会和舞台，并引导他们在集体探究的过程中初步解决一些简单问题或尝试发现一些新的问题。系列活动的主题性会在活动开展到一定程度时，根据实际需要得到调整，而不是至始至终保持初始的单一主题。

二、"五大保证"

在以上八大特点的基础上，我们结合行动研究的观察与反思，进一步总结了"五大保证"，从而深化对主题活动开展的理解。

（一）保证对问题的探究

主题活动在开展中要贯穿对问题的探究这一关键策略。问题探究是主题活动得以丰富多彩，进而为幼儿提供全面综合的发展平台的关键。教师在开展主题活动时，除了提出适宜的问题供幼儿思考、探究之外，还应善于总结幼儿发现、提出的问题，引导幼儿对有趣的、有意义的问题进行集体探究。

（二）保证对生成的认可

预设与生成的平衡是主题活动开展的第二个关键策略。但前提是教师能对活动中生成的新方向、新内容有所接纳，从而引导幼儿继续进行相关探究。从反面来说，教师不应该将主题活动的开展变得机械死板，只有单纯的预设与控制，这对于实现主题活动的发展目标是非常不利的。世界影响广泛的发展适宜性实践（Developmentally Appropriate Practice，DAP）理念就认为，"生成课程的基础和发展是对儿童兴趣、经验和活动的观察。通过仔细地观察和倾听儿童，教师可以得到关于儿童的问题、知识、技能和兴趣的线索。观察后所制订的计划，关注的是找出能够维持儿童较为浓厚的兴趣并建构出新知识的活动和材料。"[1]可以说，消灭了生成性，也就消灭了主题活动。

（三）保证有计划有适宜性发展目标

主题活动在开展之前，都要有具体的开展要点的预设。成熟型教师可能并无见稿

---

1 卡罗尔·格斯特维奇. 发展适宜性实践：早期教育课程与发展（第3版）[M]. 霍力岩等，译. 北京：教育科学出版社，2011：65.

的活动计划，但倘若真正做到心中有计划，也是可以保证主题活动顺利、有效开展的。进行活动计划的关键是预设适宜性的发展目标，每次活动中不能以"问题探究"为借口提供难度过大、过分超越幼儿心理发展特点的内容，设置过高的目标。教师在开展活动的过程中，对目标的把握也应做到心中有数，对幼儿的要求要符合"最近发展区"的原则。

（四）保证儿童之间的合作与分享

主题活动开展的核心目标是发展幼儿的创造性、合作性、问题解决能力、合理冒险精神，这也是集体探究与个别探究的本质区别。主题活动中，师幼互动固然重要，但也应该十分关注幼儿之间的互动，根据年龄适宜性，为幼儿提供互相帮助、分工合作、互相分享的机会。这一点随着幼儿年龄的增长，体现的程度应该更明显。

（五）保证内容及形式的多元与开放

基于对问题的探究、对生成的认可，那么，主题活动的开展就不应该是一成不变、机械教条，而应该在内容及形式上都具有多元、开放的特点。基于对教师精力、时间等方面的现实考虑，主题活动开展的内容可以有一定的参照，参照的内容可以来自于幼儿园全园的实践积淀，也可以来自于教师自身的过往经验，从而为幼儿提供有意义的活动内容。活动形式可以基于生成的需要灵活变化，教师共同体之间也可以互相学习、共同提高。

第二节　主题活动开展的内在机制

基于主题活动应具备的八大特点，我们以探究性为核心，并从儿童发展的视角出发，肯定儿童完整经验构筑的价值。由此，构建了开展主题活动的内在机制，即在幼儿的已有经验推动下，以探究生成为活动核心，有计划、有目的地培养幼儿多方面的品质与能力。

这一内在机制可表现为图4-1。可以看出，探究性对于主题活动的持续推进具有决定性作用。主题活动中的集体探究之前要有计划，在开展中强调合作性与平等性，基于幼儿的已有经验持续推进，实现综合性、灵活性的表现。基于幼儿的已有经验，是要求活动开展的

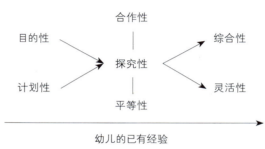

图4-1　主题活动的内在机制模型

目标要具备适宜性，符合"最近发展区"的原则——是"跳一跳够得着的苹果"。

当然，必需要指出的是，主题活动的开展应该追求"幼儿探究活动的完整性"，而不是"幼儿经验的完整性"。这是因为，"幼儿经验的完整性"对于教师而言是隐形的、不可见的；幼儿内在经验是否完整，我们也不能简单观察得到，这一要求对于教师开展主题活动来说难度太大，或者形同虚设。相反，如果教师追求的是"幼儿探究活动的完整性"，那么，教师就有抓手了，知道活动开展应该有头有尾，而不是断断续续，随意变换活动内容。

第三节　主题活动的设计

一、主题的选择

（一）主题的选择依据

我们的主题活动在学习、探索、实践、交流和反思中，结合前人的经验，总结出主题的选择依据包括：

这个主题符合本年龄段的幼儿特点吗？幼儿感兴趣吗？

它是建立在幼儿已有经验的基础上，又具有一定的挑战性吗？

它能拓展幼儿的知识和见识吗？

它能提供给幼儿多种形式的表达、表现机会吗？

它是否能延伸出丰富的、有意义的系列活动？

它能与当地、当时的社会实际、幼儿园实际相契合吗？

（二）主题的来源

主题可以源于以下四个方面[1]：学科知识；社会生活事件和幼儿自身的生活事件；人们专门提炼和概括的过程、原理或变化规律；文学作品。

主题的第一种来源是学科知识，如"美丽的春天""夏天的水果""冬天的动物""我们做朋友""新年到"等以学科知识为基础的主题。这些主题明显地与特定的领域有关，以某一个领域的内容为主，但并不局限于某个领域的内容，在主题活动的发展过程中可逐渐涉及多个学科的内容。

主题的第二种来源是社会生活和幼儿生活事件。该类主题活动的设计围绕这些具

---

1 霍力岩等. 幼儿园课程开发与教师专业发展：比较研究的视角 [M]. 北京：教育科学出版社，2006：210-211.

体的事件加以展开，如"交通事故""运动会""台风来了""出血了""新朋友""送别好朋友"等。这些主题均是发生在社会生活中或幼儿自身生活中的真实事件。围绕这些主题设计和组织的活动可能以某一领域的内容为主，也可能多个领域并重，从实际经验来看，往往这类主题更有生成和发挥的空间。

主题的第三个来源是人们专门提炼和概括的一些现象和过程，如"变""熟了""原因"等。这些主题是开放的，本身并不包含确切的内容，但却可以容纳不同领域中很多相关的内容，该类主题活动内容的选择就是围绕这些现象和过程展开的。

主题的第四个来源是文学作品。文学作品本身就涉及艺术和语言两个领域，文学作品尤其是故事、寓言等，其具体的内容往往又是与科学、社会等领域紧密相关的。文学作品中的人物、事件、物品、道理、场景等都可以成为主题生成的线索，如"桃树下的小白兔""小蛋壳历险记"等。

经过多年的实践积累与总结，我们积累了小、中、大班各年龄段一系列适合开展主题活动的参考主题（如表4-1[1]）。

表4-1　主题活动系列主题

学期	小班	中班	大班
上学期	我上幼儿园啦	我长大我快乐	我最大我能干
	我爱我家	我爱家乡	我爱中国
	我的身体真能干	保护我的身体	身体的奥秘
	游戏的世界真有趣	学习的世界真奇妙	身边的世界真精彩
下学期	彩虹屋	美术长廊	音乐之声
	大自然里的动物朋友	大自然奏鸣曲	大自然的图画
	我们身边的图形	生命居住的地球	广袤无垠的太空
	快乐的水娃娃	多彩的夏日	我要上小学了

二、主题活动的预设

（一）主题活动网络的预设

主题活动网络是主题活动实施的线索。在主题活动正式开展之前，教师应通过绘

1　霍力岩. 幼儿园多元智能做中学综合主题课程教师用书（小班上、下）[M]. 北京：教育科学出版社，2009.

制主题活动网络，预设主题活动的展开线索。主题活动网络为活动开展提供了多种可能的活动线索，这些线索以网状结构的形式展开，而实际开展的主题活动有可能从其中任一条线索进行。

相对于主题活动网络的预设，主题活动网络的确定是一个持续的过程。在主题活动完成之前，主题活动网络的预设只是将已经形成的线索、活动方向进行归纳整理，为活动的开展提供基本的结构和线索支持。这也是主题活动中计划性与目的性的体现。

主题活动网络的预设方式主要有以下四种。[1]

第一，以要素为线索。教师可以将选好的主题根据性质分解成若干要素，并以这些要素作为活动的展开线索。这种方式常用于以特定的物品、生物体或场所为主要研究对象的主题活动。

第二，以活动为线索。教师可以先预设围绕主题的主要活动，并在这些主要活动的基础上生发出相关的探究活动。这些主要活动将成为主题活动开展的线索及关键活动。

第三，以问题为线索。教师以问题作为主题活动的展开线索，在回答问题的基础上完成主题活动网络的预设。实际活动开展中也围绕对这些问题的解答与幼儿不断推进。

第四，以情境为线索。教师可以将主题分为几个相关情境，通过情境展开主题。

（二）活动开展的预设

主题活动在具体实施时，教师需要时时跟进活动的预设，从而确保活动的生成能为幼儿成长提供丰富的经验与价值。在每个活动结束后，教师要有所反思，对幼儿的兴趣有所把握，从而预设接下来的活动应该如何开展，并明确活动目标及活动要点，做到心中有数后开展集体活动。在活动开展过程中，教师根据实际需要，会生成新的内容与新的环节，从而有机平衡活动的预设与生成，确保活动的有序开展。活动开展过程中，配班教师负责观察配合，并对活动的真实实施情况进行记录。每一个活动开展前的预设、开展中的生成与开展后的反思可以统一填写（如表4-2）。

表4-2 主题活动开展中的预设与生成表

教师计划	活动名称			活动形式	
	活动目标				
	活动要点				

1 汪丽. 田野课程——架构与实施[M]. 南京：南京师范大学出版社，2008：71-73.

续表

活动实施记录	
活动反思及后续活动思考	

　　活动实施前，教师会预设活动目标及活动要点，完成"教师计划"部分的填写，这能对教师的活动开展起支持作用。活动过程中，辅助的教师会记录实际开展的活动过程，记录具体的活动环节及内容。活动后，教师进行活动反思。

第四节　单次主题活动开展的五段式

　　主题活动是师生共同进行的一个完整的探究活动，每一具体的主题活动都有着紧密联系在一起的五个阶段，分别为导入激发、感知探索、发现记录、分享展示、聚焦提升。这五个阶段不是一个线性的过程，而是呈螺旋式上升趋势，主题活动的选择从幼儿熟悉的事物入手，通过五段式的开展方式，让幼儿已有的学习经验得到不断重复和聚焦提升，从而对问题获得新的理解，提炼形成新的学习经验。

一、导入激发

　　在主题活动中，若要使活动达到先声夺人的效果，精彩的导入必定起着举足轻重的作用，有效的导入能迅速找准学习的切入点，迅速营造良好的学习情境，导入的形式可以丰富多样，教师根据不同的学习领域、不同的活动内容、不同的教育价值，有目的、有针对性地选择合理的导入方式，激发幼儿的学习兴趣，唤醒幼儿的原有经验，使幼儿自然地进入最佳的学习状态。

第一，电影导入。教师选取一些与主题相关的经典电影作品，截取最具有代表性的一段，帮助幼儿尽快进入到教学情境中。如，在"音乐之声"的主题中，教师选取电影"DO、RE、MI"的经典片段作为引子导入，让幼儿在欣赏电影的过程中感受音乐的美妙，激发幼儿探究的愿望。

第二，谜语导入。这是一种既符合幼儿认知水平、富有启发性，又非常生动有趣的导入方式，幼儿能在极具悬念的思维过程中引发参与活动的兴趣。如，在"变幻的影子"活动中，用一个谜语引出话题，幼儿的学习兴趣一下被调动起来了，能主动探索影子的变化、创造性地玩"影子"游戏。

第三，情景导入。这是小班教师在组织主题活动中，运用得比较多的一种导入形式。教师从教学需要出发，创设与主题内容相适应的场景或氛围，引发幼儿的情感体验，激发和吸引幼儿主动参与学习。如，小班"我爱我家"的主题活动中，教师创设一个家的活动场景，鼓励幼儿大胆扮演爸爸妈妈的角色，在这种情境的激发下，幼儿很快就能进入一个特定的角色情境中，进入活动状态。

第四，文学作品导入。优秀的文学作品能把幼儿带入美的意境，在主题活动中，教师根据主题内容选择一些与活动内容密切的故事、诗歌，教师通过吟诵、情绪表达，创设意境、帮助孩子理解作品的情感，从而引起幼儿探究的兴趣和联想。如：主题"大自然的图画"中，教师声情并茂地用一首"春雨的色彩"的诗歌为幼儿描画出一幅春雨贵如油的画面，自然引出有关四季的话题，这种简洁、巧妙的"引子"导入，有效地吸引幼儿的注意力、激发幼儿进行探究的兴趣，真正起到了润物细无声的作用。

第五，音乐导入。选择与主题内容有密切联系的歌曲、音乐渲染气氛，引出主题。如，在"奥运加油"的主题中，教师选择一首运动员进行曲导入，欢快、动感的音乐能较好突显主题，帮助幼儿身心愉悦的参与到主题活动中。

第六，图画导入。一幅好的图画能够不仅能提高幼儿审美能力，还能很好的激发幼儿创作的愿望，如，在"美术长廊"的主题中，教师选用梵高的《向日葵》引出话题，幼儿能兴趣盎然的探索名画背后的系列故事。

第七，游戏导入。游戏是幼儿的最爱，教师在主题导入的过程中，巧妙地创设游戏情景，能很大程度激发幼儿参与活动的兴趣。如，在"大自然的旋律"主题中，设计一个"美妙的音乐会"游戏引出话题，让幼儿在感知大自然不同声音的同时主动进行模仿、发现，从而提升有关自然科学方面的学习经验。

第八，实物导入。在主题活动中，经常会收集一些与主题相关的实物、标本，以幼儿自带的实物引出课题，也是一种极好的导入方法。如，在研究"恐龙"的主题中，教师让幼儿展示各自从家里带来的不一样的恐龙，并说说它们的名称，教师自然引入了研究的话题。

第九，演示提问导入。这种导入形式适应于以科学为主的主题活动，教师以演示实验、操作教具的方式，设计问题、提出疑问，如，在"我们的太阳系"主题活动中，教师直接演示八大行星围绕太阳运动的实验，幼儿通过观看实验，激发幼儿的好奇心和探究欲望。

第十，直接导入。教师直接运用简洁、明快的语言介绍本次活动目的、要求，帮助幼儿尽快明白本次活动的主要任务，如：中班"朋友树"主题活动中，教师直接提出讲述要求，要求小朋友介绍自己的好朋友时说清楚好朋友的名字、喜欢他的原因，这种导入能很好的引起幼儿注意，很快进入主题。

二、感知探索

如果将一次成功的主题活动形容成"凤头、猪肚和豹尾"的话，那么，主题开始的"导入激发"阶段就是活动中的"凤头"，有了好的"凤头"，接下来的"感知探索"部分就是"猪肚"中精华所在。在这过程中，幼儿作为活动的主体，教师为幼儿提供大量的社会化过程机会，允许、鼓励、创造条件使幼儿与同伴互动，通过游戏、认知、体验等系列活动，激发幼儿探索的兴趣、从不同的角度促进幼儿情感、态度、能力、知识、技能等各方面的发展。

（一）感知了解

主题开展中，感知了解是指幼儿通过观察、操作、记录、与同伴合作交流等活动形式获得新经验的过程。在这过程中，教师遵循幼儿对周围事物充满好奇，乐于探索与体验的发展规律，为幼儿设计、提供一个情景化、活动化的学习环境，教师不再单纯地追求结果的正确，更注重了解幼儿是否主动去寻找问题、发现问题的行为，我们运用比较多的有以下几种方式。

1. 真实物体展示

在主题活动中，幼儿要和周围的事物及其社会现象紧密相连，关注周围生活和环境中常见的事物，发现其中的兴趣和奥秘，尝试让幼儿通过触觉、嗅觉、味觉、视觉等多种感官，充分与真实物体进行交流，达到以现象激发幼儿积极参与探索活动的目的。

我们的行动：小班主题"多彩的秋天"中，教师设计了"我爱吃的水果"活动，教师让幼儿带一种喜欢的水果来园，利用真实的水果让幼儿主动学习，活动中教师引导幼儿观察各种不同水果的形状、颜色，与同伴共同品尝各种美味的水果，感知各种水果的不同味道，幼儿在感知、认识、发现的过程中大胆归纳做出结论，通过真实的物体刺激，幼儿的观察、比较事物能力、语言表达能力、社会交往能力都得到了提升。

2. 媒介展示

主题活动中教师经常会借助多种媒介手段来开展活动，媒介的形式有很多，如音乐、图片、录影、PPT等，这些媒介的出现都能为幼儿提供一个良好的视觉、听觉和动态的交互式环境，图形、图像、动画、声音的有效结合，能创设出生动、形象、逼真并富有感染力的情境，这种寓教于乐的教学形式能引起幼儿浓厚的学习兴趣，实现教学的最优化。

我们的行动：中班主题"大自然奏鸣曲"中，教师设计了"春天的秘密"活动，活动中运用动态的PPT，将散文诗变成一幅栩栩如生的画面，在配上适宜的背景音乐，在这种诗情画意中，幼儿仿佛置身于春天的自然景物之中，学习兴趣得以充分调动，他们感知大自然、亲近大自然、触摸大自然、与大自然互动的愿望油然而生。

3. 活动前探索回顾

在主题探究活动中，每个活动之间有着相关的经验联系，前一个活动为下一个活动在经验上做好准备，下一个活动有利于幼儿运用在前一个活动中获得的经验进行深入探究。因此，在组织主题教学的过程中，除了运用真实物体展示和媒介展示两种方法以外，教师运用比较多的还有活动前探索回顾方式，这样能有效帮助幼儿从一个主题过渡到下一个主题内容，体现主题之间的有效呼应，起着承上启下的重要作用。

我们的行动：大班主题活动"广袤无垠的太空"中，有涉及了不起的太空人、神奇的宇宙飞船等内容，在这些活动开展前，以亲子任务的形式让幼儿和家长一起收集相关的图片、音像等资料，使幼儿提前储备有关航天员、宇宙飞船、飞船升天的知识经验，在主题实施活动过程中，先对"了不起的太空人"进行了解，再对神奇的宇宙飞船进行探究，在探究宇宙飞船的过程中，教师以航天员叔叔的来信导入活动，组织幼儿讲述回顾讲述自己知道了有关航天员、宇宙飞船升天的经验，当幼儿对航天员的工作环境、工作性质有了大致的了解以后，教师再提出为航天员设计宇宙飞船的话题，引导幼儿观察、讨论、设计出最佳的制作方案，每一个活动都与前一个活动有关，这种探索回顾的形式，是主题间一个循环往复不断上升的过程，真正实现了主题内部经验的衔接。

（二）探索发现

主题中的探索发现活动是一种开放性的、低结构的活动，教师根据幼儿群体的发展要求和个体的不同经验，动态创设出个别、小组与集体三种不同的探索方式，鼓励幼儿从不同的角度出发，进行探索发现活动。这三者之间互为前提互相渗透，个别探索是小组、集体探索活动的基础；小组活动是个别、集体探索活动之间的纽带；集体探索活动不仅是对个体经验的关注，还是对群体资源的共享。

1. 个别探索

个别探索指主题活动中，教师关注个别幼儿的探索兴趣，做到关注个体特征、因人而异，在探究中为幼儿提供的层次性、多样性、个性化的探究材料，鼓励幼儿自主选择探究材料，主动提出问题、主动自主探索、主动发现问题，通过自己的体验和感受，独立自主获得新经验的过程。

我们的行动：在中班主题"五官的故事"中，先让每个孩子事先准备一面小镜子进行个别探究，利用镜子观察一下自己的五官，说说五官的名称、外形特征，组织幼儿画画自己的五官，画出自己的五官与同伴五官的不同之处。再为幼儿提供各种听觉、视觉、味觉的实验材料，在实验中，幼儿在运用自己的感官继续进行个别探究，通过听一听、看一看、闻一闻、尝一尝，发现五官不同的功能，然后再组织幼儿围绕自己的发现进行讨论，分享自己的观点与经验，从这些奇妙的现象中懂得五官是探索世界的主要工具，了解保护五官的重要性。这种学习方式，能最大程度上满足幼儿的好奇心和探究愿望。

2. 小组探索

小组探索指主题活动中，教师依据幼儿在个体探索中积累的经验，根据不同的特质需要，巧妙安排的"插入式活动"和"小群体活动"，幼儿可以按照自己的兴趣、需求、愿望，自主选择活动的内容，自主选择喜欢的同伴共同开展探究活动，这其中两人一组、多人成组的形式体现了"多元式学习"的特征，也较好地体现了小组合作学习的适宜性。

我们的行动：大班在做"春天在哪里"的主题时，曾经开展过外出一个"寻找春天"的活动，教师事先为幼儿准备好各种记录用的画笔、画板、照相机、收集标本的小框等工具，外出活动前提出观察内容以及安全要求，幼儿自主寻找好朋友分成若干个探究小组，明确小组的具体任务后，教师带领幼儿来到社区小公园，鼓励幼儿和自己的好朋友一起进行观察，用画笔、相机把春天记录下来，把春天的标本带回班级，当幼儿完成户外的活动后，教师带领幼儿在活动室布置一个"我发现的春天"展示角，展示角中展示出幼儿的各种发现，包括拍摄的照片、幼儿的写生画、收集的真实的自然物等。在展示的同时，组织幼儿进行"宣讲活动"，每组选派一名代表讲述探究的过程，与同伴共同分享本组的新发现及获得的收获，在这种小组探索的学习模式下，幼儿在合作探索、交流过程中，会调整自己的认识，达成共识。发现问题、分析问题、解决问题的综合能力得到了充分提高。

3. 集体探索

集体探索指在小组活动的基础上，教师针对幼儿发展水平、已有经验与主题活动目标之间差距的价值判断，有计划、有目的地组织开展集体活动的过程。幼儿通过在群体中的经验分享、合作、概括和提升，各种潜在的能力充分得到挖掘，集体探索是一种幼儿与教师共同归纳、提炼新经验的过程。

我们的行动：我们曾经在中班开展过一次"吃出健康与美丽"的主题活动，活动中我们先采取个别探究的方式，让幼儿先用收集的美食图片说说自己最喜欢吃的食物；再以小组的形式分享收集的资料，讨论各种美食在人体中的作用，区分有营养和营养不多的食物；最后大家围坐在一起，在教师的带领下，用幼儿提供的图片制作一幅大大的"食物金字塔"，组织幼儿根据金字塔的构造集体开展讨论，知道哪些食物应该多吃，哪些食物应该少吃，怎样吃才有利于健康，当幼儿了解有关食物与健康的关系以后，在集体为幼儿园的大、中、小班的小朋友设计一份健康的营养食谱。这种从个别探索到小组探索，最后归结到集体探究的学习方式，是幼儿能力一种循环上升的过程，他们从最初的疑惑和困扰到最后的解答和知识的同化顺应，从简单的交流互动到复杂的冲突协商，从完全依赖于成人指导到逐步的独立探索，这种有效的学习不仅唤醒了原有的经验，同时也获得了新的学习经验。

三、发现记录

主题探究的过程中，每个幼儿都会从不同的渠道获得新的信息和经验，教师为幼儿提供各种不同的记录工具，鼓励幼儿用自己喜欢的方式将新发现、新成果记录下来，这样，既能方便幼儿在接下来的分享环节中与同伴交流，让集体了解到个人所收集到的最新、最全的信息，又能够让幼儿在观察、记录、分析、说明的过程中，增进朋友间的相互了解、共同分享学习乐趣，进一步激发幼儿对主题活动的兴趣。

（一）绘画记录

让幼儿以绘画的形式把对主题内容的认识和感受记录下来，这是教师在组织主题活动中常用的一种教学方式。幼儿在绘画记录的过程中，能充分享受思想和操作的自由，主动把在主题探索中所见所闻所想用画面的形式表现下来，绘画记录的形式能够尽情体现对主题活动的认识及感受。如：在研究恐龙的主题活动中，有一个为大恐龙设计立交桥的活动，教师组织幼儿外出参观立交桥，感知立交桥的外形结构，熟悉立交桥的功能，让幼儿把自己对立交桥的了解，用绘画的形式记录下来，并在原有的基础上进行设计、加工、完善，完成新的立交桥的设计。在这种活动中，老师的主要任务是引导幼儿观察、归纳，鼓励幼儿。

（二）记录单

根据主题的需要设计一份适宜的记录单，记录探究过程中幼儿的发现，这种记录方式较多的会运用到实验中，直观、简单的记录方式能给幼儿留下鲜明的印象，为幼儿提供一种"看得见的学习"形式。如：在"种子变变变"的主题中，让每个幼儿准备一些种子，做"种子发芽"的小实验，教师专门设计一份记录种子生长过程的记录单，让幼儿给自己种的种子做好生长过程的记录，通过记录单所记录的种子变化，使他们对种子的生长过程进一步深入的了解，幼儿的想象力和创造力得以提升。

（三）调查表

通过调查表的方式帮助幼儿围绕主题目标进一步的收集相关资料，理清与主题有关的信息，教师一般会采用口头调查、表格调查和图画调查等形式，这种调查表的记录方式，能帮助幼儿将已有经验融为一体，并从外界获得新的经验。如：在开展"多彩的夏日"主题中，教师为幼儿设计一份"夏天真热呀"的主题调查表，调查表中涵盖夏季水果、夏季服装、夏季运动、夏季避暑方法等内容，幼儿扮演"小记者"的角色，走进社区、走进别的年级，在采访中完成调查表的记录，通过采访周围的人，幼儿不仅对夏天的季节特征有了全面的了解，幼儿的人际交往能力和口语表达水平还得到了很好的提高。

（四）简单文字记录

当幼儿积累了一定的知识经验以后，他们对研究事物的兴趣也逐渐高涨，进入中班阶段，教师在组织主题活动的过程中，有意识地让幼儿从不同的渠道搜集信息，并通过简单文字或者数字进行表征，这种记录形式对幼儿来说又是一次能力的提升。如：在大班下学期"我要上小学"的主题活动中，为了帮助幼儿熟悉小学的一日活动流程，教师特别设计了一个"制订作息时间表"的活动，让幼儿用图画的形式画出一日活动流程，并用数字注明活动时间、用文字书写出相关活动名称，这种文字记录的形式幼儿非常喜欢，能够使幼儿在体验记录过程乐趣的同时，促进幼儿学习能力的不断提高。

（五）摄影摄像记录

用照片和影像做记录是主题活动中经常会用到的一种记录方式，这种记录方式一般都是以周末亲子任务的方式完成，幼儿和家长一起，按照主题探究内容的需要，到户外拍摄一些与主题有关的影像资料，这种记录方式能够为主题活动的开展提供动态、实效的宝贵资料。如在研究"车来车往的大马路"的主题中，让家长带领孩子去利用照相机、摄像机去马路上拍摄一些红绿灯、斑马线、交通警示信号、人行道、盲人道、自行车道的影像资料，去现场丰富有关交通安全的知识经验，幼儿来园后利用拍摄的音像资料与同伴、老师共同分享自己的发现，这种记录方式能带给幼儿视觉上的冲击，激发幼儿探究的兴趣。

四、分享展示

在主题活动的实施过程中，教师常常会根据不同的主题内容，设计出形式各异的分享与展示的方式，这些展示方式将灵活运用于主题活动的各个环节中，能够对幼儿阶段性的学习起到概括和总结的作用，还能够使起到了拓宽主题活动生成更大的空间的作用。在分享展示的环节中，教师运用较多的一般有以下几种方式。

（一）图片交流

通过主题墙，展示幼儿收集的各种与主题相关的图片。例如：在大班主题"地球妈妈的苦恼"的活动中，为了让幼儿更多地了解地球的自然环境正在遭受破坏，让幼儿从报纸、杂志等地方各种与环境有关的图片，将收集来的图片以"地球妈妈哭了、地球妈妈笑了"分成两类，并展示在主题墙上，幼儿通过观看图片能够正确区分哪些事情能保护地球环境，哪些事情会破坏地球环境，明白地球上的资源是有限的，只有从小树立好的环保意识，才能使我们的生存环境更加美丽。图片交流的方式能带给幼儿很直观的感受，能让幼儿学会去关注身边发生的事情，主动收集资料，增强主题探究的活力。

（二）实物交流

在活动室划分一个区域，将幼儿收集的各类与主题相关的实物展示出来，让幼儿在一种真实的环境中学习探索，如在"我要上小学"的主题活动中，在活动室布置一个"微型文具博览会"，将幼儿收集到的各种铅笔、书包、铅笔盒、卷笔刀、尺子、橡皮等文具陈列出来，每一件文具上用简单的文字标明名称，幼儿通过与这些文具的互动，了解各种文具的不同名称、用途以及使用方法。实物交流的展示方式能帮助幼儿吸收更多的信息，经验获得提升。

（三）语言交流

语言交流指教师为幼儿提供交流的话题、交流的时间和交流的环境，让幼儿充分利用语言进行信息交流，充分讲述自己在主题探究中的发现、体会，正所谓幼儿有"一百种语言"，通过孩子们的不同讲述，他们能够在语言交流的过程中每个人都能收集到的最新、最全的信息，这种互相交流，互通信息语言交流展示方式能够增进朋友间的相互了解、共同分享学习乐趣。

（四）表演游戏

以表演游戏的形式开展的展示活动，能够让更多的幼儿参与活动，激发他们主动学习的热情。如：在大班"好朋友"的主题中，有一个"小猪姐妹的蛋糕房"的文学活动，故事中有小猪姐姐、小猪妹妹、小熊和小松鼠4个角色，当幼儿对故事内容有所了解以后，教师特别设计一次分角色表演故事的活动，鼓励幼儿自主分组、自主挑选角色、共同制作所需道具、共同商讨表演方案，幼儿根据自己的喜好和特点，与同伴协商确定角色，并以小组的形式进行排练，当排练到了一定阶段，便开始寻找合适的材料制作相应的道具，最后再进行表演，这种极具挑战性的展示形式能够让每个幼儿都能积极参与，享受成功的快乐。

（五）主题知识竞赛

为了帮助幼儿更好掌握主题知识，在大班的展示中，教师会组织一些主题知识竞赛的活动，如：在"奥运加油"的主题中，教师会从幼儿收集各种体育运动、奥运赛事的资料中筛选、整理成一些竞赛题，提前将题发给幼儿，以亲子小任务的形式让幼儿在家里熟悉竞赛内容，教师与幼儿共同制定竞赛规则，以团队的形式开展竞赛，并邀请其他班的老师来园做评委、担任颁奖嘉宾。这种展示形式不仅符合大班幼儿竞争意识强的特点，还能较好的培养他们的团队精神和上进心。

（六）照片录像

在主题探究的过程中，教师现场收集各种照片、影像资料，在主题结束阶段，以照片墙、DV的形式展示出来，这种直观、自然的展示方式长期来深受幼儿的亲昵。如：在"海底总动员"的主题展示中，教师将班级中曾经开展过的参观海洋馆、海边踏浪、研究海洋动物、拾贝壳等系列活动照片展示出来，帮助幼儿回忆讲述每一次的活动经历，各种发现，朋友趣事等。这种展示形式的开展，能够让幼儿与环境的互动中，重新建构先前的认知，与同伴交流时共同建构新的认知，主题内容更丰满、更充实、更延伸，更具意义。

（七）亲子互动

家长在主题展示中也承担了重要合作伙伴的作用。如：在"三八节"的主题活动中，邀请妈妈、奶奶、外婆来园开展庆祝活动，小班的幼儿为妈妈们戴上自己动手做的漂亮项链，中班的幼儿为妈妈送上自制贺卡，大班幼儿为妈妈送上自己烤的蛋糕，在庆祝活动中，又组织家长和孩子们一起开展亲子互动表演，幼儿学习着用自己的方式、以自己的能力来回报成人对自己的爱。这种亲子互动的展示形式，能够吸引更多的家长主动参与幼儿园的教育教学，对于主题活动的开展将起到推波助澜的作用。

（八）创意展示

创意活动在主题展示中显示出重要地位和巨大价值，能更好促进幼儿创新能力和个性发展。如：在多彩的夏日主题中，教师设计了一个夏季流行时尚发布会的活动，活动中让幼儿自己大胆想象、设计出各种夏季流行服饰，并与父母一起，利用各种材料制作出漂亮的夏季时装，活动中，让幼儿穿上自制的特色服装进行模特表演，展示自己的创意成果，体验成功的喜悦。这种创意展示的形式，能够充分发挥幼儿主观能动性，激发幼儿的创作潜能，体现主题活动丰富、多样、独特的本质特征。

五、聚焦提升

在主题展示即将结束时，多种形式的分享展示活动，不仅是对整个主题活动的一个小结，还是主题研究结果的一个成果体现，同时也起着反思、聚焦、提升的作用。教师能在反思中归纳教学过程中的得与失，做到取长补短；幼儿能在展示过程中再次聚焦话题，提升经验，引出下一个研究的话题。因此，聚焦提升阶段是幼儿本次主题学习循环的尾声，同时也是新一轮学习的开始。

（一）语言讲述

在幼儿语言讲述的过程中，由于年龄小，他们获得的经验往往是零碎的，在表达时语言陈述也不是很完整。因此，教师需借助幼儿的发言捕捉到敏感的话题，并实时进行判断、归纳、整理，正确区分幼儿所讲述的内容哪些是有用的，哪些是不成熟的，教师重新聚焦引出新的话题，并针对全体幼儿进行恰如其分的引导、梳理，让幼儿生成活动的结果得以分享，这样，能有效将幼儿的个体经验提升为集体共同经验。

（二）表格呈现

在实施主题活动的过程中，用表格的形式呈现出自己的调查、发现是教师比较常用的一种组织形式。表格运用的方式一般有以下几种：如：口头交流方式，让幼儿运用手中的表格与同伴进行口头交流，介绍自己的调查情况，这不但提高了幼儿的语言表达能力，还培养了良好的倾听习惯；又如：表格展览方式，一种是在幼儿口头交流后的基础上完成的，将所有幼儿的调查表格布置成一块展板，在展示调查结果的同时，幼儿之间会互相关注彼此的调查结果，做到同伴间相互学习；再如，现场呈现方式，在主题进行的过程中教师带领幼儿现场调查、统计，将结果以图片、文字或者数字等方式呈现在表格中，这种表格呈现的方式能起到一目了然的作用。通过不同形式的表格呈现，教师能够把握能够幼儿的已有经验，及时了解他们的需求，丰富相关的知识经验，有助于主题活动的开展。

（三）情境再现

在聚焦提升的过程中，让幼儿将主题探究中获得的新经验用情境再现的方式表现出来，这对幼儿来说是一种极具挑战性的活动。如：在大班主题"我喜欢的民间故事"活动中，幼儿很喜欢"司马光砸缸""女娲补天""孔雀公主"等经典的优秀民间故事，幼儿通过熟悉故事情节、分析故事的人物角色，产生了表演故事的愿望。当幼儿提出这个想法之后，教师和幼儿一起选择了几个简单、好理解的民间故事进行改编，鼓励幼儿根据自己的喜好和特点，与同伴协商确定角色，在美工区中制作简单的道具，在表演区角中进行了紧张的排练，并最后分组进行了表演，在整个过程中，每个幼儿都能主动积极地参与活动，自愿地去探索和发现问题，这种情境再现的模式能帮助幼儿整合、提炼已有经验，以自己喜欢的方式去获取新的经验，教师从中也能看到幼儿的发展，及时抓住偶发事件中隐含的教育价值，做到反思中提升。

（四）歌舞游戏

歌舞、游戏活动是幼儿的最爱，无疑也是促进幼儿获得经验的最佳途径。如在中班"大自然奏鸣曲"主题活动中，教师设计了一个"风车转转转"的DIY制作活动，事先让幼儿收集各种有关风车的图片资料以及不同质地的风车实物，有纸质的、塑料的、各种不同形状的风车，幼儿在了解风车形状以及功能的基础上再收集各种制作风车的废旧材料，让幼儿结合经验，运用这些材料做出自己心目中的小风车。在活动结束阶段，教师放上一段优美的音乐，让幼儿用自己做好的小风车做道具在音乐声中翩翩起舞，与同伴开心游戏，运用这种幼儿感兴趣的方式和手段，能够有效帮助幼儿把新的经验和已知经验匹配起来，重新获取各种经验，同时也使使主题活动内容更丰富、更充实，拓宽、生成了下一个的主题空间。

因此，在主题开展中，教师往往将一次成功的主题活动比喻成"豹头""猪肚"及"凤尾"，"豹头"是指开头一定要短小精悍，直指主题，"猪肚"是说中间部分详细、充实、有内容，不空谈，"凤尾"是说结尾要漂亮，经验要提升，并给人留以回味。在此，我们形象地将导入激发阶段比喻成"豹头"，将感知探索、发现记录、分享展示三大部分放置于"猪肚"，将教师的总结发现、孩子的聚焦提升归结为"凤尾"，通过丰富有效的活动，使幼儿在不断探索、表现、操作中得到宽松、自主、个性化的发展，更加体现主题中的主题性、综合性、目的性、平等性、合作性、探究性、计划性以及灵活性的八大特征，实现"有准备的课程""有需要的课程""计划课程""生成课程"的有机结合。

第五节　主题活动实例："我们的社区"

这里将呈现莲子Q班教师在幼儿园课程背景下开展的一次主题活动"我们的社区"，从而更加生动形象地展示幼儿园课程中主题活动开展的具体过程及关键点，以供参考、交流与学习。引用的材料为Q班教师的档案记录。

一、活动开展的背景

（一）主题的选择

在活动开展前，D老师根据Q班幼儿[1]的实际需要、兴趣，并结合幼儿园的实际，选择"我们的社区"这一主题，围绕这一主题开始本次行动研究。

（二）主题活动的目的

第一，引导幼儿观察、了解社区中的各种环境和设施，体验它们给人们生活带来的便利，对社区有初步的整体概念。

第二，初步发展幼儿思考和分析问题的能力，培养幼儿独立解决困难的能力和勇气，增强自信心。

1　行动研究时，Q班幼儿处于中班上学期，主题活动持续于11月份、12月份。

第三，发展幼儿的沟通和社会交往能力，鼓励幼儿乐于参与社区活动，丰富社区经验。

第四，初步培养幼儿的社区小主人意识，激发热爱我们的社区和环境，以及对美好生活的向往。

二、预设主题活动网络

活动开展前，D老师以要素为线索构思了"我们的社区"预设主题活动网络如下（图4-2）。

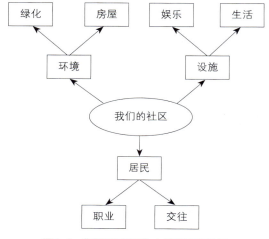

图4-2 "我们的社区"主题活动预设网

三、主题活动开展中的预设与生成

在本次主题活动的开展中，教师预设与生成的活动及要点可以统一呈现如下表，由此可以看出主题活动开展的线索，主题活动涉及的小主题都有哪些等。

表4-3 "我们的社区"主题活动的开展

小主题	活动名称	活动预设时间	活动生成时间
认识社区	社区的范围	11月11日	11月12日
社区里的雕塑	好看的雕塑	11月12日	11月13日
	雕塑设计图	11月13日	11月14日
	小小雕塑家	11月17日	11月18日

续表

小主题	活动名称	活动预设时间	活动生成时间
社区里的家	我们的家	11月18日	11月19日
	我的家在……	11月20日	11月21日
	在社区地图上的发现	11月25日	11月26日
	从家到幼儿园的路线图	11月26日	11月27日
	我们到你家去	11月27日	11月28日
社区里的房屋	社区里的房屋	12月01日	12月02日
	来给房屋分分类	12月03日	12月04日
	如果让我来建房子	12月04日	12月05日
社区里的设施	社区里的便利设施	12月08日	12月09日
	我找到的社区里的便利设施	12月09日	12月10日
	我想它们更方便一点	12月11日	12月12日
圣诞节	社区里的圣诞环境	12月18日	12月19日
	我们一起来装扮	12月22日	12月23日
	祝福送给您	12月24日	12月25日
设计社区logo	社区logo我来画	12月29日	12月30日

可以看出，主题活动开展到12月30日止，生成的活动网络大致如下（图4-3）：

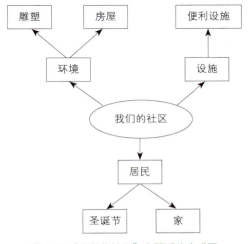

图4-3 "我们的社区"主题活动生成网

　　另外，下面列举本次主题活动中各个小主题的一个活动，呈现教师对每个活动预设与生成的实际把握，以及每个活动开展的内容、形式。同时，也可以从中看出活动与活动之间的关联。

（一）"社区里的雕塑"之"小小雕塑家"

表4-4　小小雕塑家

<table>
<tr><td rowspan="3">教师计划</td><td>活动名称</td><td>小小雕塑家</td><td>活动形式</td><td>分组活动</td></tr>
<tr><td>活动目标</td><td colspan="3">1. 乐意与同伴共同分享自己绘制的雕塑作品。
2. 能用完整、连贯的语言讲述作品的绘画或制作过程。
3. 学习欣赏和赞扬同伴的优点。</td></tr>
<tr><td>活动要点</td><td colspan="3">1. 巩固幼儿对雕塑的认识，引导幼儿可以从结构、造型、色彩等方面进行介绍。
2. 幼儿自由分组介绍自己的雕塑作品。
3. 说一说："我最喜欢的雕塑是……"引导幼儿学习欣赏同伴。</td></tr>
<tr><td>活动实施记录</td><td colspan="4">一、大致介绍幼儿周末完成的作品，引导幼儿分享自己有关"雕塑"主题的作品。（雕塑设计绘画、雕塑手工作品）
二、让幼儿主动分享展示自己的作品。
1. 幼儿自发举手，在教师与其他幼儿面前，说明自己所完成的作品的名称、特点、制作过程。
2. 依次介绍的作品有：彩虹雕塑设计图、机器人雕塑设计图、火炬雕塑、小熊雕塑（彩泥制作）、飞马雕塑设计图等。介绍时的效果个体差异较大。</td></tr>
<tr><td>活动反思</td><td colspan="4">1. 幼儿分享交流过程中，教师发问幼儿回答为主，幼儿语言表达能力有局限性，有进一步提升的空间；幼儿在公开发言时声音未能自觉说大声，教师需要进一步培养他们公开发言时自信、大声的习惯；幼儿语言表达能力个体差异较大，教师需要留意语言发展滞后的幼儿，提供更多机会。
2. 在班级管理的问题上，由于幼儿数量众多，有必要以简洁、直观、易懂的方式培养他们进行集体活动时的常规，包括座位、发言、聆听等。这是一个长期的过程，需要在日常生活、集体活动前反复、明确提醒幼儿，培养集体活动时的良好习惯。</td></tr>
</table>

（二）"社区里的家"之"我们去寻找"

<table>
<tr><td rowspan="2">教师计划</td><td>活动名称</td><td>我们到你家去</td><td>活动形式</td><td>小组活动</td></tr>
<tr><td>活动目标</td><td colspan="3">1. 尝试参照社区地图，在社区中寻找指定建筑，并绘画路线图。
2. 鼓励幼儿在实践过程中用自己的方式（问路、查看等）解决问题，培养幼儿解决问题的能力。
3. 学习到同伴家做客的基本礼仪，培养幼儿乐于交往的情感。</td></tr>
</table>

教师计划	活动要点	1. 激发幼儿到同伴家做客的兴趣。 2. 按是否在本小区居住为条件，将幼儿自然分为2小组。 （1）第一组在本小区居住的幼儿，相互讨论如何做接待准备，并回家实施，等待客人的到来。（家长陪同） （2）另一组幼儿，以2~3人自由组合，根据告知的地址，在社区地图中查找，设计路线图. 3. 幼儿在家长的陪同下开展寻找活动，到同伴家做客。 4. 在规定时间内，回到幼儿园进行总结、分享。
活动实施记录		一、幼儿明确活动内容。 　　教师介绍本次活动的基本内容——从幼儿园出发，利用地图找到小朋友的家，并到小朋友家里作客。 二、教师根据实际情况分组并分别开展出发前准备工作。 1. 教师根据幼儿的家是不是在莲花二村小区作为标准，将幼儿分成两部分，其中家住在莲花二村小区内的幼儿由配班老师带领开展准备工作。 2. 主班老师为即将出发前往做客的幼儿进行引导：如何使用地图、如何在地图上画出路线、如何找到小朋友的家。 3. 配班老师为即将接待小朋友来家里做客的幼儿进行引导：思考自己家庭的住址，写好住址卡片及电话，提前与家长回家做准备。 4. 配班老师将写好的住址卡片交给主班老师，主班老师分发卡片，每个做客的家庭对应1~3名幼儿及其家长。 5. 全体幼儿出发，前往做客的幼儿家里。 三、从幼儿园出发前往做客。 1. 幼儿主导，家长辅助，共同寻找目的地。 2. 到达目的地后，接待的幼儿与做客的幼儿一起玩耍、吃东西等，家长之间交流。 3. 两位老师到各个家庭走访，查看做客情况。 四、全体幼儿返回幼儿园。 　　教师对陆续返回幼儿园的幼儿进行口头交流，询问作客的感受及过程/接待的感受及过程。
活动反思		1. 本次活动恰好利用家长开放日的机会，继续延续了小主题"家"的活动内容，活动形式开放，富有创意。 2. 本次活动综合性较高，在多个方面发展了幼儿的综合能力。 3. 家长配合方面个体差异较大，有的家庭对幼儿的控制性较高，有的给幼儿的灵活度较大，存在区别，对于不太适合的引导方式，教师可以适当地指出来。 4. 活动后期的深入交流对于强化幼儿在本次活动中获得的经验也有较大的意义。 5. 两部分幼儿获得的经验存在差异，可以在后期提出进行交换做客的提议。

（三）"社区里的房屋"之"社区里的房屋"

表4-5　社区里的房屋

教师计划	活动名称	社区里的房屋	活动形式	集体活动
	活动目标	1.　了解和观察社区中各种房屋的造型特点和主要功能。 2.　尝试依据房屋的不同特点进行分类。		
	活动要点	1.　出示PPT，引导幼儿回忆在社区中寻找到的房屋。 2.　引导幼儿用完整的语言描述房屋的造型特点和主要功能。 3.　鼓励幼儿尝试依据房屋的不同特点进行分类，说出自己的分类原因。		
活动实施记录	一、出示莲花二村中不同的建筑图片，包括多种各种各样的"房子"，教师与幼儿进行交流。 1.　引导幼儿对自己熟悉的社区里的房子进行交流，包括：幼儿园、发电房、大厦、平房、游泳池、活动中心等。 2.　让幼儿对图片中的房子进行适当的分类，并说明分类的理由。如：游泳池与活动中心是一类的，都属于"平房"（"矮的房子"）；游泳池与活动中心是一类的，都能玩（"活动中心可以打麻将、下棋"）等。 二、询问幼儿对哪种房子最感兴趣。 三、展示"房子分类调查表"，鼓励幼儿回家给房子分类。 1.　展示设计打印好的"房子分类调查表"，请幼儿了解表格上的图片以及表格设计的结构。 2.　让幼儿回家跟家长一起完成调查表，给莲花二村的房子分类。			
活动反思	1.　给房子图片而非房子分类，对于中班上学期的幼儿来说有些抽象，部分幼儿参与度较低。 2.　"你最喜欢哪种房子"这种直白明确、易于理解、易于表达的话题能较好地激发幼儿的兴趣，幼儿参与度也较高，如果要在提升幼儿语言表达能力上取得突破，教师可以多关注这类提问。 3.　调查表的工作并非实地调查，而类似区域工作的"记录单"。			

（四）"社区里的设施"之"社区里的圣诞环境"

表4-6　社区里的圣诞环境

教师计划	活动名称	社区里的圣诞环境	活动形式	集体、分组
	活动目标	1.　观察圣诞节日的各种装饰品，及其装饰和固定的方式。 2.　体验节日的快乐。		
	活动要点	1.　以社区的圣诞布置变化为题，引发幼儿对节日装饰品的关注。 2.　引导幼儿对已知的经验进行讨论，进一步激发幼儿思考，你们知道这些装饰品是如何装饰和固定的吗？ 3.　将幼儿分成2组，带领孩子到幼儿园各班去参观其他班级的圣诞装饰情况。		

续表

活动 实施 记录	一、谈话引出主题： 这几天我们没有开展主题活动是干什么了？ （幼儿：我们在为圣诞Party准备节目，再过几天就是圣诞节了。） 二、莲花二村里，你发现了有哪些圣诞装饰？ 圣诞树、彩带、小雪花、小星星…… 三、请幼儿与旁边的小伙伴分享你找到的圣诞装饰。 1. 教师走一圈，倾听幼儿的分享。 2. 教师简单归纳听到的小朋友分享的内容。 四、引导幼儿讨论：这些装饰品是如何装饰和固定的？并邀请小朋友到幼儿园各班参观他们的圣诞装饰。 1. 提出参观的要求：请小朋友观察什么东西适合装饰在哪里，它是用什么方法挂上去的？看时能不能用手摸？为什么？（容易掉下来，别班的小朋友会伤心的，他们的老师就会不高兴的；说话、走路轻轻地，不打扰别人。） 2. 将幼儿分成两组带领孩子到各班参观。 教师在幼儿参观完每个班级的圣诞装饰之后，都会与幼儿针对该班的圣诞装饰材料及方法做简单交流。同时，在参观中教师会对幼儿进行随机教育，渗透参观礼仪、有礼貌询问等方面的内容。 五、回班分享参观的收获。 1. 哪些圣诞装饰品使用什么工具挂上去的？ A、透明胶粘雪花、彩带、图片。 B、大的、中的饰品使用绳子挂上去。 C、还用夹子、挂钩。 2. 他们班还有会发光的圣诞树、彩灯，非常漂亮。 3. 请小朋友下周一带一、两种圣诞装饰品来装饰我们的教室，用完后再带回家。
活动 反思	1. 将"我们的社区"这个主题与当前的重要事件——圣诞节——关联起来，同时也将装饰班级环境的机会给了幼儿。 2. 将班级装饰作为问题提供给幼儿思考、探究，为后续的自己动手装饰环境做好准备，也为家长配合提供了前提。 3. "圣诞节"这一话题很好地激发了幼儿的兴趣，幼儿参与热情、参与程度都较高，对教师提出的有哪些圣诞装饰、怎么装饰的问题都积极参与。在参观其他班级的环境时，也能细心观察、发现。 4. 这一活动较好地体现了主题活动开展中内容与形式的多元、开放。 5. 活动自然连贯地将原来的小主题"社区中的设施"转到"圣诞节的装饰"上，做到了主题探究活动的完整性。

四、主题活动的小结与反思

在主题活动"我们的社区"中，我们利用了幼儿园、家庭及社区的丰富资源，有针对性地选择幼儿感兴趣及适宜的探究话题，并在活动中设置系列问题，使幼儿从局限的教室中走到社区情景中去，为幼儿创设一个良好的探究氛围。

通过本次主题活动的学习，幼儿对自己的家和周围社区的环境、设施都有更丰富的认识，体验到自己是社区的一分子，从而懂得如何去留意、关心和爱护社区。在一系列的观察、探索、记录、制作等活动中，幼儿的表现更为兴奋、活跃、积极、投入，各领域的发展都有明显的提高，特别是自然观察、语言表达、艺术表现和空间智能等方面，达到较好的活动效果。如在关于《我的家》的小主题活动中，孩子们从了解自己的家庭住址→绘制从幼儿园到家的路线图→互赠邀请函→从社区地图中寻找目标地址到同伴家做客等一系列活动，真正地体验了一次真实情境下如何面对、分析和解决问题的完整经验，对培养幼儿的综合素质提供了很好的机会。

在现阶段，对于家庭配合方面，更多的是激发和鼓励家庭与幼儿园积极配合，如在本主题活动中，教师有意识地在主题开展的过程中与家长保持紧密联系，及时公布幼儿的主题进程，并跟进家长的配合反馈，促使家长在主题开展的过程中给予最大的支持。

第六节　主题活动中教师对幼儿的支持

主题活动开展中，教师需要根据幼儿的即时表现，了解幼儿的学习与发展状况，适时给予适宜的支持，从而支架幼儿在集体探究中的主动学习。主题活动中教师对幼儿的研究与支持有着多种多样的策略，而且根据实际需要，教师所采用的策略、激励方式等都有所变化，灵活性较大。我们以小班、中班、大班三个年龄段的三个单次主题活动作为案例，通过具体的分析，呈现教师是如何在主题活动中支架儿童的主动学习的。

一、小班：相亲相爱一家人

（一）活动名称：相亲相爱一家人

（二）活动设计依据

第一，《3～6岁儿童学习与发展指南》：语言领域——3～4岁语言——倾听与表达——目标二"愿意讲话并能清楚地表达"——第三条：愿意表达自己的需要和想法，必要时能配以手势动作。

第二，《3～6岁儿童学习与发展指南》：语言领域——3～4岁语言——阅读与书写准备——目标二"具有初步的阅读理解能力"——第二条：会看画面，能根据画面说出图中有什么，发生了什么事等。

第三，《3～6岁儿童学习与发展指南》：社会领域——3～4岁社会——社会适应——目标一"喜欢并适应群体生活"——第二条：对幼儿园的生活好奇，喜欢上幼儿园。

第四，《3～6岁儿童学习与发展指南》：社会领域——3～4岁社会——社会适应——目标三"具有初步的归属感"——第一条：指导和自己一起生活的家庭成员及与自己的关系，体会到自己是家庭的一员；第二条：能感受到家庭生活的温暖，爱父母，亲近与信赖长辈。

第五，《3～6岁儿童学习与发展指南》：艺术领域——3～4岁艺术——表现与创造——目标一"喜欢进行艺术活动并大胆表现"——第二条：经常涂涂画画、粘粘贴贴并乐在其中。

第六，《3～6岁儿童学习与发展指南》：艺术领域——3～4岁艺术——表现与创造——目标一"具有初步的艺术表现与创造能力"——第二条：能跟随熟悉的音乐做身体动作。

（三）教师设计思路

小朋友们入园已有两周，通过两周的幼儿园集体生活，他们已经基本适应了幼儿园的日常生活，在与老师和同伴的相处中，他们能够感受到老师对自己的关心和爱护，同伴对自己的友好。为了让他们更多地感受到班级大家庭的温馨氛围，特别设计了本次活动，旨在让幼儿在活动中表达对班级的喜欢、对老师和朋友的爱。

（四）活动目标

第一，学习用较完整的语言表达对老师、朋友的喜爱。

第二，鼓励幼儿在集体面前大胆讲述，提高口语表达能力

第三，感受和朋友一起活动的快乐，萌发对同伴的友爱之情。

（五）活动过程

1. 歌曲表演：《我爱我家》
播放背景音乐，教师带领幼儿边唱歌边表演。

2. 我爱我家

（1）教师带领幼儿观察家庭全家福的展示板，组织幼儿聊聊我的家（图4-4）。

① 小朋友们，这是你们和爸爸妈妈一起照的全家福，谁来找找你们家的全家福，给大家介绍一下你的爸爸妈妈呢？

② 有谁还能说说爸爸妈妈平时是怎么爱你的？

（2）教师小结：小朋友，我们每个人都有一个幸福的家，家里有爱你们的爸爸妈妈。你们和爸爸妈妈是相亲相爱一家人。

3．我爱我班

（1）出示班级集体照片PPT

教师：在幼儿园里，我们也有一个幸福的大家庭，你们看，都有谁呢？引导幼儿说出老师和小朋友的名字。

（2）说说我的好朋友：引导幼儿用简短的语言介绍自己的好朋友（图4-5）。

（3）小结：在幼儿园里，老师们像妈妈一样爱你，好朋友也会关心你爱护你，在幼儿园里我们也是相亲相爱一家人。

4．制作班级全家福

（1）出示大爱心底板。

教师："刚才我们看到的是跟爸爸妈妈一起照的全家福，现在我们来把自己的照片贴到这个大大的爱心里做成我们跟老师、小朋友的全家福吧。"

（2）教师取一张自己的照片示范粘贴，讲解要求。

（3）幼儿分组找自己的照片，粘贴到大爱心展板上，制作成班级全家福。

5．随音乐《我爱我家》，表演结束

图4-4 幼儿讲述家庭全家福

图4-5 说说我的好朋友

（六）活动实录分析

1．基于幼儿的分析

（1）幼儿发展情况分析。

刚入园的小班幼儿年龄小，与老师和朋友彼此都不是很熟悉，经常会有以自我为中心的倾向，主题活动时他们的生活经验、知识经验及表达表现能力都很有限，不能很好的表现和表达，在小班主题活动中，他们只有对身边熟悉的人和事有兴趣，通过在活动中亲身接触，亲身体会，来了解周边的人和物，并产生感情和获得经验。大多数情况下主题活动的开展中幼儿需要在教师带领下通过不断的操作、探究，建立、积累经验，并建立发现问题、解决问题的能力。

（2）幼儿活动片段分析。

① 幼儿跟随老师表演《我爱我家》时，有的幼儿一开始自己不跳，看着老师和朋友们跳，后来在周围气氛的感染下，也参与其中跟着跳了起来。

② 在讲述自己家庭"全家福"的过程中，幼儿表现得非常积极，踊跃举手积极发言，有一名幼儿在为大家介绍自己的爸爸妈妈时，当他讲到自己的爸爸是警察时，表现得非常自豪，声音也特别洪亮。

③ 老师在出示"班级全家福"的PPT时，幼儿开心地与旁边的朋友们讨论起来了，边讨论边用手指指点点，把自己在照片中看到的熟悉的老师和朋友介绍给同伴。

④ 当教师邀请个别幼儿介绍自己的好朋友时，幼儿会用自己的语言讲述喜欢他的理由，虽然语句不是很完整，但是从他的语言、表情中能够流露出一种对朋友信任的情感。

⑤ 在制作"爱心全家福"的过程中，有的孩子撕不下双面胶，用语言向老师表达自己的困难，寻求老师的帮助。

2．基于教师的分析

（1）教师策略分析小班幼儿在主题活动中是比较被动的，往往体现在经验分享、同伴交流、解决困难、积极参与、创新意识等方面，这些方面都需要在教师的指导下才能完成。因此，教师在组织主题活动中，适时的引导和科学的介入都显得非常重要，教师既不能全盘操控整个活动，高度控制孩子，也不能过多的干涉和评价幼儿。教师一个甜美的微笑、一个满意的点头、一声肯定的赞扬，都能成为幼儿积极思考、主动探究的动力。

（2）教育策略片段分析。

① 教师和幼儿一起共同跳"我爱我家"的舞蹈时，有一名幼儿没有跟着大家一起跳，当教师发现这一现象后，用眼神提醒孩子和大家一起舞蹈。

② 幼儿在分享自己全家福照片时，有一名孩子表现腼腆，讲述的时候声音很小，教师很自然的将孩子搂到自己身边，给予他勇气和力量，帮助他完成了自己的分享。

③ 在组织幼儿"说说我的好朋友"这一环节中，当有个别幼儿因为急于表达说不清楚时，教师及时帮助幼儿理清思路，及时完善幼儿的语言并清楚地重复，注重幼儿语言表达能力的培养。

④ 幼儿在制作班级全家福时，教师在巡回指导的过程中，提醒幼儿注意把撕下来的纸放到篮子里，这种随机教育起到了培养幼儿良好美术活动常规的作用。当个别幼儿撕不下双面胶的纸，需要帮助时，教师能够及时指导，为遇到困难的幼儿提供帮助。

二、中班：社区设施路线图

（一）活动名称：社区设施路线图

（二）活动设计依据

第一，《3~6岁儿童学习与发展指南》：社会领域——4~5岁社会——人际交往——目标三"具有自尊、自信、自主的表现"——第一条：能按自己的想法进行游戏和其他活动；第四条：敢于尝试有一定难度的活动和任务。

第二，《3~6岁儿童学习与发展指南》：科学领域——4~5岁科学——科学探究——目标二"具有初步的探究能力"——第一条：能对事物或现象进行观察比较，发现其相同与不同；第二条：能根据观察结果提出问题，并大胆猜测答案；第四条：能用图画或其他符号进行记录。

第三，《3~6岁儿童学习与发展指南》：科学领域——4~5岁科学——数学认知——目标三"感知形状与空间关系"——第三条：能使用上下、前后、里外、中间、旁边等方位词描述物体的位置和运动方向。

第四，《3~6岁儿童学习与发展指南》：语言领域——4~5岁语言——倾听与表达——目标二"愿意讲话并能清楚地表达"——第三条：能基本完整地讲述自己的所见所闻和经历的事情。

第五，《3~6岁儿童学习与发展指南》：语言领域——4~5岁语言——阅读与书写准备——目标一"喜欢听故事、看图书"——第三条：对生活中常见的标识、符号感兴趣，知道他们表示一定的意义。

（三）教师设计思路

十月份幼儿园小班、中班和大班的主题分别是"我爱我家""我爱家乡""我爱中国"，全园开展的主题形成了一个层次分明的递进关系，从爱自己的小家到爱自己的班级，从爱自己居住的社区到爱我们居住的城市，从爱祖国到爱人类居住的地球，爱的视野逐渐在拓宽。中班的"爱家乡"主题中，也本着由近及远、由小到大的原则，做到主题源自于幼儿的生活、源自于幼儿感兴趣的话题，因此，从大家都很熟悉的幼儿园所属的小区着手，从小区环境、公共设施、地理位置等方面进行了系列探究。

（四）活动目标

第一，学习在社区地图上查找社区公共设施，感知地图给生活带来的便利。
第二，尝试在地图上设计社区设施路线图，通过观察比较区别路线的长短。

第三，在分享中体验与与同伴合作、交流的乐趣。

（五）活动过程

1. 认识路线图

（1）引出一幼儿自制的路线图，激发幼儿的活动兴趣。

（2）请该幼儿介绍（投影）自制路线图的情况。

（3）教师小结幼儿讲述情况，帮助幼儿厘清路线图的基本概念。

2. 我知道的公共设施

（1）教师：在莲花二村社区里，除了我们幼儿园，你还知道有哪些公共设施？

幼儿个别回答。

（2）面对幼儿讨论冲突，教师建议幼儿通过查找地图的方式来解决（图4-6）。

幼儿在地图中圈出所找到的设施位置。

（3）教师：这些公共设施为我们的生活带来了许多的便利。

3. 社区设施路线图

（1）教师再次强调路线图的特征和意义，请幼儿自由选择其中一个最喜欢的设施，与同伴分享自己的想法。

（2）请幼儿有序取材料，进行思考和操作。

4. 分享我的路线图

（1）幼儿完成后，三三两两回到座位与同伴分享。

（2）教师肯定幼儿的不同想法，同时针对性的问同一地点的不同线路（图4-7）：

教师：他们都能到达吗？

教师：你认为谁会更快到达呢？为什么？

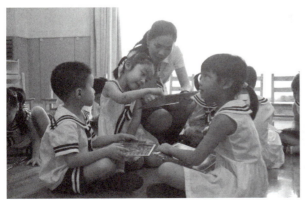

图4-6　查找地图

图4-7　讲述自己的方案

（六）活动实录分析

1．基于幼儿的分析

（1）幼儿发展情况分析。

中班幼儿相比小班幼儿而言，各方面能力正处于一个上升阶段，他们的生活经验和思维水平有了质的飞跃，他们的学习能力和探究欲望高涨，社会交往水平逐步从自我为中心向社会为中心转移，他们已经不满足于自娱自乐，他们解决问题的能力比小班幼儿明显增强，遇到困难不再表现出畏惧或马上放弃，但仍然需要老师的帮助。因此，在本次的主题活动中，当教师提出探究"社区设施路线图"的主题时，幼儿表现得非常感兴趣，他们在教师为其提供学习环境中，做到了主动学习和自主查找答案。

（2）幼儿活动片段分析。

① 当幼儿为大家介绍自己自制的小区路线图时，周围的小朋友不由自主地对她竖起了大拇指，由衷地对她进行了赞扬。

② 在讨论莲花二村公共设施时，幼儿之间因为各自意见不同，出现了冲突，在矛盾出现时，主动寻求教师的帮助。

③ 当教师提出"莲花山属于莲花二村的公共设施"话题时，幼儿反应得非常积极，能够各抒己见，积极回应教师的提问。

④ 幼儿对在地图上查找、绘画出自己想去的地方路线图表现出很大的兴趣，能够主动与同伴进行探讨，认真完成任务。

2．基于教师的分析

（1）教师策略分析。

教师在组织中班幼儿的主题活动时，不再是小班主题中的引领者，也不是大班主题中隐藏到幼儿背后的支持者，教师应该将自己定位于幼儿的帮助者，当他们面对一个共同感兴趣的话题时，应该充分尊重幼儿的想法，为其提供探究的条件与主动学习的环境，教师成功引导幼儿迁移生活经验，鼓励他们分工合作、为他们在探究中所遇到的难题提供强有力的帮助。

（2）教育策略片段分析。

① 当一名幼儿介绍完自制线路图后，教师趁着大家兴趣浓厚之际，自然引出"路线图"的概念。

② 当幼儿在讨论中出现"莲花山是否属于莲花二村的公共设施？"不同意见时，教师采用高科技的教学手段，现场带领幼儿在班级电脑上搜索出莲花二村的地图，通过大地图找到答案。这样的教学形式能够牢牢抓住幼儿的好奇心理，达到事半功倍的效果。

③ 幼儿与自己的好朋友在地图上设计社区设施路线图，教师在巡回指导的过程

中，发现了起点与终点不明显的问题，教师很自然的进行了随机教育，用很策略的口吻提醒幼儿，要在起点和终点的地方各画一个圆圈，先想好路线图再下笔，在提醒幼儿的同时也对幼儿提出了任务要求。

④ 幼儿在分享自己画出的路线图同时，当教师发现同一地点出现了不同线路时，敏捷地抓住了教育的契机，组织幼儿进行讨论，比较"同一地点不同线路距离长短的问题"，同时也用一个"你们觉得这两条线路那条走起来花的时间最短"的话题为下一次的活动留下伏笔，鼓励幼儿放学后跟爸爸妈妈一起试试走走，记录下所花的时间。

三、大班：我认识的八大行星

（一）活动名称：我认识的八大行星

（二）活动设计依据

第一，《3～6岁儿童学习与发展指南》：社会领域——5～6岁社会——人际交往——目标二"能与同伴友好相处"——第二条：活动时能与同伴分工合作，遇到困难能一起克服。

第二，《3～6岁儿童学习与发展指南》：社会领域——5～6岁社会——社会适应——目标二"遵守基本的行为规范"——第一条：理解规则的意义，能与同伴协商制定游戏和活动规则。

第三，《3～6岁儿童学习与发展指南》：科学领域——5～6岁科学——科学探究——目标一"亲近自然、喜欢探究"——第一条：能经常动手动脑寻找问题的答案。

第四，《3～6岁儿童学习与发展指南》：科学领域——5～6岁科学——科学探究——目标二"具有初步的探究能力"——第四条：能用数字、图画、图表或其他符号记录；第五条：探究中能与他人合作与交流。

第五，《3～6岁儿童学习与发展指南》：语言领域——5～6岁语言——倾听与表达——目标二"愿意讲话并能清楚地表达"——第三条：能有序、连贯、清楚地讲述一件事情。

（三）教师设计思路

在幼儿对地球的地貌特征有了初步的了解后，我们把探究的视野扩大到了太阳系，当幼儿认识了八大行星以后，幼儿对地球和他的七个好朋友在太阳系中的排列顺序产生了浓厚的兴趣，基于此原因，我们开始了对八大行星在太阳系中排列顺序的研究。

（四）活动目标

第一，认识太阳系中八大行星。

第二，尝试探究八大行星的排列顺序，激发探索太空的兴趣。

第三，体验与同伴合作完成任务的快乐。

（五）活动过程

1. 我认识的八大行星

（1）请幼儿介绍太阳系大家庭的成员。

教师：小朋友们，昨天我们已经认识了太阳系的大家庭，有谁能告诉我太阳有几个好朋友呀？太阳的好朋友都叫什么名字呢？

（2）幼儿自由发言，教师简单小结。

2. 探究太阳和八大行星的排列方式

（1）幼儿两两讨论八大行星的排列。

教师：小朋友们，我们已经知道了八大行星的名字，那么，你们觉得这八大行星在太阳系中是怎么排列的呢？（图4-8）

（2）教师邀请几名幼儿讲述与同伴探究的过程和结果。基于幼儿探索出的各种各样的排列想法，教师带领幼儿查找正确答案。

教师：小朋友们，刚刚你们每个人都说了不一样的排列方法，太阳系中的八大行星到底是怎样排列

图4-8　八大行星的排序

的呢？接下来，我要给大家讲一个故事，让我们从故事中找到答案吧！

（3）出示展板，教师讲述《太阳公公和他的孩子们》的故事，在讲述故事的过程中将手中八大行星的图片摆放在正确的位置。

（4）教师提问故事内容，提问中请几名幼儿在图片下面贴上相应的文字。

① 太阳公公的八个孩子中哪个最小？哪个最大？哪个最亮？

② 最小的水星排在第几位？最大的木星排在第几位？最亮的金星排在了第几位呢？

③ 我们生活的地球排在了第几位？

④ 火星是什么颜色的？它是排在第几位呢？

⑤ 太阳公公的孩子中哪个最漂亮？为什么说土星最漂亮呢？它是排在第几位的呢？

⑥ 距离太阳公公最远的是谁？

3．我给行星排排队

（1）引导幼儿讨论，有什么好办法为行星们正确排队？

教师：小朋友们，在这个故事中我们知道了八大行星在太阳系中的具体位置，

接下来，我想请小朋友们用自己的方式为八大行星排排队，赶紧跟旁边的朋友们讨论一下吧！

（2）教师出示提前准备好的各种材料，介绍材料以及活动规则。

教师：小朋友们，刚刚你们想出了各种各样的好办法，我在这里为你们准备了一些材料，大家一起来看看都有些什么？

图4-9　制作太阳系长卷画

① 绘画组：用画画形式展示的小朋友组成一组，大家共同完成一幅太阳系大家庭的长卷画。（图4-9）

② 剪贴画：想以剪贴画形式排序的小朋友，你们要从你们带来的资料里面找出八张代表不同行星的图片，把图片剪下来后按顺序摆放成一幅太阳系的画面。

③ 表格组：想用表格展示的小朋友，请你们自己设计出表格、在表格中加上文字、数字和图片哦！

教师：接下来，我要请你们选择一组喜欢的工作完成任务了，当你和好朋友们组成了一个小组时，请你们先选出一位组长，做好分工，要合作完成任务。

（3）幼儿分三组（绘画组、图片组、表格组）完成任务，教师巡回指导。

（4）组织幼儿欣赏展板，各组选出一名幼儿介绍自己的作品，教师小结，提出问题，为下一次的活动留下余念。

教师：小朋友们，今天我们对八大行星在太阳系中的排序有了一定的了解，那我想问问你们，为什么这八大行星在这个大家庭里不会打架呢？它们是怎样转动的呢，让我们回家继续查找资料吧！

附：故事《太阳公公和他的孩子们》

太阳公公有八个孩子，它们都有不同的名字，它们的名字叫水星、金星、

地球、火星、木星、土星、天王星和海王星。这八个孩子每天都围着太阳公公转动，从来都不打架。

这八个孩子中，个子最小的是水星，它离太阳公公最近，排在了第一位；个子最大的是木星，它是一个大块头，排在了第五位；金星能够发出最亮的光芒，它排在了水星的后面；地球远远望去就像一块会发光的宝石，它排在了第三位；火星火红火红的，排在了第四位；土星最漂亮了，它的身上有一圈光环，它排在了第六位；排在第七位和第八位的是天王星和海王星，它们距离太阳很远很远，我们需要用天文望远镜才能看到它们哦！（水1——木5——金2——地3——火4——土6——天王星、海王星7、8）

（六）活动实录分析

1. 基于幼儿的分析

（1）幼儿发展情况分析。

大班幼儿的主题活动有别于中班幼儿，他们的思维积极、活跃，愿意学习新的东西，喜欢具有一定挑战性的学习内容。他们更加倾向于自己发现问题、主动提出问题、自主解决问题。他们合作能力较强，乐意与同伴分享自己的经验，当困难出现时更愿意迁移自己的已有经验寻找解决问题的办法，而不是一开始就直接求助于老师。因此，在本次的主题活动中，当他们面对一个共同感兴趣的话题时，能够做到迁移操作经验、分工合作、在与同伴协商、交流的过程中完成任务。

（2）幼儿活动片段分析。

① 在"我给行星排排队"这一环节中，幼儿提出来用画画、剪贴资料图片、自制表格、用粘土模型等多种办法记录出八大行星的排列顺序，在分组之前，他们能根据分工的需要，自主选择游戏的伙伴，在自然成组后，民主选择出本组的组长，在这过程中，出现了争当组长的情况，但是他们最终找到了解决问题的办法，以"少数服从多数"的方式解决了问题。

② 活动中当剪贴组的幼儿发现6个人需要剪出八个行星的图片时，他们商量出来了由两个小朋友每人剪贴两个行星，幼儿能够主动承担多的任务。

③ 当表格组的嘟嘟小朋友提出要在表格中再增添行星的温度和重量时，大宝小朋友马上提出了温度可以画一个温度计表示，每个温度计中表明不同的温度的好建议，这充分体现出幼儿将自己的生活经验迁移到了主题活动当中。

2. 基于教师的分析

（1）教师策略分析。

在大班的主题活动中，由于大班幼儿不再满足于追随、服从教师，对任何事情都有了自己的想法和主见，所以，教师在指导大班幼儿开展主题活动中，应该转变自己的角色，从一个主导者的角色转变为幼儿幕后的支持者和引导者，鼓励幼儿自己发现问题、探究问题、解决问题。教师在活动中需要做到尊重幼儿个体想法，激发幼儿的创造热情、提高幼儿的合作水平，引导幼儿主动自主学习、自己解决问题、自己制订计划和实施。

（2）教师策略片段分析。

① 活动中教师提出"你觉得太阳系中的八大行星是怎样排列的呢？"的话题，教师组织幼儿积极参与讨论，允许幼儿有各种各样的答案出现，此时，教师的教育重点是提高幼儿交流的主动性和语言表达水平，而不是一味追求答案的准确性。

② 当剪贴组的幼儿出现人手不够的问题时，教师此时只是坐在他们旁边静静地倾听，不提出任何的建议，当这组幼儿自己想出了一个好的解决办法时，教师给予的是赞美的眼神、大拇指鼓励。

③ 当表格组的一组幼儿不会制作表格寻求教师帮助时，教师不是直接教给他们方法，而是先询问他们的困难，了解他们的具体想法以及他们自己所做的尝试，在鼓励他们的基础上再提供建设性的帮助，鼓励他们将生活中的经验运用到制作表格的过程中。

④ 教师在巡视的过程中即时对幼儿的表现作出回应，如用手势对主动帮同伴完成任务的幼儿提出表扬，用拥抱等肢体语言传递对他们的欣赏和鼓励。

⑤ 教师注重幼儿的随机教育，在幼儿分享小组作品的过程中，弦歌表达了自己小组在活动中遇到的困难，讲述了解决困难的过程，教师以此为契机对幼儿进行了"入小学后，当我们遇到困难应该怎么办？"的随机教育，教育的有效性得以较好体现。

小贴士1： 有特殊需要的儿童怎么参与到主题活动中呢？

主题活动虽然是集体活动，但在莲花课程中也会相应地开展小组与个别探究，对待在主题活动中有特殊需要的儿童，能在主题下衍生出小主题，则让副班教师带有特殊需要的幼儿开展个别或小组探索，也可让主题与区域结合，在区域针对特殊需要内容设置的特别研究区，在主题活动中允许这些幼儿在特别研究区中开展探索。不能衍生的特殊需要，则根据情况对幼儿进行引导，如果能将幼儿引导进入主题中，则让幼儿与大集体一起开展主题探索，不能引导的幼儿也可根据他的兴趣让副班教师根据他的兴趣特点组织活动，或与家庭、社区合作，请相关人员来园为他开展活动。

小贴士2：为了保证主题活动开展的有序、有效，教师需要帮助儿童在主题活动中形成哪些常规？

　　莲花课程中的主题主要是提供幼儿运用知识、展示能力的平台，多数情况下主题活动以集体探究的形式开展活动，因此，在主题活动中应该重点培养幼儿以下几方面的常规：首先要建立倾听的常规，活动中注意倾听他人的讲述，学习捕捉讲述中的重要信息，有需要发表意见时要举手示意，或等别人说完后再请求讲述；其次要培养与他人合作的常规，主题活动的过程是幼儿与他人合作解决问题的过程，在这个过程中幼儿经常处在两种角色中——领导者或被领导者，因此，当幼儿充当组员角色时能乐于服从同伴的领导，而当自己转变成领导角色时，应该清楚自己在活动中应承担的责任与义务；再次要注意养成幼儿展示自我的常规，当自己向同伴展示自己的发现、观点、作品等时候，要使自己的语言清晰，动作、站姿大方、端正，并且在此过程中言行都要文明礼貌。

本章小结

　　本章介绍了幼儿园课程中主题活动开展的方方面面。主题活动的开展有其内在机制，这一机制与对主题活动的要求——"八大特点""五大保证"——有着内在的关联。主题活动开展的"八大特点"包括目的性、计划性、探究性、合作性、平等性、综合性、灵活性、主题性；主题活动开展的"五大保证"分别是：保证对问题的探究，保证对生成的认可，保证有计划有适宜性发展目标，保证儿童之间的合作与分享，保证内容及形式的多元与开放。幼儿园课程的主题活动在设计上涉及主题的选择与主题活动的预设，包括主题来源、内容选择、主题网络预设、活动预设等，其中可使用《主题活动开展中的预设与生成表》来平衡主题活动的预设与生成，实现活动计划、实施与反思的一体化。

　　单次主题活动在开展中，包括导入激发、感知探索、发现记录、分享展示、聚焦提升等过程，每个环节都有其相应的开展策略。针对幼儿园课程主题活动的开展，本章以"我们的社区"这个主题活动实例说明莲花主题活动开展的全过程，详细介绍了活动开展的背景、主题活动网络的预设、主题活动开展中的预设与生成、主题活动的小结与反思。

第五章 课程中的周期循环

在前面的章节中，已经详细介绍了幼儿园课程主要的教学实践。但是，除了以上主要的教学实践外，还有哪些其他的教学实践？各种教学实践在每天、每周、每月、每年的周期中是如何设置和实施的呢？而这四个周期层次都具有何种特点、存在何种联系呢？

第一节 微循环：课程中的一天

一、微循环的基本结构设置

幼儿园课程是在具体的每一天中实施。幼儿园的一日生活安排是课程实施的支架，只有建立合理的一日生活流程。才能将课程有效地实施。幼儿园课程的微循环指的是：课程在幼儿园一天中的安排和实施，而这里的课程更是一种广义课程，幼儿一日生活各环节皆是课程。

幼儿园课程在一天中如何安排的呢？我们可通过表5-1来了解。

表5-1 幼儿园课程一日安排表

内容	持续时间	幼儿及教师的基本要求
入园与晨间锻炼	30分钟	孩子来园后直接到晨练场地；教师已经将器械摆放好。
早餐及午餐	60分钟	教师创造支持性的环境，鼓励幼儿自我服务；教师与幼儿一起用餐。
两次线上活动	20分钟	第一次线上活动中幼儿与教师一起安静地走线，晨谈并做区域计划；教师组织幼儿晨谈并支持其做区域计划。 第二次线上活动幼儿与教师一起进行走线、音乐律动，并与同伴分享区域活动情况；教师鼓励并支持幼儿的分享活动。
区域活动	35分钟	幼儿自主选择操作材料；教师观察并支持幼儿的区域活动。

内容	持续时间	幼儿及教师的基本要求
主题活动	20～30分钟（各年龄阶段稍微不同）	幼儿积极主动参与相关主题活动的过程中；教师根据幼儿兴趣、需要支持幼儿持续探究。
户外活动	90分钟	教师合理站位确保每个幼儿安全，并准备好相关体育活动及器械；幼儿自由进行探索各项体育技能，并在其中发展社会性。
餐前活动	10分钟	教师与幼儿一起阅读故事，并鼓励幼儿分享今天幼儿发生有趣的事件。
过渡环节	30分钟	教师分组过渡，尽量减少幼儿无效等待时间，保障过渡环节有序；鼓励幼儿采用自然过渡方式，培养其自主性。

二、微循环基本内容的解析

幼儿营造一个温馨的进餐氛围。

（一）线上活动

在幼儿园课程的微循环中有两次线上活动：第一次是线上晨谈活动，在区域活动开展之间；第二次是线上总结活动，在区域活动结束后。线上晨谈活动主要包括三个环节：走线、晨谈、区域计划。而线上总结活动也包括三个环节：走线，音乐律动及区域分享活动。而这两次线上活动都包含走线的环节。走线一方面有利于幼儿专注力的发展，另一方面让幼儿慢慢地进入一种安静的状态，为即将进行的区域做好情绪上的准备。

在第一次线上晨谈环节中，教师与幼儿一起讨论最近幼儿比较感兴趣的话题，内容涉及各个方面。在晨谈中，教师鼓励幼儿积极表达自己的想法，发展幼儿语言表达能力。在做区域计划的环节中，幼儿根据自己兴趣为今天的区域活动做出计划。在第二次线上总结活动中，幼儿与教师首先进行的是音乐律动。在音乐律动中，一是用于调节幼儿情绪，让幼儿从一个相对安静专注的状态进行一个相对活跃的氛围中，让幼儿在一日生活中做到动静结合。同时，也让幼儿每天都有机会与同伴教师进行各种形式的音乐活动。

（二）区域活动

在区域活动中，教师为幼儿各方面学习与发展需要设置了不同的区域，并为其准备丰富且适宜的操作材料，并幼儿自由操作过程中观察与支持幼儿的探索。因而，教师首先应合理规划区域及进行人员安排。在幼儿园课程中，我们将课室空间主要分为两部分，一是相对比较安静区域，另一种相对比较活跃的区域。并在洗手间设置了玩水区，在阳台设置自然观察角。从而能够合理地利用有限的空间。在教师指导分工与合作方面，充分考虑每个教师特点，合理安排重点指导区域。比如，保育教师比较擅长食品制作、卫生方面工作，则在区域活动中主要负责指导幼儿日生活区及玩水区。

在区域活动开始时，鼓励幼儿自己做区域计划，自由选择操作材料。如果个别幼儿上一次的区域操作材料尚未完成，教师通过"未完成做记录单"来提醒幼儿，以期培养幼儿的任务意识和坚持性。在区域活动进行过程中，幼儿在不打扰其他幼儿探索原则下，可自由操作材料。在材料选择上，不仅有幼儿单独操作材料，同时也有意地投放需要幼儿合作进行的材料，促进其社会性的发展。

（三）主题活动

综合主题活动是幼儿园课程的重要组成部分，它是教师引导并和幼儿合作进行的集体探究活动。在微循环中，每天都有一次这样教学活动。从微循环主题活动所需的时间而言，它会依据幼儿年龄特点、主题内容、对主题探究兴趣在实践上会有所不同。比如，大班幼儿主题活动时间会长于其他班级，这主要是大班幼儿专注力及探索性都要高于其他班级，因而探索时间也会适当延长。从微循环主题活动的结构安排上，每次主题探究活动包括活动目标、活动准备、活动过程、活动结束四个部分。其中活动过程包含导入、探究及展示这三个部分。活动导入主要是教师通过采用情境、游戏、故事等形式，引起幼儿对主题的兴趣并了解幼儿现有经验。主题探索是教师通过提供相应的材料，鼓励幼儿对发现的问题进行探究，并在探究中解决问题。强调在探究过程中培养幼儿问题解决的意识、能力和态度。主题展示主要让幼儿分享探究过程的感受、过程或者相关作品，培养幼儿反思与分享能力。

（四）户外活动

在户外活动中，教师首先应为幼儿提供安全的运动环境。班级教师必须根据户外活动场地合理站位，确保能照看到所有幼儿的情况，以保障其在安全的环境中大胆地探索身体的运动。

在一天中的体育活动中主要包括两部分内容：一部分是有计划的体能活动，另一部分是幼儿的自由探索活动。在有计划的活动中，教师应熟悉并掌握自己班级幼儿各种动作技能发展目标，并在日常活动中观察、了解幼儿的动作发展状况及每个孩子个体差异，并设计相关体能活动。幼儿学习新的动作经验和技能时，教师帮助幼儿与已有的相关经验和技能建立联系，循序渐进地支持幼儿探索和练习。幼儿遇到困难感到胆怯时，教师有耐心地鼓励并采用合适幼儿的方法支持其探索和练习，如降低难度，或增添辅助材料等。

幼儿除了参加有计划体能锻炼以外，也有充分的时间和条件进行自由地探索自己的运动能力。在探索过程中，幼儿首先有自我保护及危险防范意识，首先在了解各种器械操作的规范下，然后再进行自由探索。对幼儿而言、户外自由探索活动不仅可以发展各项身体技能，我们也鼓励幼儿多与同伴合作沟通，促进社会技能的发展。

（五）过渡环节

过渡环节是幼儿园出现频率最高的一个环节，也是常常容易被忽视的环节。如未能恰当处理好过渡环节，不仅会让幼儿在无效等待的过程花费大量时间，同时也容易造成幼儿诸多不良的生活习惯。但老师首先应该明确的是，过渡环节不简单地等同于生活活动，其中蕴藏众多学习与发展的机会。在过渡环节中，我们更多采用分组的形式进行，减少幼儿集体等待。对于年龄较大的幼儿，鼓励幼儿能够做到自然过渡。比如，在区域活动中，幼儿可以根据自己的需求独自提前喝水、上厕所，这样不仅有利于促进幼儿自主性的发展，也节省过渡环节所需的时间。

（六）餐前活动

幼儿在进行过运动量较大的体能活动后，并不适宜马上进行餐点，需要一定时间来平缓身体的各项机能。因而，特别设置了一个餐前活动。餐前活动主要开展相对比较安静的活动内容，比如，故事阅读、日记分享等。

三、微循环依据的基本原则

幼儿园课程一日安排表主要是以儿童为本而建构的，同时也综合考虑幼儿园课程的特点及幼儿园具体的实践情况。

（一）动静交替原则

学前期儿童专注力还处于不断发展中，对各项活动难以持久专注。因而，需要教师合理安排一日生活，做到动静交替。在安排幼儿园课程一日表中，这一点体现特别突出。首先从空间转换看，是一个室内与室外交替的形式。比如户外晨练之后是室内区域与主题活动，之后则又转换为户外体能活动。其次从活动形式来看，是动静活动交替进行。比如在相对安静区域活动结束后，是一次线上律动活动，之后则又是相对较安静的主题活动，然后是活跃的户外活动。通过这种动静交替，室内外合理转化的形式，让幼儿活动内容更丰富，也更能专注地投入到活动中。

（二）稳定与弹性并存

幼儿一日生活的安排是稳定而又富有弹性。稳定是让幼儿感受到安全、有规律、被接纳的心理氛围。相对稳定的一日生活安排有利于促进幼儿建立安全感。特别是针对年龄较小的幼儿，这一点尤其重要。同时相对稳定一日生活，也有利于幼儿建立良好的秩序感。但课程一日安排在实施过程中并不是要求教师严格按照计划进行，教师可根据幼儿当天的兴趣、需求进行适当的调整。这种弹性让教师有更多合理实施的空间。

（三）体现年龄发展适宜性

每个年龄阶段的幼儿都有其发展特点。幼儿园在安排一日活动时，也应充分考虑各年龄段学习与发展水平。主要体现在下面几点上：第一，教师有组织性的集体教学活动的时间会随着幼儿年龄发展而进行合理调整。比如大班的主题活动相对较长，而小班相对较短。第二，尽量减少过渡环节所需时间。随着幼儿自主性以及自我服务能力的增加，教师鼓励幼儿采用自然过渡的方式，而有效地减少集体过渡环节所需的时间。比如在大班时，鼓励幼儿在区域活动期间自主上厕所、喝牛奶，从而可从区域活动直接过渡到线上活动，减少了一个过渡环节。第三，在日常生活中，依据幼儿年龄发展特点，逐步增加幼儿的任务意识。比如，记录单随着年龄增加而增多，让幼儿在操作过程中能坚持完成。

（四）充分把握时间，合理利用空间，有效安排人员

幼儿在幼儿园的时间有9个小时，但除去午睡、餐点等生活环节，幼儿真正可利用的时间并不多。如何充分把握幼儿在园时间，我们在一日安排中进行深入的实践研究。首先要考虑幼儿各项基本活动时间，如户外活动、区域活动、主题活动。在此基础上在合理安排其他活动的时间，并尽量减少集体过渡时间。比如，让幼儿一入园便直接来到运动场地，减少了因场地转换所需时间，让幼儿有更长的户外活动时间。

幼儿园各项活动开展都需要适宜的活动场地，因地制宜设置活动是合理安排一日课程的保障。幼儿园空间主要包括班级空间与公共空间两部分。在班级空间设置上，首先是合理安排各班级空间。比如，莲花二村幼儿园的教室隔分为两部分，靠

近门口的区域，主要设置相对活跃的区域及摆放部分桌椅。幼儿操作材料主要在桌面进行。离门口较远的区域设置的是相对安静区域，幼儿操作材料主要在地毯上进行。由于这个区域没有桌椅，从而有足够的空间来开展集体教学活动。这样的规划，不仅使区域活动能动静相宜，同时也能有效地利用空间。在室内公共空间设置上，我们也设置了图书室、社会理解区及美术区等。各班可轮流使用，有效地节省空间。

通常情况下，幼儿园一个班级至少会配备三名教师：主班、副班、保育教师，部分幼儿园还有特殊课程的专职教师。在这种情境中，只有合理安排人员的分工与合作，才能保证课程的有效实施。在幼儿园的保教实践中，每个教师在每个环节中的主要工作职责以及如何与其他老师配合都应进行合理安排。在这种合理安排中，首先应了解不同性质教师的主要工作职责，合理分工。比如，保育教师比较了解幼儿生活与卫生保健方面，所以在区域活动中，主要安排保育教师负责"生活区"方面指导。这样可以充分利用保育老师的工作特点，同时也能有效与其他班级教师合作来完成幼儿一日生活各环节。在明确各老师基本职责分工上，老师的相互配合也是非常重要，比如，餐点结束后，有许多需要保育老师完成工作，班级其他老师也会进行协助。

（五）自然过渡

对于年龄较大的幼儿，充分发挥幼儿的自主性，让其合理安排自己的部分生活环节。比如，教师尽量减少组织幼儿集体喝水。让幼儿能根据自己的生理需要在恰当的时间去喝水。这里所谓的恰当时间指的是非集体教学活动时间。比如，孩子知道接下来要进行集体教学活动，会在自由游戏时主动地去上厕所。这样一方面能够培养幼儿的主动性，同时也有效地避免幼儿无效等待的时间，从而将时间运用在更有价值的活动中。

幼儿园课程一日安排的各个环节都充分考虑各方面因素。在了解幼儿、尊重幼儿的基础上，合理利用空间、充分把握时间、有效安排人员，期望能够最大化发挥课程的价值、让幼儿在幼儿园的每一天快乐且有价值。

第二节　小循环：课程中的一周

在上一小节中，我们了解了幼儿园课程在一日中的安排与实施。那么幼儿园课程在一周中又是如何安排与实施的？是否仅是一日安排的简单重复呢，还是另具特色？

一、小循环的基本结构设置

下面我们将通过莲花二村幼儿园某小班的周教学活动安排表来了解幼儿园课程在一周中的安排与实施。

表5-2　莲子小一班第4周教学活动安排表

2014年09月22日至09月26日

本周重点	1. 继续稳定幼儿情绪，逐步培养幼儿良好的一日生活常规。 2. 继续开展九月份的主题"我爱家乡"之小主题"我们的社区"的探究。 3. 整理班级区域材料，做好材料区域材料展示工作。 4. 与家长沟通、交流，了解每个幼儿基本情况。 5. 目前是登革热高发季节，广东也是高发地，在户外活动时注意驱蚊、防蚊等工作。				
晨练内容与重点	1. 晨练内容：上下楼梯、跳圈、投掷、走平衡木等。 2. 本周重点指导：双脚灵活交替上下楼梯、平稳地双脚连续向前跳、能单手将沙包向前投掷、能在较低矮的平衡木上走一段距离等动作。				
	星期一	星期二	星期三	星期四	星期五
晨练	晨练与升国旗	晨练与早操	晨练与早操	晨练与早操	晨练与早操
早餐后活动	周末假期分享	图书分享	图书分享	图书分享	玩具分享
区域活动	展示与投放生活区材料，并重点指导：切火腿肠	展示并投放语言区材料，并重点指导：我幸福的一家	展示并投放社会区材料，并重点指导：表情娃娃	展示并投放科学区材料，并重点指导：动物找尾巴	展示并投放美工区材料，并重点指导：装饰"我的一家"
主题活动		小超市	美丽的草地	我的社区我爱护	社区大家庭
户外活动	后草地 体育游戏：老狼几点钟（四散跑）	一楼操场： 体育游戏：采蘑菇（跳圈）	二楼感统： 体育游戏：给小兔喂食（投掷）	沙水区： 体育游戏：过独木桥（平衡）	全园体能活动站
离园活动	1. 与幼儿分享一天的中的活动，并重点分享常规的建立。 2. 根据幼儿在园情况，并与部分家长进行个别交谈。 3. 及时整理教室及活动区材料。				

二、小循环基本内容的解析

通过上面小班周教学活动安排表，对幼儿园课程在这一周内安排和实施有了初步的影响。接下来，我们将具体阐述周教学安排表中的各个项目。

（一）本周重点

本周重点制订主要依据三方面的内容。一是建立在对幼儿在上个星期活动表现出兴趣、能力、需求等多方面信息了解的基础上，并在本周做出适当的调整。二是基于对本班幼儿学习与发展的目标的认识。比如，对小班幼儿在跳跃方面，期望能达到"能单手将沙包向前投掷2米左右"，那么我们在制订周计划中也会有目的提供支持环境促进幼儿这些方面的发展。三是根据幼儿园课程实施的进度来确定，比如上表中，我们开展是九月份第四周的主题活动内容。

本周重点主要关注以下几个方面内容。第一，幼儿的情绪情感、个性发展。了解自己班级幼儿共同存在的情况，并在本周进行重点关注。比如，在上表中由于小班幼儿刚入园四个星期，情绪还未完全稳定，因而老师在本周会继续关注幼儿情绪的发展，并逐步培养其班级常规意识。第二，本周主题活动及区域活动开展重点。这将主要根据本班主题课程的进程及班级区域活动开展情况来阐述。第三，家长工作。幼儿的学习与发展需要家园共同努力来实现。在家长工作这方面，将会根据上周幼儿在园情况及课程实施中需要家长支持等方面来制订本周家长工作的重点。第四，健康保育。将根据本周季节、天气变化情况、疾病预防等各方面制订本周重点。

（二）晨练内容与重点

晨间锻炼是幼儿体能活动非常重要的一个环节，也是一日生活的开启。晨间锻炼的内容将会关注幼儿各项基本动作技能的发展。每天有一个相对侧重的运动技能，但在一周的安排中，将会涉及幼儿运动技能的各方面，比如走、跳、投掷、钻爬等。晨间锻炼指导的重点我们依据对本班幼儿在体能发展的合理期望来制订。比如，对于小班幼儿在"投掷"方面，我们期望孩子能达到"身体平稳地双脚连续地向前跳跃"。这是我们对孩子一个期望，在晨练中我们也创设跳跃方面的环境，但同时也会关注每个孩子个体差异，比如，有的幼儿能力比较弱一点，教师先关注其是否会跳，然后在逐步引导进行"连续地向前跳跃"。

（三）早餐后活动

早餐后的分享活动是促进幼儿社会性及语言发展的一个非常重要的环节。在课程一周安排中，教师将会根据自己班上孩子的兴趣来设置。比如，在周一中由于幼儿经历周末的两天假期，发生很多有趣的事情，我们会鼓励幼儿与同伴分享。在周五中，这是一个星期的最后一天，为了鼓励缓解幼儿疲惫，教师鼓励幼儿带自己最喜欢的玩具与同伴分享。在其他星期中，教师也会经常鼓励幼儿自己带图书来分享，让孩子有机会阅读不同的图书。有的班级也会根据幼儿兴趣，设置"新闻分享""专题分享"等内容。

（四）区域活动

在区域活动中，教师将会根据下面三个方面来制订本周区域活动的重点指导区域或材料调整内容。一是根据上周的观察，回顾和反思幼儿在区域活动学习和发展的情况，比如在各种活动中表现出哪些新的兴趣点、新的需要等。二是反思上周教师所提供的学习活动和操作材料是否适合幼儿的学习兴趣、需要及能力，应做怎样的调整。三是反思教师与幼儿互动所采用的方法及策略能否有效地引导、支持和促进他们的学习。依据上述三点从而制订本周观察与指导的重点区域、需要调整及更换的材料等。

（五）主题活动

主题活动将主要依据幼儿园的主题课程内容来开展，并根据幼儿兴趣、能力、需求进行适宜的调整。在一周主题活动将主要包括四个小活动。这四个小活动围绕中同一个主题进行，相互之间存在密切的联系和递进性。但同时，这四个活动在具体内容上却各有侧重，比如有些侧重于美术，有些侧重于科学，也有些是综合性活动等，保证幼儿在一个星期中能体验到不同领域的学习。

（六）户外活动

户外活动是幼儿体能发展至关重要的组成部分。我们在设置户外活动环境时考虑幼儿身体各方面的发展，并为各项运动技能提供机会，比如走、跑、跳、钻爬、攀爬、投掷、踢等。因此，幼儿园可设置攀爬区、钻爬区、跑道、骑车区、感统运动区、沙水区、球区、游泳池、大型器械区、综合区等。各个区域有相对独立空间，同时又密切融合在一起。要促进幼儿体能整体发展，需要有机会在不同体育区域去探索机体各项运动技能。因而，在一周户外活动安排中，采用班级轮换制的方式，从而保证幼儿在一周内能在不同区域体验探索。

（七）离园活动

这是一天中的结束环节。在这个环节中，我们主要与幼儿分享在一天活动中感受。在一周安排中，会根据本周幼儿情况引导幼儿重点分享内容。比如，对刚入园不久的小班幼儿，常规培养是非常重要的内容，教师也会在离园活动重点与幼儿分享。

在家长接幼儿时，教师也会简短与个别家长沟通幼儿在园情况。在所有幼儿接走后，教师会及时整理教室及活动区材料。

（八）小循环中的特色活动

上面阐述的各项活动是在一周的每天都会进行的。下面将阐述是每周都进行的特色活动。所谓"小循环的特色活动"是指这些活动每个星期都会开展，但不是每天都开展，而是在一周中某一天进行。主要包括三个方面内容：升旗仪式、全园大自选及"社会理解与机械建构区"。

1. 周一的升旗仪式

每周一幼儿园都会举行一次升旗仪式。幼儿园对升旗仪式程序进行明确规定，主要包括出旗、升旗、唱国歌、国旗下的讲话、颁发升旗证及全场律动这几个环节。看似常规的升旗活动，不仅蕴含了爱国主义教育，同时也为幼儿创造了许多教育契机。

升旗手的学习与发展：考虑到幼儿年龄特点，升旗手主要来自于中大班幼儿，小班幼儿主要是观看与学习的过程。我们主要采用自愿及统筹安排的形式来选择升旗手，并鼓励部分在集体面前表达比较弱的幼儿也参加。每次升旗会有5-6名升旗手。采用中班和大班轮换升旗的形式进行。通过这种形式，每个中大班的幼儿在每个学期都有至少有一次机会当上升旗手。他们首先需要默契配合进行"出旗"仪式，然后在老师协助下"升旗"，进行"国旗下的讲话"，最后由园长为所有的升旗手颁发"升旗证"。这系列的活动对中大班幼儿而言是比较有挑战性的，他们需要克服自己害羞、恐惧等情绪，并自信完整表达自己的想法。当这些小小升旗手完成这些任务时，他们的表现获得了全园同伴和老师的肯定，并体验到一种成功感和愉悦感。

全园幼儿的学习与发展：全体幼儿及教职工都会参加这个仪式。在升旗仪式中，对幼儿及教师的行为规范提出了要求。让孩子们了解了升旗仪式的庄严和重要性，不仅让幼儿体验到在集体活动中应遵守的规则，也能激发其爱国之情，促进幼儿社会性的发展。升旗仪式的最后一个环节是"全场律动"，全场所有的幼儿和教师都会跟着同一个音乐节奏一起唱起来和跳起来，带着愉悦的心情开始新的一周。

升旗仪式是一种过程和惯例，充满深层次的教育意义。它同幼儿与教师的任务和价值观紧密联系在一起，鼓舞全园参与者内心深处的情感，构建一种强大的校园文化。

2. 周五的户外体能全园大自选

体能的发展是幼儿身心发展的基础，但幼儿的认识和社会性情感的发展也是渗透在各项体能发展中。也就是说，我们应该创设一定环境让幼儿在探索和练习各项体能的过程，促进自我认识、合作、分享、互助等社会情感的发展。

目前幼儿园绝大部分的幼儿都是独生子女，从出生开始，便缺少了与同伴交往的机会。我园在班级设置主要以年龄为主，虽然有利于同龄儿童的交往，但在一定程度上限制了不同年龄之间的交往。为了促进幼儿混龄社会技能的发展，我园在每周五下午的户外活动中特别开设了"户外体能全园大自选活动"。所谓"户外体能全园大自选活动"指的是，在每周固定的某个时间内容，全园所有体能活动区都为全园所有的幼儿开放，幼儿可以在全园自选活动区域、器材、玩伴。

在开展这种形式的体能活动需要注意以下几个方面的事项。首先要保证幼儿的安全，因此在全园所有体能活动区都合理安排各班教师，甚至幼儿园其它员工也要参与进来保证孩子的安全。其次，在活动开展前教师要与幼儿讨论大自选活动的规则，让幼儿理解规则并遵守规则。再次，同一个班级的教师要分配在不同场地，这样才能促进孩子在不同区域探索，避免了幼儿只跟着本班的教师。最后，在这种全园活动中，开始和结束都有一定音乐指令提醒幼儿和教师开展活动。

3．每周一次的"社会理解与机械建构区"

为了发展幼儿的社会性及机械建构能力，可以在幼儿园班级以外的公共区域里创设一个"机械建构区和社会理解区"。"社会理解区"是通过投放真实的或替代性的操作材料，让幼儿在各种生活化的游戏环境体验不同的角色。主要包括音乐表演区、娃娃家、医院、超市、理发店、餐厅等角色区。但并不是在同一时间投放所有角色区，而是会定期更换。"机械建构区"是通过投放丰富建构材料及相关辅助材料，让幼儿进行自由搭建。

在每周的教学安排中，我们采用班级轮换制的形式，让每个班级的幼儿每周至少有一到两次的机会参与到"社会理解与机械建构区"，进一步促进幼儿的整体和谐发展。

三、小循环依据的基本原则

（一）注重各学科领域均衡发展

在《幼儿园教育指导纲要（试行）》中明确提出要关注幼儿学习与发展的整体性。在幼儿园课程中周教学安排中，这一点也是首先要把握的原则。主要体现在下面几点。

1．主题活动

每周主题活动都包括四个小活动，这四个小活动首先在侧重领域上各有不同。比如有的侧重于艺术领域，有的侧重于科学领域、有的侧重与言语领域。但各领域之间、各目标之间都有一个共同主线，那就是主题活动的"主题"线索，从而有效各领域方面互相渗透和整合。

2. 区域活动

教师在每天的区域活动中都会有意识地引导幼儿关注不同的区域。比如，通过在某个区域中展示并投放新材料，或者重点观察或指导某些区域等方式。引导幼儿在一周的区域活动中能进入到不同区域中，获得各领域的发展。

3. 体能活动

在晨练及有计划的体育活动活动中，教师通过提供相关器材或者设计相关情境游戏活动，有目的发展幼儿各项运动技能的发展。同时，也通过在一周中安排不同的户外活动场地，让幼儿有机会体验和探索各个体能活动区，促进身体运动技能的整理和谐发展。

（二）依据幼儿发展特点，突出每周重点

幼儿的学习与发展是在不断的发展变化。在制订每周的教学计划时，我们都应了解幼儿现有经验的基础，制订出本周重点需要关注的内容。比如，通过上一周的观察发现班级幼儿在区域常规方面还要加强，则在本周中计划会重点突出。比如在日常生活方面，教师发现幼儿在上下楼梯时经常摔倒。那么在周教学计划中，则可以依据开展相关方面体能活动。

幼儿园课程一周教学安排中，并不是每日活动的简单重复。而是在关注幼儿学习与发展整体性基础上，重点突出，合理安排一周教学活动。

第三节　中循环：课程中的一月

在上两节中，我们了解了幼儿园课程的微循环和小循环。接下来，将介绍幼儿园课程的中循环，也就是课程在一月中的安排与实施。

一、中循环的基本结构设置

在一学年中有10个学月，每个学月课程设置的结构基本一致。下面我们将通过"六月主题活动一览表"来了解幼儿园课程的中循环——课程中的一月。

表5-3　幼儿园课程——六月主题活动"快乐的夏天"一览表

活动 ＼ 年级	小班　快乐的水娃娃	中班　多彩的夏日	大班　我毕业了
第一周	水娃娃的秘密	多变的夏天	温暖的大家庭
活动1 活动2 活动3 活动4	水里的秘密 水娃娃变味了 水娃娃变色了 魔术冰	夏天真热啊 雷公公和闪电婆婆 调皮的彩虹 夏天的雷雨	我要感谢您 亲亲密密全家福 惊喜荣誉盒 美好的回忆
投放相关的区域材料	什么能溶解于水 动物水陆空分类 好玩的颜色 水的三态	温度记录 认识天气标识 彩虹实验 听听大自然的声音	送给老师的贺卡 我最想念的人 我长大了
第二周	神奇的水娃娃	热闹的夏天	我要毕业了
	……	……	……
第三周	水娃娃过夏天	夏天不怕热	我要上小学
	……	……	……
第四周	水娃娃和它的朋友们	夏天乐趣多多	再见幼儿园
活动1 活动2 活动3 活动4	美丽的荷花 河马大轮船 快乐的小鱼 慢吞吞的乌龟	热闹的泼水节 夏日饮品派对 夏季流行时尚发布会 仲夏狂欢夜	毕业照 毕业留言 知识竞赛 毕业典礼

二、中循环基本内容的解析

表5-3主要通过"主题课程"线索来了解幼儿园课程在一月中安排与实施。

（一）"月主题连续体444"是主题课程中循环的基本设计思路

"主题连续体444"是月主题课程的基本结构——4个月主题、4个周主题、4个日小活动。4个月主题是指主题活动都是按照每个学期有四个学月来设计。幼儿园所有年龄班级每个相同的"学月"有一个共同的大主题，即在同一个"学月"里所有不同年龄幼儿的教育活动均围绕同一个共同的主题开展。但同时每个年龄班又有其相对独立的月主题。比如，在六月份的大主题是"快乐的夏天"，全园所有的年龄班都会围绕这个主题开展。但同时年龄班又有各自的主题，比如在六月份"快乐的夏天"这个大主题下，小班、中班、大班的月主题分别是"快乐的水娃娃""多彩的夏日""我毕业了"。可见这三个层次的月主题是在同一个大主题下进行设计，它们层层推进，持续发展。

4个周主题是指每个学月有四个星期，每个星期有一个主题，共4个周主题，这四个小主题都是围绕月主题进行。4个日活动是指每周有四次主题教学活动，而这四次主题教学活动都是围绕着周主题进行。同时，每月主题下面都四个围绕月主题有不断推进的周主题支撑。可见，日主题、周主题、月主题和大主题循序渐进、相互呼应。

（二）"在兴趣中启动、在探索中实施、在展示中结束"是月主题开展基本步骤

从上面我们了解了一个月主题的基本设计思路，它包含四个周主题，每个周主题包含四个日主题，共有16个日主题活动。那么这些系列的主题活动是如何启动、开始与结束的呢？

主题活动是由教师引导并与幼儿合作开展的集体探究活动。主题确定主要根据幼儿兴趣和能力、课程内容、对幼儿所期望达到目标、地方资源、季节及节日等因素来确定。但最重要还是幼儿兴趣和能力，以及与主题有相关经验积累。因此，教师在即将开展主题活动的准备阶段，教师会在区域活动投放相关材料和书籍，激发幼儿探索的兴趣和好奇心。同时也会在日常生活中，引导幼儿关注与主题相关的事情，为主题即将开展做好经验上的准备。比如中班在六月份即将开展"多彩夏日"的主题活动，教师会有目的在阅读区投放关于夏季的书籍，在科学区投放温湿计等，并在日常生活引导幼儿关注夏季的天气变化、夏季的食物等。

当幼儿具备多元化的主题经验后，我们将正式开展主题活动。主题活动是问题导向的，而不是知识导向。教师根据幼儿的经验基础，提供丰富和适宜的资源，为他们发现问题、探索问题以及解决问题提供环境支持。比如，为幼儿联系实地调查的地方、邀请相关专家、与幼儿查阅相关资料等。并在探索过程中，引导幼儿在初步解决一些简单问题或者发现一些新的问题，鼓励幼儿对研究的问题进行思考、讨论和记录。在主题探索过程中，幼儿会不断产生新的兴趣点、新的问题，教师应根据幼儿兴趣和需要不失时机地生成课程。真正做到有计划的课程与生成课程的有机结合。

月主题的前三个周主题主要是幼儿获得相关经验、知识和技能的过程，而最后一个周主题则主要是主题全程系统反思、总结和能力展示的过程。幼儿会以多种方式来整理自己在主题探索过程中获得经验、能力、知识或作品。这个过程实质上就是需要教师提供给幼儿展现其已获得新知识、经验、能力的机会，让幼儿在整个主题活动所学的内容进行分享和交流。最后的周主题常采用"高潮活动"形式进行，如派对、展览或者报告会的形式。比如，中班"多彩的夏日"最后一个周主题包括"夏日饮品派对""仲夏狂欢夜"等活动。在开展这种高潮活动中首先是鼓励幼儿回顾和讨论这个整

月主题获得经验和知识，然后教师设置一定情境，鼓励幼儿将自己知识和能力表现出来。这种高潮活动，提供给教师及幼儿一个回顾知识并强化技能的机会。不仅可以帮助教师了解幼儿在主题活动中的学习与发展状况，也可以进一步帮助幼儿巩固在主题活动所学的知识、技能。

（三）"集中反思，自我评价"是月主题中教师成长的基本方式

在每次月主题结束后，我们便会组织年级组内所有的教师进行反思与评价。从主题活动导入、实施过程、结束这几个环节进行反思。我们鼓励教师回顾自己在活动中哪些地方有闪光点或特色，哪些地方还需要进一步调整。并将教师比可以借鉴的经验记录来，从而进一步完善该主题活动。

反思之后，将采用月主题的"自我评价图"进行评价。主要从主题教师活动中的师生关系、幼儿的学习与发展、课程的计划性和生成性这四个方面进行评价。这种"自我评价图"很直观地展现出这四个方面情况，可以让教师很清楚地意识到自己再哪些方面做得比较好，在哪些方面还需进一步努力，进一步促进了教师的自我反思。

（四）"家园合作，及时反馈"是月主题与家长沟通的基本原则

每次主题活动家长都会同幼儿一起去探索，去收集资料，为幼儿准备相关经验，协助幼儿解决问题。因此，主题活动的顺利开展离不开家长的支持与配合。每次月主题活动结束后，教师都会通过家园联系册的方式与家长进行沟通。一方面可以向让其了解本月主题开展情况，另一方面也让家长了解自己孩子在主题活动可能会获得学习与发展。下面展示的是六月中班主题活动结束后，老师给父母的留言。

老师对爸爸妈妈的话

忙碌的六月过去了，我们班开展了"多彩夏日"的主题活动，我们让孩子在日常生活中去了解夏季的特点，让孩子发现夏季各种天气变化、夏季的水果以及怎样才能舒服地度过炎热的夏日。本月最值得欣喜的是我们班的半日活动开放和亲子活动，家长们欣赏了班级孩子的在夏季流行时尚发布会的展示，都为孩子的进步感到欣喜。开放结束后，全班浩浩荡荡来到幼儿园的游泳池参加游泳亲子活动，尽情享受泼水节的乐趣；在六月的最后一天，我们班举行了一场夏日时装秀，孩子盛装登场，在舞台上尽情展示自己。

本学期四次月主题活动都已结束，但孩子的兴趣还在持续、孩子好奇心还在持续、孩子的发展还在持续。希望各位爸爸妈妈在家里能延续这种探索的精神，与孩子一起去研究他们感兴趣的主题。

三、中循环依据的基本原则

（一）均衡发展、相互渗透

幼儿的整体和谐发展不仅体现在小循环中，在幼儿园课程的中循环我们更需要注重幼儿身心全面和谐发展。月主题包括16个日主题，而这16个日主题中不仅包括各领域的知识与技能，同时也注重各领域相互渗透、相互联系。在每个日主题活动设计最后，我们都增加了"发展智能与落实《幼儿园教育指导纲要（试行）》"这个内容。这部分内容详尽分析了幼儿在哪些"智能"方面获得了发展，并从《幼儿园教育指导纲要（试行）》角度分析幼儿在哪些领域获得了发展。比如说中班六月主题中日主题"夏日饮品派对"，有利于发展幼儿在语言、动觉以及自知自省的智能，也促进了幼儿在科学、社会、语言等领域的发展。尽管每个日主题侧重的智能与领域发展会有所不一样，但是整合分析16个日活动，则可以看出幼儿在八大智能和五大领域的都获得了比较均衡的发展。

（二）因时利导、因地制宜

每个月主题的设计都是有计划、有目的。在制订月主题活动时，我们首先要考虑当月的季节、节日等因素。比如，四月份的月主题是"大自然的奥秘"，主要围绕春天万物复苏的这个特点；六月份的月主题是"有趣的夏日"，主要围绕夏天的水、食品、气候等内容来展开。

再次我们要考虑幼儿的实际情况和幼儿教师工作重点，以将课程与班级日常工作安排紧密结合在一起，从而有利于教师更好地实施主题活动。比如六月份的大主题是"有趣的夏日"。小班和中班分别开展了"快乐的水娃娃"和"多彩的夏日"，但是大班的主题却是"盛夏中，我要毕业了"，主要让幼儿围绕我怀念的幼儿园、毕业典礼、适应小学生活等内容开展。这样设计主要原因是针对大班幼儿即将毕业的特殊情况。这样设计主题内容，更有利于教师开展主题活动。

（三）及时反馈、全面评价

教育评价是了解课程适宜性、有效性的一个重要途径，也是了解幼儿学习和发展一个重要方式。幼儿的成长以及课程的实施需要在家长和幼儿园的共同努力下才能完成。而家园联系册是家长和教师沟通的一个重要方式。我园的家园联系书册采用的是"月反馈"的形式。在莲花的二村幼儿园的"家园联系手册"，包含另一个重要内容，那就是"幼儿学习与发展的月评价"。这种评价方式对幼儿在生活习惯、区域活动、主题活动进行了一个全面评价。这种学月评价的方式，一方面通过有利于家长了解幼儿在园情况，另一方面也有利于教师了解幼儿学习与发展情况，从而能够更有针对性地实施课程。

下面我们通过大班六月份家园联系手册的表来了解"幼儿学习与发展的月评价"。

表5-4　大班幼儿学习与发展的月评价

	内容	评价等级		
生活教养	懂得为他人做有意义的事			
	能辨别是否，向榜样学习			
	用恰当的方式与他人交往			
	能保护自然及周围环境			
	有良好的卫生意识			
	在紧急情况下能进行自我保护和应变能力			
区域活动	积极主动选择活动材料			
	在个区域均衡地选择工作			
	能够专心操作材料			
	能够独立地工作			
	能建设性运用时间			
	有困难时会表达自己的感受			
	能有始有终地完成操作			
	探索有一定难度，具有挑战性的工作			
	能较好地完成操作			
主题活动	乐意积极主动参与活动			
	通过多种渠道收集主题活动相关资料			
	展示收集资料水平和能力			
	主动和他人交流、互动、合作			
	能与同伴分享自己的感受			
	能又自傲运用环境中的资源			
	尊重他人的观点和经验			
	欣赏他人的优点和长处			
	具有同情心，接纳他人不同的习惯			
	能运用已有经验，探索和解决问题			

（四）紧密联系、相互支持

区域活动与主题活动是幼儿园课程主要的两个部分，它们对幼儿学习与发展也发挥着不同的作用。区域活动主要是通过提供丰富的区域材料，让幼儿在自由探索中获得各领域方面知识与技能。主题活动则是依据幼儿已有学习经验开展综合性探究活动，让幼儿在探究过程去发现问题，并尝试初步去解决问题。从某种意义上，主题活动更多的是创造一个机会让幼儿将所学知识和技能进行运用和展示的过程，并在此过程形成良好的学习品质。

幼儿园课程中，主题活动与区域活动有着自己独立的线索，但同时也存在着有机的联系。下面我们将从主题活动准备、启动、开展及结束这几个环节来阐述两者有机结合。在即将开展某个月主题之前，教师会有意识地在某些区域中投放相关材料，比如中班要开展"多彩夏日"的主题活动，教师可能会在阅读区投放夏天、天气变化等相关书籍，或者在科学区投放"天气标识"的相关材料等。让幼儿先去了解这个话题，并对其产生一定的兴趣，为接下来的主题活动开展，提供经验准备。在主题活动开展后，教师根据主题活动开展过程幼儿的兴趣、需要投放相关材料，让幼儿能够进行持续的探究。比如开展"调皮的彩虹"之后，很多幼儿对彩虹的产生还是充满兴趣，于是教师将"彩虹实验"的材料投放在区域活动，供幼儿自由探索。在主题结束周中，教师将会在班级创设出一个与主题相关特别区域，让幼儿展示在主题活动获得知识与能力。比如在中班"多彩的夏日"的结束周中，教师在班级特别设置了一个区域"夏季物品展销会"。让幼儿在主题开展中过程中将收集到的夏季流行时尚的物品、夏季的食品都放在区域中，让幼儿对主题兴趣持续进行。

第四节　大循环：课程中的一学年

在前面三小结中，分别阐述了幼儿园课程在一天、一周及一月的设置。在这节我们将介绍幼儿园课程在一学年中的设置，也就是幼儿园课程的大循环。

一、大循环的基本结构设置

课程大循环包含幼儿园课程的各个方面，内容众多，结构复杂。那么，幼儿园课程在一学年中是究竟如何设置的呢？我们将从主要从四个方面进行阐述。一是主题活动内容在一年中是如何安排的，也就是每月的大主题内容是什么。二是区域活动在一年内是如何调整的。三是大型活动是如何安排的。四是其他与课程大循环相关的内容。幼儿园课程大循环具体设置见表5-5。

表5-5　幼儿园课程一年走向表

月份	主题活动（大主题内容）	区域活动（材料调整）	大型活动（节日、庆典活动）	其他
上学期				
9月	我和幼儿园	学期初大调整	中秋节、教师节	制订学期计划、编排徒手操学期初体能测查
10月	我爱……	依据幼儿发展水平、探究兴趣、主题开展、季节特征适时调整。	国庆节	
11月	神奇的身体			
12月	世界真奇妙		圣诞节、元旦	
1月				学期总结、学期体能测查成长档案整理、班级档案整理
下学期				
2月		学期初大调整		制订学期计划、编排器械操学期初体能测查编排
3月	美的世界	依据幼儿发展水平、探究兴趣、主题开展、季节特征适时调整。	妇女节（妈妈节）	
4月	自然的奥秘			
5月	探索天地间的神奇			
6月	快乐的夏天		儿童节	
7月			毕业典礼	学年总结、学年体能测查成长档案整理、班级档案整理

二、大循环基本内容的解析

（一）主题活动

"幼儿园课程一年走向表"的主题活动呈现的是每月的大主题。也就是幼儿园小班、中班、大班共同的大主题。通过分析主题活动一学年安排，可从两个方面来把握主题活动大循环的特点。

形式多样，内容综合：从各主题的内容看，包括科学主题、社会类主题。比如，探索天地间的神奇、自然的奥秘就是属于科学类主题；我和幼儿园、我爱我家属于社会类主题。但是从每个大主题涉及领域来分析，则是综合了各领域的内容。比如，"自然界的奥秘"从主题内容看是属于科学类，在实践中也会比较侧重与科学领域知识学习与运用，但并不是围绕科学这单一的知识进行，而是健康、语言、社会、科学和艺术五个领域的综合。

（二）区域活动

在"莲花区域活动开展"这一章节介绍区域开展的基本模式。教师会依据幼儿的年龄特点设置个区域及区域材料。我们将从区域活动在一年中的调整来阐述区域活动的大循环。那么区域活动在一年中是如何进行合理调整呢？从时间维度上，主要包括下面几种形式：随机性个别调整、学期初或学年初的调整、季节性调整、主题性调整。

随机性个别调整，是指教师主要根据个别幼儿的发展需求及个别材料的情况进行随机调整。在随机性个别调整中，教师首先要利用观察找到调整的原因，如个别幼儿的发展水平发生了变化、产生了新需求、材料失去了吸引力、个别材料设计中的不足等原因。

学期初或学年初的调整，是指由于学年或者学期的变化，班级多数幼儿的发展水平及兴趣和需求也会随着发生变化。这是需要教师对班级区域的设置及材料进行合理的调整。在区域设置上适当调整，比如由小班升为中班时，可适当缩小感官区，扩大教学区或认知操作区，并可减少生活区材料，适当增加语言区、科学区等区域的材料；在区域内材料调整上，可适当增加材料操作的难度性。比如，在中班数学区材料主要涉及数与量的关系，到大班可增加逻辑推理、测量统计方面的内容。

季节性调整是指依据季节及季节性主题活动的开展来调整区域材料。季节的变化是大自然的规律，是幼儿非常感兴趣的内容，也是贴近幼儿生活的内容。针对这种情况，教师可相应地调整区域材料，投放一些与季节变化相适应的材料。比如秋来到了，教师可收集大自然中的树叶让幼儿进行创作，可在阅读区投放有关秋天的图书或儿歌，可在科学区让幼儿记录季节变化时温度变化等，让区域材料与大自然的变化紧密结合。

主题性调整，也就是区域材料会根据班级月主题的开展适时地调整。主题活动与区域活动时莲花二村幼儿园的两种基本课程模式。两者在实施的过程有其独立性，同时也是有机结合在一起。当班级即将或者正在开展某些主题活动时，幼儿的兴趣、需求也会随之而改变。这时区域材料的调整也需要依据幼儿的特别需求而进行合理调整，这样才能促进幼儿积极地参与到区域活动，并能主动获取与主题相关的知识和经验。

（三）大型活动

在大循环中的一年中，幼儿会经历各种大型活动。这一切与幼儿的生活密切相关，也是我们课程必不可少的一部分。幼儿园大型活动一般可划分为典礼活动及节日活动。各种大型活动承载着丰富的教育内涵，它是让幼儿在共同参与中去学习与发展。

1．在典礼活动中，传承校园文化

典礼是一种在某些特殊的日子举行的庆祝活动，常常与某个内容结束或开始有关，比如，开学典礼、毕业典礼、园庆典礼等。一旦它成为一种典礼，从而让普通的事情成为不普通的事情，它将于激发幼儿内心深处的感情，让幼儿感受到一种积极向上的力量。比如，每年的七月都是大班幼儿毕业的季节，我们都会举行一次大班毕业典礼活动。在这个毕业典礼中，每个幼儿都会穿上毕业服装接受园长颁发的毕业证书，并与全体教职工一起合唱毕业歌。幼儿常常在集体唱毕业歌时，感动不已。通过这种典礼的方式让幼儿深刻体验到自己的成长，从而以更加积极的态度迈进小学。在学期初，全园师生都会进行一个简单的开学典礼。孩子分享开学初的自己成长变化，对未来发展的期待；教师与孩子一起分享这个学期将要开展主要的活动等。通过这种典礼仪式，激发幼儿以更多的热情投入到新的学期中。

2．在节日活动，丰富教育内容

节日活动常常蕴含了这个节日中所要传承及表达文化意义，如中秋节、教师、儿童节等。但在开展丰富的节日活动中，一个重要的原则是让幼儿在参与中理解和收获。幼儿是校园活动的主体，教师是校园活动的组织者。幼儿园课程的教师在设计活动时，都会考虑一个重要的问题："是否每一个孩子都能参与，是否每一个孩子们都能理解这次活动，是否每一个孩子都能从中受益。如果我是孩子，我会怎么样。"因为，教师只有经过这样的思考，才能让幼儿在活动真正地参与，实实在在地受益，才能让节日活动都富有教育内涵。这也真正体现了幼儿园课程的儿童价值观"让孩子在幼儿园的每一天快乐且有价值"。

比如，在每年的中秋节、端午节、元旦传统的节日里，我们都会采用大班与小班牵手的活动方式组织节日party。在这个活动中，每一个大班幼儿都要在整个party中负责照顾一个小班幼儿，带着它们去跳舞、唱歌、吃食物。这种"大手牵小手"的节日活动形式，主要是考虑孩子大部分都是独生子女，从出生开始，便缺少了与同伴交往的机会。我园在班级设置主要以年龄为主分为大中小班，虽然有利于同龄儿童的交往，但在一定程度上限制了不同年龄之间的交往。为了促进幼儿这方面社会技能的发展。幼儿园课程在大型活动中特别设计了一系列具有丰富教育内涵的校园活动，弥补这一缺陷。

（四）其他相关内容

1．体能测查

幼儿基本动作的发展是一个持续、渐进的过程，同时也表现出一定的阶段性特征。如果幼儿在特定的某个阶段未能有机会发展提高或发展这些基本动作，则有可能在以后时间需要花更多时间去学习这些技能，也影响幼儿不能更好地在参加包含这些技能的游戏或活动。为了让教师及家长更好地了解幼儿基本动作发展，幼儿园课程在学期初及学期末都会对幼儿进行"体能测查"。体能测查的主要项目是依据幼儿身心发展特点，对各个年龄阶段的幼儿基本动作发展的合理期望。比如注重测查小班幼儿手膝着地爬、跳圈、单手拍球、跑等基本动作；注重测查中班幼儿正划船、套圈、双手交替拍球、跑等基本动作；注重测查大班幼儿跳绳、转呼啦圈、运球走、跑等基本动作。

由于每个幼儿动作出现的顺序与发展的速度是各不相同的。因此在教育实践过程中，我们应充分理解和尊重幼儿发展进程中的个体差异，遵循孩子动作发展循序渐进的规律，有针对性地支持幼儿的发展。而不应依据测查的结果去评估或者去训练幼儿。

2. 操节编排

早操活动是幼儿晨间锻炼非常重要的内容，也是幼儿一日生活的开始。合理的早操编排不仅有利于促进幼儿基本动作的发展，同时也可以调整情绪状态，让幼儿以积极情绪地投入到一天的学习生活中。在幼儿园课程早操编排中主要有两种类型：徒手操及器械操。从课程的大循环中，我们在第一学期主要采用徒手操，在第二学期主要采用器械操。

徒手操主要依据人体特点及幼儿基本动作发展为依据进行编排。徒手操相对简单易学，不受器械材料的限制，因而在课程安排中将其放在第一学期。在幼儿阶段孩子的大肌肉发展相对于早于小肌肉，因而徒手操主要以大肌肉群的锻炼为主。同时在设计的过程中，依据幼儿年龄特点及兴趣进行编排。比如，小班主要以模仿操为主，突出动作的形象化和情境性。而中大班在内容和形式上更复杂，比如，可采用武术操等。

器械操是借助于相关器械或辅助材料进行操节编排。在器械选择上，根据操作内容需要及幼儿的兴趣及年龄特点进行选择。比如，小班幼儿可以采用一些比较轻便，比如，可以发出声音的摇铃、手环、哑铃等。中大班可以采用一些相对重一点或大一些的器械、比如，呼啦圈、沙包等。在使用借助于各类器械时，尽量做到"一物多用"。比如，呼啦圈既可以拿在手上进行各类运动，也是可以放在场地上进行跳跃运动。

但不管是徒手操还是器械操，在编排是都会包括如下几方面的内容与结构准备活动、队列队形变换、体能锻炼、放松活动。让幼儿从有准备的状态逐步进入运动量相对较大的操节部分，然后再通过放松活动让幼儿进入到一种行对平缓的状态。音乐是操作非常重要的组成部分，它能有效地调动幼儿的情绪，让幼儿积极参与操作锻炼中，所以音乐选择也是操节编排要注意的问题。

3．幼儿评价

对幼儿评价方式主要有过程性评价与结果性评价。为了让教师与家长能够较全面地了解幼儿的学习发展，在一学年中我们综合利用了两种类型的评价方式。

在学期的进行过程中，主要采用过程性评价。通过收集幼儿作品、日常活动时的照片、大型活动时的照片、区域操作记录单、主题活动记录单等，为每个幼儿整理出"成长档案"。我们每个学期的过程中都会针对性为每个幼儿整理出属于幼儿自己的"成长档案"，这些"成长档案"会记录幼儿在幼儿园三年成长过程中点点滴滴。这不仅仅是幼儿资料的简单收集，更是幼儿成长历程的真实记录，它幼儿的学习与成长看得见。

在学期末主要采用的是结果性评价，但这种评价也是建立在过程评价的基础上。教师通过"学期评语"的形式评价幼儿在本学期综合表现。教师在描写幼儿"学期评语"是依据对幼儿在日常生活的观察记录、作品分析、记录单分析等内容。主要从幼儿个性与社会发展、沟通与语言、身体发展、创造性发展等几个进行综合评价。

三、大循环依据的基本原则

（一）主题活动——主题连续体，纵横大贯通

相对独立，紧密相连：幼儿园课程一学年中的主题活动内容设计相对独立，但却紧密联系、交相辉映。同一主题内容在不同年级中都有开展，但却随着幼儿年龄层的发展，内容上层层递进。比如，十月的大主题是"我爱……"，小班是"我爱我家"，中班是"我爱家乡"，大班是"我爱中国"。可以看出幼儿园课程的主题在纵向上时朝深度发展，让幼儿随着年龄增加、经验的拓展向更深、更广的领域进行探究。从主题各主题相关关系看，八个大主题是一个有机的主题连续体，

因时制宜、有机整合：每月大主题的确定是依据主题开展时间顺序、主题之间逻辑顺序、各年龄幼儿认知顺序等因素。同时也综合考虑了季节因素、节日因素、特殊情况等因素。比如，六月份"快乐夏天"这个主题的开展，考虑主题开展的时间、夏季因素，考虑了与3月春天"美的世界"之间关系因素，同时也考虑大班幼儿即将毕业这个特殊情况。再如，九月份"我和幼儿园"这个主题，也考了时间、幼儿经验、节日等因素。

（二）区域活动——适时调整、方式多样

从幼儿园课程大循环的发展中，区域活动调整主要体现在两方面上。一是各年龄

班区域设置上体现差异性。小班幼儿预备区域的材料相对比较丰富，比如，生活区、感官区。而随着幼儿年龄的增长，创意区及延伸区域的材料会更丰富，比如，艺术区、主题特别研究区等。二是从一学年各班区域调整方式上体现多样性。比如，有学期初调整、季节性调整、随主题调整、个别性调整。

（三）能力发展——合理设计、均衡发展

幼儿园课程的小循环、中循环都非常注重让幼儿各方面能力均衡发展，在大循环中更为如此。幼儿各领域发展或许无法在一周内或一月内就能达到均衡。但我们期望通过合理的课程设计，能让幼儿在一年内或者更长的时间让促进幼儿能力的均衡发展。从一年内容主题内容的设计中也可以体现出，这12个大主题涵盖了艺术类、语言类、科学类、社会类、健康类各领域的内容。从各区域在一年的合理调整也可以体现出，各个区域材料会依据幼儿的发展进行适时调整，从而使区域活动在不同时期各有侧重，但从整个学年而言则做到各区域相对均衡。同时在各类大型活动及体能活动中，也非常注重幼儿社会性的发展。因而，综合大循环中的各方面内容，则比较均衡而全面地促进幼儿各领域及智能的发展。

（四）幼儿评价——形式多元、内容综合

幼儿评价是贯穿在一学年的各个环节中，采用多种方式综合评价幼儿。从时间角度有"月评价"及"学期评价"。"月评价"主要采用家园对话本，从幼儿的生活习惯、主题活动及区域活动等方面进行。学期评价则主要通过教师对幼儿一学期的观察进行综合评价。从形式角度包括"体能测查""幼儿成长档案""学期评语"等方式。从内容上则包括了幼儿身体发展状况、主题活动、区域活动、日常生活等方面。

（五）内容设置——紧密联系、相互呼应

幼儿园课程在一学年中安排与设置中注重各方面内容紧密联系、相互呼应。主要体现在如下几个方面。幼儿基本动作发展方面，在学期初会对幼儿进行体能测查，在学期末也会再次进行测查同样的内容，从而教师通过对比能更好地了解幼儿基本动作的发展变化。从园教学及班级计划与总结方面，在学期初教师依据班级情况制订合理的教育计划，在学期末则会通过回顾本学期情况，对照学期的计划进行反思与总结。从幼儿早操形式上，在第一学期主要采用简单易学的徒手操，在第二学期则采用器械操。在对幼儿评价方面，教师一定要依据幼儿在学期初、学期过程中的过程性评价才能进行学期末的结果性评价。

本章小结

　　幼儿园课程的周期循环是将教学实践进行有机整合的重要机制，通过一天、一周、一月、一学年四个层次的循环运作，保证幼儿园课程中教学实践的有序开展。这四个循环相互关联，微循环组成小循环，小循环组成中循环，中循环组成大循环。本章对四个循环的基本结构设置、基本内容解析、所依据的基本原则，都有各自的说明介绍。微循环依据的基本原则有动静交替、稳定与弹性并存、体现年龄发展适宜性、时间空间人员的优化利用、自然过渡；小循环依据的基本原则有注重各学科领域均衡发展、尊重幼儿发展特点；中循环依据的基本原则有均衡发展、相互渗透，因时利导、因地制宜，及时反馈、全面评价，紧密联系、相互支持；大循环依据的基本原则有主题连续体、纵横大贯通，适时调整、方式多样，合理设计、均衡发展，形式多元、内容综合，紧密联系、相互呼应。

第六章　与家庭、社区的合作

> 　　《幼儿园教育指导纲要（试行）》指出："幼儿园应与家庭、社区密切合作，综合利用各种教育资源，共同为幼儿的发展创造良好的条件。"可见，幼儿园与家庭、社区合作共育是贯彻实施幼教法规的需要。在幼儿园课程的实施中，我们充分认识到了幼儿园、家庭、社区三者之间有效结合的重要性，主动把与家长、社区合作的工作纳入幼儿园管理内容之中，从而在三者之间形成教育的合力。本章中我们将从"与家庭的合作"和"与社区的合作"两方面进行较为详细的介绍说明。

第一节　与家庭的合作

一、家长角色转变的三个阶段

　　《幼儿园教育指导纲要（试行）》指出："家庭是幼儿园重要的合作伙伴。应本着尊重、平等、合作的原则，争取家长的理解、支持和主动参与，并积极支持、帮助家长提高教育能力。"我们认为，家长是幼儿园工作的重要支持者，家园达成一致的教育理念会让幼儿园的教育活动达到事半功倍的效果。为了更好地促进家园共育，我园在与家长的合作中，努力促进家长的角色实现以下三个阶段的转变。

（一）第一阶段：从"旁观者"转变为"参与者"

　　在小班幼儿入园初期，家长往往作为一个旁观者的角色来到幼儿园。一部分家长在观念上习惯于被动的接受，在意识上还不知道幼儿园的教育需要他们的配合，因此他们更多的只是想从教师或幼儿园的一方，获取有关的教育理念和方法，以提升自身教育自己孩子的水平。还有一部分家长，想主动与幼儿园或班级配合，可是初步踏进幼儿园的他们，对于这种角色的转变却表现得无所适从。甚至还有一部分家长，他们有着现代教育的先进理念，但一时还找不到与幼儿园交流合作的切入点。在家园合作中，家长们更多扮演着倾听者的角色，在参与幼儿园活动中处于旁观的地位。针对这一阶段的家长，我们将传统家园互动方式进行了系列改革和突破，加入了一些新的理念和现代化的方法，使这些传统的方式更符合现代发展的需求，帮助家长尽快从一个旁观者变为一个参与者。

1．家长会

我园的家长会，教师改变传统的"一人口水讲干，众人耳朵长茧"的模式，把枯燥乏味的"说教会"做成一次充满欢笑的"主题班会"。首先，在会议形式上，我们将以往的家长会改变成"圆桌会议"，改变常用的"排排坐、吃果果"的桌椅摆放方式，将椅子摆放成一个圆桌形，教师与家长围坐在一起，让参与会议的家长感觉到自然、轻松、平等、亲切；其次，在会议内容上，我们围绕一个主题，有层次地递进和衔接，对原有的不足得以改进，加强了家园合作的系统性和针对性；最后，会议中强调幼儿园与家庭的教育关系好比是自行车上的俩车轮，缺一不可，倡导"主人翁"精神，改变由教师一人唱"独角戏"的方式，教师留出一定的时间给家长，鼓励家长在会议中畅所欲言，共同参与班级管理；这种人人参与、互换角色的家长会形式，不仅提高了家长们参与班级管理的积极性，同时也让他们体会到了来自于教师的信任和尊重。从图6-1可以看到我们在家长会开展中时间的分配、形式及内容的安排情况。

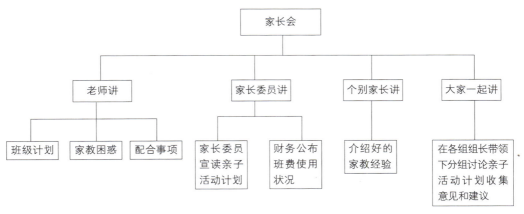

图6-1　家长会结构图

表6-1是一个班级为新生家长开的第一次家长会的流程，可供参考。

表6-1　莲子C班小班第一次家长会流程

教师		家长
（1）教师自我介绍，班级教师分工。	（6）介绍本学期家长工作重点。	（1）家委会主任代表新家委团队就职发言。
（2）组织家长自我介绍。	（7）日常工作中家长配合事项。	（2）家委会宣传委员介绍本学期的亲子活动计划。
（3）介绍幼儿在园一日生活。	（8）成立班级家长委员会，介绍家委会功能以及职责。	（3）家委会财务主任介绍亲子活动预算。

续表

教师		家长
（4）观看幼儿在园活动动感相册。	（9）宣布新一届家季会名单以及分工。	（4）全体家长自由组合，分成不同的亲子活动小组。
（5）介绍本学期教育教学工作重点。		（5）合作式小组讨论本学期亲子活动方案。

2. 家长园地

将以往的家长园地改变为"家园互联网"，将这个"互联网"划分为几个部分，包括"快乐活动""留心花园""健康驿站""育儿乐园"等，其中"留心花园"是为家长们特别留出的一部分空间，专门用来给家长和班级教师之间的咨询对话，主要针对班级幼儿最近存在的问题，家庭教育中出现的困惑进行你问我答，鼓励家长积极发表建议和看法，用最朴实的语言，最实际的事例与其他家长一同探讨家教中的困惑。家长园地的创新，不仅能增加家长与家长之间、家长和教师之间的对话，还能增加班级的团队凝聚力。（图6-2、6-3）

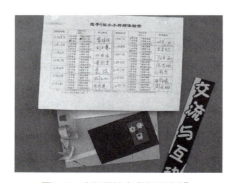
图6-2　家长园地之"快乐活动"

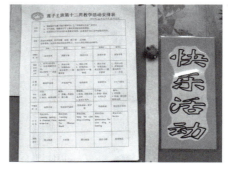
图6-3　家长园地之"交流与互动"

3. 家访

深圳是个年轻的移民城市，每个幼儿的家庭环境、成长空间、个人隐私以及居住环境都有不同，在以往的家访中教师难免会遇到各种尴尬，诸多原因造成传统的家访模式已经不能满足家长的需要，在幼儿园课程中，我园的家访工作也有了以下突破：其一，将单一的家访形式改为了走访幼儿家庭、来园约访面谈、电话寻访、户外约访、接送互谈等多种形式供家长们选择；其二，家访要做到目的性强、准备充分；在每一次家访前，教师应做大量的准备工作，通过家访调查表了解家长的需要、收集、整合家长资源，在家访时，将问题重点提出，与学生和家长共同探讨，真正做到"一把钥匙开一把锁"，真正实现因人施教。

　　表6-2是一个新生家访调查表的样例，让家长们仔细填写此表是在进行第一次家访前要做好的工作。

表6-2　小班新生家访调查表

莲子班幼儿问卷调查表　　　　20××-×-×

家庭基本情况					
幼儿姓名		性别		出生年月	
家庭住址				主要联系电话	
主要与哪些家庭成员生活：					
幼儿基本情况					
性格		爱好		特长	
最亲近的人		说话的语种			
普通话程度	1．会说　2．会听	幼儿昵称			
爱吃的东西		不爱吃的东西			
食量多少		害怕的事情			
爱玩的玩具		易患的病			

您是否愿意参加班级"家长委员会"：（是）（否）

您能为我们提供的专业帮助为：

1．体育　　　　2．教育　　　3．电脑　　　4．英语　　　5．卫生保健

6．膳食营养　　7．艺术　　　8．其他（自荐内容）：

请根据您孩子情况选择并打"√"

1．自己穿衣服　　　　2．自己脱衣服　　　　3．自己穿脱鞋子

4．自己吃饭　　　　　5．大小便会叫人　　　6．自己小便

7．自己大便　　　　　8．会擦屁股　　　　　9．不会擦屁股

10．会洗手　　　　　11．会使勺子　　　　　12．有午睡习惯

13．喜欢看书　　　　14．喜欢看电视　　　　15．喜欢画画

16．喜欢跳舞　　　　17．喜欢唱歌　　　　　18．喜欢听故事

19．喜欢讲故事　　　20．吃手指　　　　　　21．认字

22．学过英语　　　　23．有英文名字（NAME：　）

24．孩子其他特殊情况（如过敏、高烧惊厥、癫痫等）：

为了能对您的孩子有一个全面、详细地了解，我们将与您进行个别沟通，请您选择以下任何一种访问形式进行填写，我们将按照您的意愿与您进行沟通。

1．家庭访问：（　　　　）　　2．电话访问：（　　　　）　　3．来园约访：（　　　　）

为了便于老师更好地了解您孩子的家庭教育环境，有针对性的对孩子运用适当的方式培养和对您进行家庭教育的辅导，请简述您的家庭教育环境：

4. 家园沟通

幼儿园课程的实施过程中，班级与家长的沟通渠道分为以下两种，一方面，教师与家长的面对面交流；另一方面，以班级家长为单位成立班级家长委员会，明确家长委员会的责任和义务，带领和协调幼儿园、班级的家长工作，构建家园互动桥梁；与家长的沟通时间以每日、每周、每月、每学期、每学年的形式循环进行，每日班级教师通过QQ群、微信群及时上传幼儿最新的活动照片、班级通知等相关的文字、图片，利用家长来园接孩子的时间面对面的简单交流；每周通过幼儿的口述日记了解孩子在家情况、以文字的形式完成与家长的沟通交流；每月通过家园联系手册与家长进行沟通，在这手册中，包含对幼儿进行本月在园各个方面的评价、班级本月的教育教学活动以及即将开展的各项活动、家长留言等内容；每学期通过教师书写的幼儿学期鉴定、幼儿体能测查、生长发育评价等让家长了解幼儿一学期的发展情况；每学年通过幼儿成长档案记录孩子的进步，成长档案涉及一年中幼儿在园的学习、生活、游戏等方方面面，让家长们一目了然。这种家园沟通形式的实施，很好地促进了家长之间的了解和信任。

图6-4　家园联系手册封面

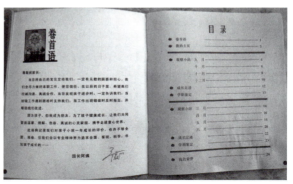

图6-5　家园联系手册首页

图6-6　小班

图6-7　中班

图6-8　大班

（二）第二阶段：以"参与者"的身份走进幼儿园，了解园本课程

通过上述系列活动，家长对自己的角色有了重新的定位，在班级教师的引导下，通过家访、家长会、家长园地、家园沟通等各种方式，逐渐从一个旁观者、倾听者的身份转换成一个参与者了，他们的家教意识有所提高，也乐意参与一些家园互动的活动，他们慢慢地跟随着孩子的脚步走入了幼儿园的园本课程，我们以家长开放日活动、家长学校、幼儿园大型活动等为契机，让家长在活动中承担一定的任务，指导家长学会观察和了解自己的孩子，与孩子共同完成亲子任务，让家长成为活动的共同体，家长由一个"旁观者"转变为一个"参与者"，实现了从"我只是看"到"我们一起做"的蜕变过程。

1. 家长开放日

幼儿园的家长开放日活动是家长们每个学期特别期盼的日子，家长们在半日活动观摩中，能够看到孩子在园的生活、学习等方方面面的情况，以往家长在家长开放日的活动中，只是扮演一个"观摩者"的角色。在幼儿园课程的家长开放日中，我们需要家长以一个"参与者"的身份参与活动，了解园本课程。因此，教师也在家长开放日方面尝试做了以下创新。

（1）以"邀请函"的形式提前告知家长开放日的时间、地点、半日活动的基本流程，流程中包括每个环节的时间和内容的具体安排；

（2）以"温馨告知"的形式对家长提出参加开放日的要求，要求中涵盖有家长在观摩中的注意事项以及需要家长配合完成的教育教学活动，如：不随便打搅孩子活动区的工作、手机调整为静音、亲子游戏的积极配合等。

（3）以"调查表"的形式引导家长参与班级的各项活动、了解孩子在园情况、发现孩子的闪光点与不足之处，将家长的着眼点转向孩子，具体做法是：给家长发问卷"观摩集体教学活动——我们该发现孩子什么"；与家长探讨问卷内容，指导家长观察孩子并作好记录；开放日的调查表大中小班各自侧重点不同，能够很好体现不同年龄段的孩子特征。

（4）以"座谈会"的形式针对出现的问题，与家长再次沟通和交流。在家长开放日结束后，教师都会汇总家长的记录，了解在每项内容中孩子的表现和存在的普遍问题，并且通过座谈会解答家长的各种疑惑，使家长们能够在正确理念的引导下，积极主动地参与班级各项活动。

表6-3　莲子C班小班上学期家长开放日活动指引

亲爱的家长朋友：

　　非常欢迎您来园观看蒙莲子C班小朋友们的"半日开放活动"，为了使活动能照常、有序地开展，请您配合班级做好以下的工作。

1. 请您来园后先签到，领取《家长开放日反馈表》和入室鞋套。

2. 在整个半日活动中，请您以一个"观看者"的身份观看活动，在活动中不要为孩子包办任何事情。

3. 请家长在观看孩子活动时，不管是集体活动还是小组活动，在没有受到邀请的前提下，请不要随意打断或干扰孩子。

4. 请将手机调整为振动，不要来回走动拍照，保持活动室安静、有序的秩序。

5. 活动中家长之间请尽量小声交谈，以免影响班级的正常教学。

6. 孩子进餐时请您在教室外等候，以免影响孩子进餐情绪。

7. 活动结束后，请认真填写好《家长开放日反馈表》，下周一交回班上，留园存档。

8. 如您的孩子情绪不稳定，请将孩子带离活动室，等孩子调整好情绪后，再回到集体中继续参与活动。

表6-4　莲子C班大班家长开放日反馈表

开放时间：2011年12月16日下午2：40—5：30

1. 幼儿午间操展示情况

（1）运动技能：　　　　优秀（　　）　　　　良好（　　）　　　　一般（　　）

（2）参与性：　　　　　积极（　　）　　　　良好（　　）　　　　一般（　　）

（3）做操的合作性：　　强（　　）　　　　　良好（　　）　　　　一般（　　）

2. 幼儿午点情况

（1）进餐时间：能否在所规定的时间内完成午点（能　否）

（2）卫生习惯：

①能否有序地收拾餐具及清洁自己的桌面（能　否）

②能否在餐后完成擦嘴、漱口的清洁工作（能　否）

3. 活动区工作（请您为孩子今天的工作进行点评）

（1）兴趣方面：　　　　（2）遇到困难：　　　　（3）专注程度：　　　　（4）完成情况：

4. 集体活动（请您记录孩子集体活动的情况）

（1）参与性　　　　　（2）倾听习惯　　　　　（3）与老师、朋友间的互动

5. 您对班级工作的好建议：_____

_____

　　2. 家长学校

　　《幼儿园工作规程》中明确指出："幼儿园应主动与幼儿家庭配合，帮助家长创设良好的家庭教育环境，向家长宣传科学保育、教育幼儿的知识，共同承担教育幼儿的任

务。"由此可见，家长学校是家园合作的一个重要平台和纽带。通过家长学校，系统地向幼儿家长介绍我园园本课程和幼教理念，帮助家长们掌握家庭教育的规律，了解家庭教育的基本原则，学会家庭教育的方法和艺术，走出家庭教育的误区。

幼儿园课程中的家长学校培训形式灵活多样，打破传统的家长培训方式，尝试按幼儿家庭成员进行分层培训、按家长的不同需求进行按需培训，切实提高所有家庭成员的家教意识。

家长学校的培训形式分为聘请专家讲课、邀请有经验的教师现场访谈、互动式主题沙龙等。家长学校的培训内容做到有目的、有计划、有步骤、有内涵，能有效针对不同年龄段幼儿家长的需要选择题材。如小班以"怎样尽快消除孩子的分离焦虑"为主题，邀请老教师、老家长为小班家长介绍经验；中班以"亲子阅读大家谈"为主题开展互动式家长沙龙，在热烈、平等的氛围中，家长们畅所欲言，能让现场的家长受益匪浅；大班以"让孩子顺利进入小学"为主题邀请园长、小学校长来园，为大班家长解读幼小衔接的重要性。家长学校的培训对象也有所不同，如，有关幼儿健康保健方面的家长学校，我们邀请的是全园家长参加；有关幼小衔接的内容邀请的是所有大班家长参加；面对小班刚入园幼儿自理能力不强的特点，我们会以"怎样提高孩子生活自理能力"为主题，邀请小班幼儿祖辈以及保姆来园参加。这种分年龄、分层次、分内容、分对象的家长学校，能做到有的放矢的指导每一个家长，传播行之有效的家教方法，不断提高家庭教育的质量和水平。

表6-5 莲花二村幼儿园全园家长学校安排表

	小班	中班	大班
九月份	内容一：新学期家长会 培训人群：全体家长 负责人：各班班长		
	内容二：家委座谈会 培训人群：各班新家委 负责人：园领导及各班班长		
十月份	内容：家园配合的技巧 培训人群：小班幼儿父母 讲师：王微丽	内容：培养幼儿良好的习惯 培训人群：中班家长 讲师：范莉	内容：育儿讲堂的内容 培训人群：大班家长 讲师：聂晓慧
十一月份	家长沙龙： 怎样提高孩子生活自理能力 参与人群：小班幼儿祖辈以及保姆 组织者：游咏梅	家长沙龙： 亲子阅读大家谈 参与人群：中班家长 组织者：胡敏	家长沙龙： 幼小衔接的前阶段该准备些什么？ 参与人群：大班家长 组织者：卓瑞燕

十二月份	内容一：邀请妇幼保健院医生健康讲座 培训人群：幼儿园全体家长 负责人：甘红
	内容二：特邀幼儿教育专家讲座 培训人群：幼儿园全体家长

（三）第三阶段：家长成为幼儿园课程实施的合作者

经过第二阶段的学习，家长们对幼儿园课程有了一定的了解，通过园内培训、班级教师的引导，家长们不仅积累了一定的科学教育方法、科学教育手段，而且还急迫地想真正成为一名家园合作活动的参与者、合作者、支持者。他们逐步尝试独立地依据幼儿园和班级每学期的教学计划，每学期初都制订出相应的家园合作计划，配合策划和开展相关的教育合作活动，教师则作为一个辅助者使家园合作活动与幼儿园教育活动相辅相成，进一步全面地促进幼儿的发展。

1. 家长义工、义教活动

在幼儿入园初期，幼儿园根据家访、家长调查问卷中获得的信息，合理利用、整合全园家长资源，建立以幼儿园为主导、家庭为主体的传统文化资源中心。这个中心的资源分为家庭人力资源和环境资源，采用"请进来，走出去"的方式，为了更科学、合理地利用这两种资源，幼儿园鼓励家长按照自己的兴趣、特长、社会资源参加不同的"家长志愿者"社团，共同参与幼儿园的各项教育教学活动，使家园双方形成教育的合力。有了家长资源的保障，班级教师在每个学期初制订班级工作计划时，充分考虑到家长资源的挖掘与利用，将"家长义工义教"活动纳入班级的教育教学计划、家长工作计划中去，使家长真正成为幼儿园课程实施的合作者。

（1）家长资源的利用。在幼儿园课程中，为了更好地利用家长资源，我们尝试把家长"请进来"，以"义工""义教"的身份共同参与班级的教育教学工作。在学期初的家长会上，教师向家长公布本学期需邀请家长协助的活动内容，对即将开展的活动进行逐一说明，请家长按照自己的能力、时间选择义工或者义教的角色，自主报名参加。教师则根据家长报名情况，确定各活动中"家长志愿者"人选，并提前公布于家长园地中，让家长提前安排好自己的时间，全力投入到活动中来。

（2）义工。在幼儿园课程中，我们经常会带幼儿走进大自然、走向社会开展各种各样的活动，活动中需要用到的车辆、人员就由义工们完成。如大班年级外出参观"消防队"，幼儿园车辆和人员都有限，各班需要征集几台接送车辆和几名帮助老师维持秩序的义工，班级教师会提前把信息通过班级Q群发送出去，符合条件的家长会通过网络现场报名，活动当天准时承担自己的工作。(图6-9、图6-10)

图6-9 义工护卫队

图6-10 义工布置活动环境

（3）义教。义教所指的是有特长、有能力、能组织幼儿开展相关活动的家长人群。如：在大班年级"我们的祖国真大"的主题活动中，有涉及到传统文化方面的内容，我们会在家长资源库中调取家长相关资源，邀请这些家长们共同参与讨论活动内容、活动形式，帮助家长分析幼儿的年龄特点和本班幼儿的实际水平，把握好深浅尺度，请家长尽量利用孩子身边可见可摸的物品，考虑活动的组织形式，共同制订出活动实施方案，在活动实施中，邀请他们承担一部分活动内容的组织，依据事先制定好的方案有计划、有步骤、有层次的开展一系列相关的小组和集体活动。家长义教们运用他们独特的传统文化素材，协助我们开展相应的传统文化活动，通过立体的、有现场感的教育方式，促进幼儿对传统文化传承的积极性，使幼儿能真正在活动中有所收获，得到发展。(图6-11、图6-12)

图6-11 爸爸老师传授拍球秘诀

图6-12 牙医妈妈示范刷牙

表6-6　莲子C班家长助教教学计划

执行助教：吴××妈妈　　执行日期：　2014-05-24

活动名称		历史故事：人类从哪里来?
活动目标		1. 知道人类的起源——古猿 2. 天然火的使用
活动准备	助教准备资源	1. 网络搜集相关图片和信息。 2. 截取视频《疯狂的原始人》片段，了解火的价值
	其他家长需要配合资源	
活动过程		1. 出示大背景图，引导孩子判断人类与哪种动物最为相似。 2. 小活动——"找不同"分小组观察图片并讨论人类与猩猩有什么不同。 3. 播放《疯狂的原始人》视频，介绍天然火。 4. 从猿到人的过程中火的使用发挥了至关重要的作用。 （教师一边引导一边讲解） 驱赶野兽　　　　　　照明取暖　　　　　　烧烤食物 结束：通过学习孩子们了解到了人类的起源，并知道了火的价值。（听音乐，看视频）

（4）同伴资源的利用。《幼儿园教育指导纲要（试行）》中指出，"幼儿同伴群体是宝贵的教育资源，应充分发挥这一资源的作用。"幼儿同伴资源就是指幼儿同伴中有助于其他伙伴及自己健康成长和发展的一切因素的总和。深圳是一个年轻的移民城市，班级幼儿来自全国各地，对于长期生活在南方的孩子来说，对北方的风土人情、生活习惯都充满着好奇和期待。在幼儿园课程中，我们会开展一些带幼儿"走出去"的活动，通过让幼儿走进同伴家庭，了解不同地域特色的风土人情，学会与人交往，习得传统礼仪，让幼儿在真实的环境中了解中国文化、民俗的博大精髓，获得传统文化常识。例如：在中班"我爱家乡"的主题活动中，我们专门选取几个有代表性的家庭，与家长们共同策划，开展了"走访同伴家庭"的特色活动，如有的家庭来自于新疆，

有的家庭来自于陕北，有的孩子家里是朝鲜族，在走访活动中，我们请新疆的家长为孩子们准备了香喷喷的羊肉串和手抓饭，幼儿在品尝新疆美食的同时，听取同伴爷爷奶奶对有关新疆方方面面的介绍；请陕北的家长带领孩子现场剪窗花、吃肉夹馍；请朝鲜族的家长介绍有关民族服装，朝鲜族的民族语言，在家长的带领下载歌载舞体验少数民族待客的热情。实践证明，在幼儿园一日活动中，充分利用幼儿的同伴资源确实能起到事半功倍的作用。（图6-13、图6-14）

图6-13 学习西北剪纸　　　　　　　图6-14 品尝北方面食

2．家庭中的课程实施

幼儿园课程的实施并不仅仅是教师的"独角戏"，幼儿家庭也是课程实施的一个重要途径，家长成员和社区人员都能成为课程的实施者，这种从单一到多元的实施模式不仅能够尊重家长在幼儿发展中的主体地位，还能加强家园沟通，通过这些活动，家长能够孩子的表现中反思自己的家庭教育的内容和方法，激发参与幼儿园教育的热情和合作的态度，能够使我们的课程实施获得家长的支持。

主题活动在家庭中的实施：在主题活动中，教师经常会邀请家长参与主题的制订，引导家长利用现有资源扩大幼儿的经验范围，还可以请家长参与设计带回家的活动。如：在中班上学期"我升中班了"的主题活动中，教师计划从做人—社会交往能力的培养、做事—责任意识、自我服务意识、规则意识的培养和学习—学习习惯与学习主动性的培养等三方面对幼儿进行培养教育，教师和家长们一起共同设计了"爱心捐助""劳动真光荣调查表"等系列活动，请家长配合在家庭中实施，配合幼儿园的要求，家长们带孩子走访了孤儿院，培养幼儿同情心和爱心，让他们知道钱可以帮助我们做有益的事情；在劳动真光荣的活动中，家长和孩子一起完成调查表，让孩子了解每天家里的家务劳动都哪些，然后与爸爸妈妈共同商量，选出自己能做的家务劳动，最后制订出"宝贝劳动计划"，根据计划内容让孩子每天完成一些力所能及的家务劳动，通过自身的劳动能够获取少量的劳动报酬，这样，幼儿在劳动中不仅学会了简单的劳动技能，自我服务能力也获得了提高，更让人惊喜的是：劳动获得的报酬还能帮助幼儿建立初步的理财观念。

亲子课程在家庭中的完善：在课程实施中，经常会涉及一些亲子小任务，这些任务都需要家长协助孩子共同完成，如：配合班级亲子活动，家长和孩子共同完成一件任务，如：读书月请与孩子一起制作一本亲子图书、国庆长假以照片的形式制作一份旅游小报、家庭才艺秀活动中与孩子一起共同策划、排练、表演一个亲子节目；三八节妈妈们来园秀秀自己的厨艺，带上自制美食进行厨艺大比拼等。除此之外，在幼儿园未完成的工作或者需要借助家庭环境或材料完成的工作，可让幼儿带回家自己完成或与家长一起完成；家长每天为孩子记录口述日记，共同分享孩子在园的趣事和进步等，在这过程中，幼儿可以与家长一起去完成一件事，解决一个实际的问题，也可以是制作一件产品。（图6-15、图6-16、图6-17、图6-18）

图6-15　小蝌蚪找妈妈

图6-16　父子脱口秀

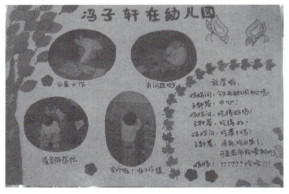
图6-17　幼儿日记选摘

图6-18　幼儿日记选摘

二、"全园——年级——班级"辐射型的合作方式

（一）以"全园为点"开展的活动

1. 幼儿园家长委员会组织机构

幼儿园家长委员会就是家长以合作者的身份，参与和协助幼儿园的教育和管理，促进幼儿园向更高层次健康和谐的发展。我园的家长委员会分为两级，全园

家长委员会和班级家长委员会。幼儿园的家长委员会由园长牵头，各班推举代表组成。它代表幼儿园和家长的共同利益，反映家长的愿望，听取家长的意见。其主要职责是审议园内工作计划，参与园里重大决策，听取学校工作总结及工作汇报，提出改进意见。班级家长委员会则由班主任牵头，在幼儿园家长委员的带领下，每个亲子活动小组推举的代表组成，其主要职责是：直接地代表全体家长的利益和愿望，对班级工作提出自己的意见和建议，共同参与制订、实施学期亲子活动方案、审议班级费用的使用情况。

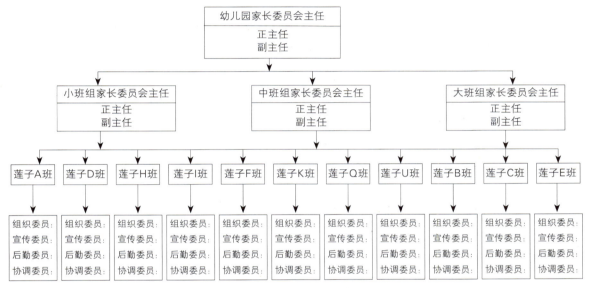

图6-19 家长委员会组织结构示意图

2. 家长委员的职责

国家教委颁发的《幼儿园工作规程》第五十条指出："家长委员会的主要任务是：帮助家长了解幼儿园的工作计划和要求，协助幼儿园的工作；及时反映家长对幼儿园工作的意见和建议；协助幼儿园组织交流家庭教育的经验。"家长委员会的主要职责是要在参与幼儿园民主管理；提高幼儿园保教质量、提高家庭教育水平和加强家长自身建设上发挥作用。家长委员可以说是家长的代言人，任何家长对幼儿园有什么要求、疑问、意见和建议都可以向家长委员会反映，家长委员会能解答的，就可以直接解答，不能及时解答的，再把这些信息及时、真实、全面地反馈给幼儿园，并给出合理有效的建议，幼儿园将采纳并进行整改。

在幼儿园课程中，我们特别制订了幼儿园"家长委员会工作章程"，各班的家长委员都按自身的特长承担起一定的具体工作，如在班级五个家长委员中，有班长、财务部长、宣传部长、后勤部长、组织部长，班长负责上传下达的工作，要全面负责班级的家长之间的协调、家长与幼儿园之间的沟通、班级亲子活动的策划等；财务部长负责各项费用的缴纳，建立严格的班级活动费用使用制度，定时向全体家长公开账目；宣传部长负责每次亲子活动的策划文案、班级照片的上传、班级网络的维持与管理；后勤部长负责班级所需物资的采购；组织部长负责班级每次大型活动的组织与实施；家委之间虽然各有分工，但更具相互协作的关系。

家长委员会的工作章程

第一章　总则

家长是幼儿园教育教学过程中一种有效的、积极的社会教育资源。家长委员会是实现家庭与幼儿园联系的桥梁和纽带，是实现家园同步教育的有效促进者。

章程旨在使家长委员会明确职责和任务，成为幼儿园教育教学工作的参与者、监督者、贡献者和管理者，促使幼儿园与家庭教育整体水平的提高。

第二章　家长委员会任职条件与职责

第一条　园务委员应具备以下条件

1. 属幼儿园家长中一员。

2. 热爱幼教事业，关注幼儿身心健康发展。

3. 热心为群众服务。

4. 有一定组织能力。

第二条　家长委员需做好以下工作职责

1. 沟通：促进教师、家长和幼儿之间的感情交流与沟通。

2. 建议：收集整理，综合分析家长对幼儿园和班级工作的意见，及时反映给园长、班长，提出改进建议。

3. 指导：参与班级工作，指导园长、老师和家长科学开展教育活动。

4. 协调：协调家长与老师、家长与家长之间的关系，营造相互理解、相互支持的教育氛围。

5. 组织：组织家长参与班级亲子活动、联谊活动、主题活动、社区活动、节日活动等。

6. 示范：带头参加幼儿园及班级组织的各项家长活动，带头配合班级完成教育教学活动。

第三章　家长委员会工作目标及任务

第三条　工作目标

家长委员会成员应实现以下目标。

　　因为孩子让我们和老师成为朋友；为了孩子身心健康成长，让我们与老师以真诚的心共同搭建交流的平台；一起做孩子最知心的朋友。

　　1. 成立班级家长联谊会，有计划开展家园活动、社区活动、主题活动、节日活动等。

　　2. 协助组织、动员幼儿家长积极参与幼儿园举办的各种家长培训活动（专题教育讲座和教育培训班等），学习科学育儿知识，提高全体教职工保教水平，密切配合幼儿园，共同提高保教质量。

　　3. 组织讨论、研究、解决幼儿园教学、管理和生活中的共性问题。

　　4. 汇总幼儿家长对幼儿园管理、保教问题的意见和建议，并采取口头、书面等形式及时反馈班级或幼儿园。

　　5. 组织开展各种幼儿及家长间的交流活动，每学期3～4次班级集体活动，1～次年级集体活动，1～2次全园集体活动。

3. 家长委员的培训

　　课程实施中，我们将相关的家长委员培训工作纳入常规管理体系中，幼儿园有专门的老师负责全园家长委员的工作，每年的新小班家委都需要接受园内培训，在培训活动中，园长会介绍我园家长委员会的组织机构，组织大家学习家长委员会章程；同时还会选出2～3名老家委具体为大家介绍当家长委员的工作职责、一次具体亲子活动的组织以及向新家长们推荐适宜大中小班的亲子活动等；在教师的引导下，将大班与小班结成"姐妹班"，大小班级家委之间以"传帮带"的形式开展工作，通过这一系列的活动，很好完成新老交替的循环转换，保证了家长委员会工作的良性循环和开拓创新。因此，家长委员会的设立，不仅能够增进家庭和幼儿园间的信息传递，整合、提升家庭和幼儿园的教育资源，还能在形成教育合力起到了巨大的促进作用，家长委员会真实成为了家庭与幼儿园之间联系、沟通的桥梁和纽带。

缘聚二幼感谢有你——全园家长委员会议

　　时间：2013年11月8日下午5∶30～7∶00

　　地点：本园音乐厅

　　主持人：范园长

　　会议流程：

　　1. 欢迎仪式：教师代表表演"莲花盛开时"，欢迎全园家委。

　　2. 由范园长致欢迎词，简单介绍本学期我园家长工作重点。

　　3. 颁发聘书、合影：由园领导为各班新家委颁发聘书，并赠送家委会章程，各班家委合影留念。

4. 家委经验分享：

（1）蒙C班张槿凡爸爸：介绍家长委员的定位以及具体需要开展的工作。

（2）蒙D班：举例介绍由家委策划、组织、实施的一次成功的亲子活动。

（3）蒙A班：分享三年来当家委的经验，包括怎样配合班级教育教学活动、为班级服务、组织亲子活动、义工义教等。

（4）以及给不同年龄段幼儿开展亲子活动的好建议。

（5）小班新家委代表发言。

5. 王园长讲话，致答谢词。

6. 全体起立，共同唱响：相亲相爱一家人。

7. 邀请家委共进简单晚餐。

4. 大型活动中家长委员的作用

通过培训，在老带新的作用下，家长委员们对自己的工作职责有了一定的了解，配合幼儿园、年段、班级的大型活动，能够充分起到"穿针引线"的作用。由于家委委员具有对孩子负责的热情和较强的号召力，在家长群中极具感染力，活动时几乎都能做到一呼百应，因此，幼儿园的大型活动开展，每一次家长的组织工作自然就落在家委会的身上。如幼儿园迎新年运动会中，有需要家长表演的武术操、有亲子游戏，这些都需要家长委员们号召家长积极报名，组织家长提前排练，比赛中组织家长啦啦队；在六一夜行军活动中，因涉及外出活动，参与人数多，从安全的角度考虑，幼儿园会提前召集家委们开会讨论，共同商议活动计划，邀请家委们在活动中担任志愿者，承担一定的保安、保健任务，协助幼儿园顺利开展活动，因此，有了家长委员会的大力支持，幼儿园的大型活动开展得生机勃勃，家长委员真正成为了幼儿园教育管理的一支中坚力量。（图6-20、图6-21）

图6-20　迎新年运动会

图6-21　六一泼水节

（二）以"年级为线"合作开展的活动

在以年级为单位开展的各个活动中，各班家长委员也发挥了重要的作用，如：配合植树节的"笔架山植树"活动、三八节"感恩妈妈"活动、中秋节、国庆节的庆祝活动等。在大班年级组开展的"安全教育周"的主题活动中，教师在幼儿园家长资源库中查找到了本年级有一位在消防大队工作的家长，决定利用这一资源带领全体大班幼儿参观消防支队，与消防员叔叔进行一次零距离的接触，让幼儿在身临其境的环境中，认识救火车的功能，了解消防员的工作、训练的辛苦，知道火灾带来的危害，学习简单的消防知识。一次看起来不足为奇的外出参观活动，各班家长委员也承担了很多工作，他们需要参与年级组的活动方案讨论，熟悉整个活动流程；各班家长委员之间也有了明确的分工，有专门负责与消防队进行沟通的，有提前到现场考察场地的；有专门负责外出参观车辆安排的；还有负责保健、后勤保障的；在全年级家长委员的大力支持下，每一次年级组的活动都开展能非常成功，教师和家长之间的良好配合，真正形成了教育的有效合力。

大班年级组参观消防支队方案

活动目标

1. 了解消防员叔叔与我们生活的关系，提高幼儿防火的安全意识。

2. 参观消防车，了解消防车的结构以及常见的消防工具用途。

3. 体验叔叔工作的辛苦，产生对消防员叔叔的热爱与尊敬之情。

活动准备

1. 事先与消防中队联系，明确参观内容以及流程。

2. 教师与家长委员共同讨论活动方案、行车路线。

3. 幼儿自制的爱心卡。

活动过程

1. 教师介绍本次活动的参观内容，提出外出活动文明礼貌、安全等方面要求。

2. 到达目的地，听取消防中队指导员介绍参观的内容。

3. 与消防员叔叔亲密接触。

（1）参观不同功能的消防车，了解消防车的种类。

（2）认识简单的灭火工具，在消防员的指导下尝试使用。

（3）观察消防员的着装、工作服与平时着装的不同。

（4）请幼儿摸一摸、试一试消防员的帽子、衣服的重量。

（5）观看消防员的模拟灭火演习表演。

4. 幼儿赠送自制的爱心卡给消防员，与消防中队官兵合影留念。

5. 回忆分享：

（1）你在消防队看到了什么？听到了什么？

（2）如果遇到火灾你会怎么做？怎样正确报火警呢？

（3）你觉得消防员叔叔的工作辛苦吗？为了减轻他们的工作，我们应该怎么做呢？

"妈妈·宝贝"——中班年级组三、八节亲子活动邀请函

尊敬的家长：您好！

我们中班年级组定于三月八日上午9：30分举行"妈妈·宝贝"庆祝"三·八"妇女节亲子活动，诚邀各位妈妈或家庭女性成员准时来园参加，与孩子一起共享天伦之乐。活动流程及要求如下：

9：00—9：30家长和孩子一起在教室进行亲子制作送给妈妈的节日贺卡。

1. 集体表演

（1）歌唱：《我的好妈妈》《不再麻烦好妈妈》（家长在后场欣赏）

（2）诗朗诵：《妈妈的心》（家长走到孩子的身旁与孩子手拉手）

（3）《爱我就亲亲我》《我们都是好孩子》（家长与孩子一起共舞）

2. 游戏

（1）抢椅子。

玩法：妈妈和孩子手拉手围着椅子站好。音乐开始大家围着椅子转圈儿，音乐一停，妈妈争抢着坐椅子，孩子坐在妈妈腿上。没有坐到椅子的妈妈和孩子被淘汰出局，同时带走一把椅子，继续游戏，坚持到最后的为优胜。

（2）找娃娃。

玩法：孩子们坐在椅子上不能发出声音，妈妈们将眼睛蒙住并打乱顺序站好。游戏开始，妈妈用手抚摸孩子，根据特征辨认出自己的孩子并将孩子抱住，音乐停止后拿开眼罩，准确找的孩子者为优胜。（请参加此游戏的家长自备眼罩）

（3）划船。

玩法：妈妈坐在溜溜布上，孩子面对面坐在妈妈腿上抱住妈妈，音乐开始，妈妈划船到对面，让孩子摘一个水果后再划回来将水果放在框里，拍拍下一位妈妈的手后，游戏继续开始，先摘完水果的一组为优胜。

（4）亲子模特秀。

玩法：妈妈和孩子盛装打扮，每个班各出一组家长和孩子，随着音乐在舞台

上自由展示及造型，轮流进行直到所有家长和孩子展示完，您可以尽情的用优美与滑稽的造型吸引观众。

3. 秀秀妈妈的厨艺

为了展示妈妈们的厨艺及诚意，请每位妈妈一定要亲手精心烹饪一道可口的菜肴或点心，份量最少为10人份，早上9：30前送到幼儿园音乐厅摆放好。待亲子游戏结束后，与爸爸义工一起将美味佳肴摆上桌子，如有需要加热的菜，请用微波炉盒子装好，到各班加热，最后与孩子们一起愉快地享用自助餐。

莲花二村幼儿园中班年级组

2011-03-03

（三）以"班级为核心"开展的活动

1. 教学活动中家长的参与

在幼儿园课程中，我们为家长们提供开放、互动的环境，鼓励家长运用各自擅长的知识和技能为班级幼儿服务，如在安全周中，邀请"交通警察爸爸"向幼儿介绍交通规则及怎样做一名安全小乘客；在运动会期间，邀请"体育达人爸爸"来园带领幼儿开展各种体育游戏，另外，我们根据教学需要还会邀请"医生妈妈"为幼儿讲解许多有关卫生保健方面的常识，"画家爸爸"为幼儿介绍国内外有名的画家以及作品等，在教学活动中，由于家长的参与，不仅开阔了教师和孩子的视野、还进一步丰富了主题活动的内涵。（图6-22、图6-23）

图6-22 画家爸爸介绍国画　　　　　　　　图6-23 红绿灯游戏

2. 亲子活动中家委的组织

周末亲子活动也是课程中不可缺少的一部分，这部分工作由各班的家长委员负责策划、组织和开展，为了使亲子活动既能成为幼儿园教育教学活动的延续，又能成为社会实践活动的一种补充，每一次的亲子活动我们都努力做到了计划性、目的性、有效性，家委之间既有分工，又有合作。如：对于班级中个性开朗、沟通能力强的家长，大家直接推荐他为组织委员，负责整个活动的策划和组织；对于职业特征强的会计、律师等家长，请他们负责有关活动中涉及财务及法律咨询方面的工作；喜爱文学的家长，则承担宣传委员的职务，负责活动的记录和总结工作；社会关系网较广的家长，在活动中则负责联系活动和参观场地的工作；对于时间相对空闲的家长，担任后勤委员的职务，负责每次活动的物品购买等，每一次活动前，家委都会事先讨论出可行性的活动方案，由宣传委员整理成文字，上传到班级QQ群、微信群，征求家长们的意见和建议，鼓励大家群策群力，充分体现尊重、自主、和谐的班级大家庭氛围。在这个过程中，在家长、班级教师的共同努力下，经过多年的努力与实践，在亲子活动中，我们总结出了以下经验：如小班刚入园幼儿，家长和孩子之间彼此都不熟悉，班级幼儿之间的感情都没有建立，家委组织活动的经验欠缺，因此，在亲子活动的内容、时间以及活动范围相对来说就受局限，老师参与、指导的程度就要高一些；当孩子们到了大班，班级家长、孩子之间都很熟悉了，班级团队的氛围已经形成，那么，活动的内容就可以丰富多样，外出时间、地点都不会受到局限，家长委员们的工作可以说是轻车熟路、全程驾驭了。这时候，教师的角色就从台前退到了幕后，只是对活动做有针对性的讨论和指导，活动中也是作为一个"特邀嘉宾"的角色选择性的参与了。有了上述经验，我们根据幼儿的年龄特征研发了一套可供全园参考的亲子活动资源信息网络一览表。（表6-7、图6-24）

表6-7　莲花二村幼儿园亲子活动一览表

小班	中班	大班
莲花山	深圳市圆博园	南澳海边露营
大手拉小手登山活动	深圳艺穗节体验活动	深圳市安全教育基地
光明农场	深圳湾亲子活动	深圳消防体验日
青青世界	梅林水库绿道徒步	走进军营
中心公园	深圳市博物馆	松山湖骑单车
东湖公园	青青世界深度游	东部华侨城
水上亲子乐园	糖朗山徒步	大鹏所城
深圳野生动物园	南澳植树野炊	巽案湾沙滩亲子游
深圳市图书馆	大鹏民宿沙滩亲子游	马峦山徒步
天线宝宝乐园	从化溪头村亲子游	梧桐山徒步
海洋奇梦馆	棒·约翰做披萨	深圳市气象台参观
参观梅林水库	万圣狂欢夜	香港迪士尼乐园
迎新年化状晚会	迎新年家庭才艺秀	广州长隆欢乐世界

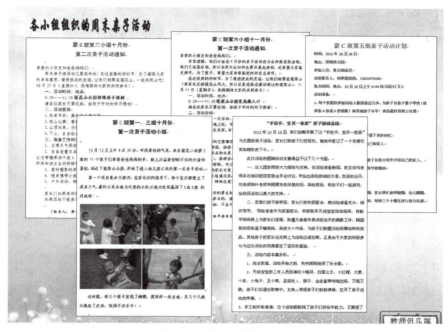

图6-24　学期亲子活动计划

共植一棵树，共添一片绿
——南澳野炊山庄植树亲子一日游策划方案

1. 活动的筹备

2. 活动方案

【活动目标】春光明媚，万物复苏，在这个温暖的三月里，蒙C班的宝贝们即将和爸爸妈妈以及老师们开始又一次新的春季旅行，本次亲子旅行的主题是："环保我第一"。希望通过本次活动，进一步拉近本班所有家长们和孩子们的距离，培养孩子们的责任感及动手操作能力，并引导幼儿去亲近大自然，从而热爱大自然，感恩大自然给予人类的所有馈赠，从而切身体会环保的重要性。

【活动准备及注意事项】

- 出发前，家长对小朋友进行春游活动安全教育，增强小朋友安全防范意识和自我保护能力。同时要叮嘱孩子在旅途要注意安全，不要随意走开，不要玩一些躲藏的游戏。

- 如有晕车的小朋友，家长要提前给孩子贴晕车贴，每个家长备点创可贴，防止小朋友在玩耍过程中擦伤时使用。

- 家长要注意观察活动场地的周围环境，提醒孩子注意脚下道路。不奔跑、不推挤、不掉队。不可单独接近有水的地方。在出游过程中，要不时清点人数。

- 孩子在活动过程中比较活跃，经常会大量出汗。为了防止孩子们激烈活动后受凉感冒，请家长准备好两三条干毛巾以及合适的换洗衣服，适时地帮孩子增减衣物或更换毛巾。

- 请家长提前在家和孩子一起制作自己家的小树苗标签，植树后可以将此标签挂在亲手种植的小树苗上，便于识别。标签的设计提倡个性化，上面可以画全家福，写名字或者贴照片，到时比比谁更有创意，记得完成后一定要塑封哦！另外，为了环保，家长们请自带孩子的午餐餐具（大人的餐具由农庄提供）、饮用水（拒绝所有饮料和一切零食，切记切记）、适量的水果、湿巾和蚊怕水。

- 野炊时家长注意不要让小朋友玩刀、叉之类危险的工具，并提醒孩子要注意卫生，不乱丢垃圾。

【活动行程】

8：00	家长拼车，在指定点集合后，迎着朝阳向我们目的地进发。
8：30—9：30	雄赳赳气昂昂，直奔目的地。
9：30—10：30	到达农庄。
	以家庭为单位领取树苗，开始植树。
	植树完毕，莲子C班快乐大合影。

10：30—12：00 野炊活动开始。

- 各个家庭展示自己从家里带来的拿手好菜，将所有菜式放在桌子上以供大家品尝！

- 以各组为单位，家长和孩子们协商后分配任务：捡柴火、摘菜、洗菜、做菜、热菜、端菜。（小朋友经过自己动手后不但能丰富期阅历，也让他们体会平日家长们的辛劳）

- 香喷喷的饭菜准备就绪，所有人员就坐，准备"摩西摩西"——品尝菜式丰富、独此一家的亲子美味自助餐。

12：00—1：30 摩肩擦掌，饥肠辘辘，午餐时间，现在开始！

2：00后自由活动。

- 精彩活动线路推荐：
- 继续留守农庄——摘草莓、抓草鱼、骑马、打野战，最后硕果累累，凯旋而归。
- 前往桔钓沙、较场尾海滩，与阳光沙滩亲密接触。
- 参观大鹏古镇，了解深圳历史。
- 南澳码头海鲜自助购、品尝舌尖上的美味。
- 上鹿咀山庄小住一晚，欢度快乐周末。

● 继续往东行驶，直奔惠州各大温泉景区。

【活动费用】（详细待议）

● 费用包含：植树用的小树苗费，中午野炊（原生态食材）、午餐特色菜式费（走地窑鸡十只）面巾纸等费用。：钓到的鱼如需带走：30元/斤。草莓：20元/斤。如果需要发票另外收取6%的税金。待议

● 午餐原材料：猪肉，生鸡蛋，豆腐，各式蔬菜如西红柿、生菜等。

● 料：免费提供适量油、盐、酱油、生姜、大蒜等调味品。

● 米饭：由农庄代为煲饭。

3. 温馨提示

（1）集合时间、地点：周六早上8：00整在莲心路（二村市场后面）准时集合，过时不候！

（2）集合流程：先找萧瑶妈妈签到，领车辆标识号码，请将号码贴到车辆后窗的左上角。车队8：10分准时出发。

（3）目的地：南澳乡村乐自然生态农庄。

（4）具体路线：往大梅沙方向走，上沿海高速，葵涌出口下，往大鹏方向直行。在布新立交下往左方向直行至红灯路口，向右直行走新大路。看到名马轩的牌子在往前行，不要拐弯啊，你会看到道路指示牌上（国家地质博物馆）左转行至50米路口一直走到底就到了请注意，在葵涌高速出口处将稍作集合，然后再出发，

（5）服装要求：周二运动服（厚薄自定）、运动鞋

（6）自备物品：小树苗标签、孩子的午餐餐具、饮用水、适量水果、纸巾和防蚊水以及创可贴、万花油、消毒水等常备药品。

（7）安全要求：

① 请家长们在集合、停车地点，千万不要让孩子随便下车，到达目的地后听从现场人员指挥停车，幼儿等车停好后再由家长带下车。

② 在植树、野炊的过程中请一定看管好自己的小孩，注意水、电、火、利器的安全。

③ 活动结束后，请家长们自己协商下午的活动，拼车的家庭请自行协调好回程时间。

④ 请家长一定提前做好孩子的安全教育、礼貌教育、环保教育等工作。

⑤ 本次活动教师只是作为特邀嘉宾参加，幼儿园以及家委会不承担任何安全责任。

（8）本次活动人员安排。

活动策划：萧×、崔××　　　　　　财务负责：陶××、邓×

车辆协调：陈××、张××、张××　　摄影负责：张×、吴××

莲子C班家长委员会　　2014-3-20

第二节　与社区的合作

我们的幼儿园课程希望能做到充分利用自然环境和社区的教育资源，以扩展幼儿生活和学习的空间。课程内容的选择把握《幼儿园教育指导纲要（试行）》提出的"既贴近幼儿的生活来选择幼儿感兴趣的事物和问题，又有助于拓展幼儿的经验和视野"，课程实施中充分发挥社区教育资源的作用，把幼儿园教育与社区教育有机结合，将社区的一切有利用资源转化为幼儿园教育活动的资源，形成幼儿园教育与社区教育的合力。因此，以城市为区域的"大自然大社会""社会活教材"成为幼儿园课程内容不可分割的重要组成部分。

一、"挖掘——筛选——整合"建立社区资源库

在课程开展的过程中，教师成为了沟通幼儿与社会生活之间的桥梁，教师利用地理环境、人力资源、社区资源，预测出可利用的教育资源，经过充分挖掘、筛选、整合社区资源，建立符合幼儿学习需求的"社区博物馆"资源库，利用社区博物馆能提供的资源，教师设计大量与幼儿的社会生活密切相关的教育活动和教育内容，引导幼儿开阔视野、直接感受社会生活，为幼儿适应社会生活奠定了最初的基础，还可以借助这些活动适时地结合幼儿的经验、情感，教他们学会大量的社会规则、行为规范，引导他们观察和体会人际之间的情感态度、相互关系和相处方式。"社区博物馆"的建立，能够很好的构成学校教育、社区教育、家庭教育三位一体的学习综合体。

（一）挖掘、分析社区可利用的资源

我园地处市区中心，被莲花山公园、中心公园、笔架山公园围绕，环境优美，交通便利，因小区已有20年，是属于政府分房，因此，小区有大批的来自于深圳各行各业的离退休爱心人士热衷于义工、义教工作，邀请他们和家长们一起共同走进幼儿园课程，能够使学习内容更加具体、形象、生动，更让孩子们好奇、求知、想象、创造的欲望得到了极大的激发和满足，同时还能弥补教师们在一些知识能力的不足。

表6-8　挖掘、分析社区可利用的资源

资源类型	基本情况分析	可利用优势
地理环境	毗邻莲花山公园、中心公园、笔架山公园，小区属于市区中心地带	环境优美、交通便利、周边有丰富的社会资源
社区资源	少年宫、博物馆、关山月美术馆、图书馆、音乐厅、书城、市民中心、社康中心、超市一应俱全，为幼儿的课程实施提供了便利的条件。	具有非常强大、丰富的人文和社区环境资源
人力资源	1. 来自于各行各业的家长资源。 2. 社区属于政府的福利房，小区有大批离退休爱心人士。 3. 教师的专业技能和超强的沟通能力。	高素质的家长群体以及义工团队

（二）选择、筛选出可利用的社区资源

在我们的周围，虽然有很多资源可以为幼儿的学习与发展提供可能的资源，但并不是所有的资源都可以直接拿过来为幼儿所用。教师需要根据园本课程的理念和活动具体需求，充分挖掘其中蕴藏的教育价值，经过反复挑选、评价、论证后，最后将其纳入幼儿园课程的一部分。

表6-9　选择、筛选可利用的社区资源

选择、筛选的依据	选择、筛选的方式
1. 与幼儿园课程内容相吻合的。 2. 与幼儿健康和安全要求相符合的。 3. 能够满足幼儿兴趣和探究需求的。 4. 与幼儿的接受能力、认知水平一致的。 5. 所利用的资源具有便利性、公益性。 6. 所开展的活动能够获得相关部门的支持。	1. 教师进行实地考察、评估。 2. 与相关部门进行沟通、获得支持。 3. 明确每个教学活动能有与之相匹配的相关资源内容。 4. 选择的资源能够循环使用。

（三）将可利用的社区资源整合为幼儿适宜的社区课程

经过反复的论证、筛选，我们将可利用的社区资源整合为幼儿适宜的社区课程，将社区资源融入主题活动中，根据主题开展的进程和不同的发展阶段，选择适宜的教育资源，依据预设的目标、内容，以浓郁的人文资源为依托，以现代的生活设施为条件，拓展主题活动。幼儿园附近的超市、菜场、银行、小学、美术馆、图书馆、公园都成为了可利用的教育资源，成为了教师开展教学教育活动的"大教具"和"活教材"。

表6-10　适合幼儿学习的社区课程

主题	社区课程内容（部分）					
我爱我家（小班）	走访社区小朋友家庭	与社区的老人联欢	认识回家的路	参观图书馆	游乐场真好玩	超市里的食物
我居住的城市（中班）	莲花山公园远足	博物馆参观—了解深圳历史	地铁真方便	二村社区行	买菜	小区的房子
城里来了大恐龙（大班）	来来往往的车	交通信号我知道	马路上的线	神奇的立交桥	城市里的交通工具	车牌上的秘密
长大了的我（大班）	今天我当家——超市购物	参观银行	体验小学生活—走进社区小学	生病了怎么办—邀请社康医生来园讲座	环保小卫士	设计未来的社区

社区课程的建立，为幼儿提供了更为广阔的探究空间，丰富了幼儿的学习内容和学习形式，在社区课程中，我们借助社区的自然资源，帮助幼儿走出了幼儿园的"围墙"，到大自然中去感知、获得经验；借助社区的人文资源，走出了教材的文本框架，让幼儿到真实的环境中探索学习，做到主题活动源自于生活，生成于生活；借助社区周边的景点、博物馆、艺术馆、音乐厅等资源，帮助幼儿拓展、形成教育的大空间，幼儿在"大环境、大社会"的作用下，培养他们对生活、家乡的热爱之情，他们的社会责任感获得了提升。

二、"幼儿园——家庭——社区"多方资源的有效利用

《幼儿园教育指导纲要（试行）》明确指出："充分利用自然环境和社区的教育资源，扩展幼儿生活和学习的空间。"家庭和社区中可资利用的课程资源很丰富，包括语言、仪式、民间游戏社会活动、民族文化传统等，这些都为幼儿园课程提供了广阔的教育空间。如何有效利用幼儿园、家庭、社区的多方资源，我们将从这几方面逐一说明。

（一）幼儿园

在幼儿园教育中，教师是建构园本课程的主体，是实现幼儿园教育与传统文化融合的中介。教师的文化价值观和行为对幼儿文化底色影响深远。我们在建立以幼儿园为中心的传统文化资源中心时，首先，引导幼儿教师以发展的眼光对待传统文化，发扬其积极面，舍弃其消极面，并注重增强教师对传统文化教育的意识，在落实课程活动中能敏锐地捕捉传统教育时机，寻找传统教育的有利因素，向幼儿传递一种平衡、

和谐的文化价值观。

另外，教师群体在学历教育时所受的专业培训，使他们在传承传统文化时，具有许多优势。根据教师的特长，充分发挥教师的自身特点（方言、民族身份等）和技能（唱歌、舞蹈、美劳等）进行有机整合，作为园内的传统文化教育人力资源库，在对幼儿实施传统文化教育时，实现全园资源共享。

（二）家庭

加强幼儿园与家庭合作，充分利用这一重要教育资源，建立以幼儿园为主导、家庭为主体的传统文化资源中心。这个中心的资源分为家庭人力资源和环境资源，采用"请进来，走出去"的方式，科学、合理地利用这两种资源。

在"请进来"方面：把具有特殊技艺（武术、书法等）、身份（收藏家）等的家长请到幼儿园，运用他们独特的传统文化素材，协助我们开展相应的传统文化活动，通过立体的、有现场感的教育方式，促进幼儿对传统文化传承的积极性。

在"走出去"方面：带幼儿直接进入家庭，在真实的生活环境中，通过与人交往，习得传统礼仪；通过了解特殊家庭环境（朝鲜族、维吾尔族），获得传统常识。

（三）社会

随着社会的发展，社会人士对传统文化的重视日益增强，整合各种主体化、特色化、专业化的资源，建立社会传统文化资源中心，搭建更为广阔的幼儿园传统文化教育平台。

1. 社区资源

社区是幼儿学习和锻炼的天地，是丰富的具有隐性教育资源的教育基地。包括硬件配套设施如广场、文化长廊、社区文化中心等，软性人文环境如社区文化氛围（定期的文化宣传、节日大型活动）等，利用社区文化传承场，传递符合时代发展需要的优秀传统文化，促进优秀民族文化的传承。

第一，以社区为主导开展的传统活动：通过带幼儿参加与自然生活状态贴近的"邻里节""春节""刺绣比赛"等活动，向幼儿渗透传统文化点滴。

第二，依托社区，以幼儿园为主开展的传统活动：通过幼儿园策划、开展的"书法展""武术节"等活动，加强了与社区的合作，幼儿把学到的传统文化信息传递给社区成员，同时把社区中的文化资源引入到幼儿园来。（图6-25、图6-26、图6-27、图6-28）

图6-25　参观社区图书馆

图6-26　为社区图书馆整理图书

图6-27　阿姨辛苦了

图6-28　阿姨三八节快乐

2．其他社会资源

我们还将固定的社会资源信息整理、完善、记录，建立传统文化资源册，在课程需要时，根据教育内容查找信息索引，有的放矢地选择教育资源，方便活动开展。（图6-29、图6-30、图6-31、图6-32）

图6-29　参观深圳市博物馆

图6-30　莲花山公园踏青

图6-31　与武警官兵联欢

图6-32　参观关山月美术馆

小贴士1： 怎样让插班生家长尽快融入班级大家庭氛围？

在班级工作中，教师经常需要面对插班幼儿的家长，怎样让插班幼儿的家长尽快适应班级氛围，尽早获得家长对教师的信任，对教师来说无形中也是一种挑战。一般来说，当班级教师拿到插班幼儿的资料后，会第一时间约访幼儿的父母，在与家长的交流中获得以下几方面的信息：幼儿插班的原因、幼儿的兴趣、爱好及个性特点、家长对孩子的期望值、家长的困惑等。教师在信息的支撑下有针对性地制订出计划，如：作为班级教师，最好能每天通过QQ、微信、来园接送等方式与家长进行短暂交流，及时汇报新生在园情况，这样也等于给新家长创设了了解和认识教师的机会；另外，找一个热心的家长委员，以"结对子"的形式带领新生家长参与幼儿园的各种活动，帮助新家长尽快了解幼儿园的课程；再有在周末的小组亲子活动中，教师有意识地把新孩子分到活动开展比较多、家长之间关系较好的小组，通过这种"老带新"的方式让新家长喜欢上新班级这个团队，尽早融入到大家庭氛围。

小贴士2： 怎样让不同层次、不同类型的家长有效提高家庭教育水平？

《幼儿园教育指导纲要（试行）》明确提出："家庭是幼儿园重要的合作伙伴。应本着尊重、平等、合作的原则，争取家长的理解、支持和主动参与，并积极支持、帮助家长提高教育能力。"为了使家长学校讲座内容具有针对性、指导性，我园的家长学校注重对不同类型的家长进行分层指导，如：针对小班刚入园的孩子，有"隔代教育座谈会"，参与对象为幼儿的祖辈和保姆，通过现场交流，引导他们如何在家庭教育中定位角色，不溺爱孩子，如何配合幼儿园提高幼儿的自理生活能力等；有"健康讲座专场"，邀请妇幼保健院的医生来园讲座，参与对象为幼儿父母；中班幼儿是个性发展的关键期，针对本年龄段幼儿特征，会请幼教专家来园做一场亲子教育中"爸爸不可少"的专题讲座，引导爸爸们主动参与到幼儿教育中来。家长学校的分层培训，达到了各取所需的效果。

本章小结

幼儿园课程与家庭合作的主要目的是教师与家长一起构建亲子课程，与社区合作旨在挖掘可用资源，补充园内课程内容，丰富儿童的学习经历。与家庭合作的过程中，家长将经历三个角色转变的阶段，逐步从"旁观者"转变为"参与者"，然后了解幼儿园课程，进而成为幼儿园课程实施的"合作者"。幼儿园会通过家长会、家长园地、家访、家园沟通、家长开放日、家长学校、家长义工义教活动等，促进家长角色的转变，实现家园合作的有效开展。家园合作以家长委员会为核心组织开展"全园——年级——班级"的活动。

与社区合作的步骤包括：挖掘、分析社区可利用的资源，选择、筛选出可利用的社区资源，将可利用的社区资源整合为幼儿适宜的社区课程。在这个过程中，有效利用"幼儿园——家庭——社区"多方资源成为关键。对于幼儿园，教师经验是文化传承、幼儿引导的重要资源；对于家庭，家长的人力资源与家庭的环境资源成为幼儿学习经历的重要资源；对于社区，博物馆等多种资源同样是幼儿经历的重要来源。

第二篇
支架儿童主动学习的评价实践

篇首语

绿叶的光合作用为整株植物提供养分，没有莲叶，也就没有莲花。"接天莲叶无穷碧，映日荷花别样红"，叶碧花红是相辅相成的。与此相似，幼儿园课程的评价直接服务于课程实施与课程完善。没有持续有效的课程评价，高质量的课程实施将难以为继，课程发展也将止步不前。

在幼儿园课程中，动态化评价与情境化评价是我们坚持的基本理念，也是我们在课程评价中具体贯彻的评价方式。这两种评价方式涉及幼儿园课程评价中的方方面面，是对教学实践的辅助与支持。对此，本篇的前两章将分别介绍幼儿园课程中的动态化评价与情境化评价。

随后，本篇也将对幼儿园课程中"一个硬币的两面"之区域活动、主题活动的评价实践做较为详细生动的独立介绍，这也将是对幼儿园课程中教学实践主体部分的必要补充。这两章也同样贯彻动态化评价与情境化评价的理念，重视通过观察、材料收集等方式来了解幼儿的发展情况，反思区域活动与主题活动的实施。

第七章 动态化评价

《幼儿园教育指导纲要（试行）》指出，教育评价是幼儿园教育工作的重要组成部分，是了解教育的适宜性、有效性，调整和改进工作，促进每一个幼儿发展，提高教育质量的必要手段。在借鉴多种课程模式的基础上，幼儿园在课程及幼儿评价上应综合使用多种适合的、科学的评价手段，并根据不同年龄段、不同时间、不同情境等安排相应的评价方法及内容。从总体上看，幼儿园课程应采用的是动态化、情境化的评价理念，将评价渗透到幼儿园课程的各个方面，力求评价的及时到位，为课程的实施及幼儿的干预提供必要的反馈信息。

第一节 什么是动态化评价

动态化评价是在时间维度上对幼儿发展等作连续性的评估，从而反映持续时间内幼儿的发展变化，为教学实践、目标制订、幼儿干预等提供反馈与支持。幼儿园课程应基于动态化评价的原则，对幼儿持续的发展进行综合评估。

一、动态化评价的特点

（一）实时性

实时性要求评价具备"实时记录、真实评估"的特点。实时记录能保证评价的准确性及客观性，并能还原幼儿当时的发展水平。比如，区域工作中，大部分材料会配备记录单，幼儿在区域工作的同时，会将其真实的能力水平呈现在记录单中，记录单评价方式就具有实时性。

（二）递进性

递进性要求评价具备"层层递进、完善目标"的特点。对幼儿的评价不能"一叶障目"，需要有持续的过程。递进性要求评价能在实时性的基础上，做到连续性。比如，每名幼儿在区域工作中的记录单都应该被收集起来，长时间的工作记录就具备了递进性的特点，对幼儿发展的评价也就更可靠。

（三）完整性

完整性要求评价具备"完整记录、整体水平"的特点。尽可能全面地评估幼儿的发展水平，从多个领域综合评估幼儿的发展。幼儿发展存在较大的个体差异，如果只是从单一领域去评估他们，那么大部分幼儿的真实发展就很难得到认识。比如，在某一特定区域的工作记录单并不能完整地呈现幼儿发展的水平，而只是幼儿在该领域的当前发展水平，其他领域并得不到体现。

二、动态化评价的方式

在幼儿园课程中，动态化评价的两种主要方式分别是：以时间为节点的阶段式评估和记录幼儿发展过程的动态评估。前者通过阶段性、周期性的评估，定期对幼儿进行评价；后者通过持续性记录或积累的方式，呈现幼儿的动态发展过程。

（一）以时间为节点的阶段式评估

以时间为节点的阶段式评估实则对幼儿进行定期的评估，包括身体发育测查、体能测查、值日生评比、学期鉴定等。采用阶段式评估的评价内容一般是那些持续变化中的，但又无须每日开展的项目，这样既让教师的评价工作具备可操作性，也减轻了教师的负担，并避免评价工作对幼儿自主活动的限制。

（二）记录幼儿发展过程的动态评估

幼儿在园生活的每个时刻都会自然留下"痕迹"——大量的档案材料、作品、照片、记录单、日记、测查表、调查表等。这些"痕迹"好比无处不在的信息片段，经过有序整理能有效地呈现幼儿的发展变化。基于此，幼儿园教师应为每名幼儿建立个人档案袋。这个档案袋可以包括的内容有：教师的观察报告、儿童的作品或作品的照片、家长对带回家活动的评价、儿童成长报告、"专门化"课题的研究报告或展览等。

第二节　课程中的动态化评价

幼儿园课程中基于动态化评价理念开展的具体评价内容及方式非常丰富，可以从评价频率出发，将这些内容及方式分成五大类。

一、日评价

　　幼儿园课程中的"日评价"，充分遵循了"幼儿园一日活动皆课程"的教育原则，教师将评价渗透于一日各个环节、各个活动中。因此，从幼儿入园的第一天开始，教师就会对班级所有幼儿进行全面的观察、记录、分析，并将分析结果作为课程设计依据，幼儿园及教师根据这些依据，设计并实施适合他们一步发展与需要的活动和课程。幼儿园课程中的每日评价包括新生入园每日情况反馈表、幼儿特殊情况一览表、口述日记、活动区每日进区记录、活动区作业纸评析、教师每日心语等。

（一）新生入园每日情况反馈表

　　每年的新生入园，为了让班级教师第一时间了解每个幼儿各方面的情况，教师会设计一张幼儿基本情况表格，内容包括情绪、进餐、睡眠、活动、行为等若干方面，教师根据表格内容有目的地观察每个幼儿，尽快地了解、熟悉每个幼儿的基本情况，为后续针对性地提供适宜的促进活动积累依据。

表7-1　莲子_____班幼儿第_____周在园情况一览表

姓名	情绪										进餐										睡眠										活动										行为									
	稳定√					哭闹△					吃√					不吃△					入睡√					不睡△					参与√					拒绝△					友好√					攻击△				
	一	二	三	四	五	一	二	三	四	五	一	二	三	四	五	一	二	三	四	五	一	二	三	四	五	一	二	三	四	五	一	二	三	四	五	一	二	三	四	五	一	二	三	四	五	一	二	三	四	五
天程																																																		
睿锴																																																		
中杰																																																		
宝宣																																																		
君和																																																		
子恒																																																		
海铭																																																		
……																																																		

时间：　　　　　　记录教师：

（二）幼儿特殊情况一览表

小班幼儿刚入园，因幼儿发展的不均衡、家庭教育背景不一样，在一天的活动中难免会有一些特殊情况发生，如：小碰撞、身体不适、大便情况、换尿裤子、与同伴之间的矛盾等，因初期对幼儿的情况还不是特别的熟悉，教师有必要将这些情况进行特别的记录，并开展分析，以有目的地对幼儿开展个别教育，同时也起到了班级教师之间互通信息的作用。

表7-2　莲子_____班幼儿第_____周在园特殊情况一览表

日期	幼儿姓名	特殊情况描述	记录教师签名

（三）幼儿口述日记

幼儿园课程中的幼儿口述日记是课程动态评估中的特色部分，既是每天家园双向交流的最佳方式，也是教师了解幼儿真实心内的方式。大家都清楚，幼儿园的孩子都不会写字，但是他们有口语表述的能力，这种随着年龄的增长，他们的口语表达能力会越来越强。幼儿每天回到家中，在与父母聊天的过程中，回忆讲述自己在幼儿园一天发生的事情、学习的经历、同伴之间的互动、老师布置的小任务等，家长作为记录员，把孩子的童言稚语完整地记录下来，家长适时写上自己的看法和希望，以便及时与老师进行沟通、交流的过程。当幼儿第二天将日记本带回幼儿园，教师可以从日记本中了解孩子对知识的掌握情况、对幼儿园所发生事情的看法以及家长的反馈意见，教师也可以通过日记本用简明扼要的文字向家长通报幼儿的进步情况、教学内容，也可向家长提出对幼儿教育的建议，同时，教师通过幼儿在家中记录的日记，发现孩子的另一面，通过这些发现更深入、全面地了解幼儿，并为他们提供适宜的支持。

记录的形式可以多样，小班孩子的口述日记可以由父母全程记录，中大班孩子的口述日记可以采用亲子互动的形式完成，孩子画图，家长配以文字。以下将摘取几篇大中小班的口述日记。

案例：大中小班的日记摘抄

大班：兜兜

时间：2015年1月12日

口述日记：妈妈，我今天在幼儿园好开心！你知道为什么吗？因为星仔妈妈去幼儿园教我们做牛轧糖了，就是我们在台湾吃的那种哦！做牛轧糖的时候要先放一块黄油在锅里，搅呀搅呀，再倒进半袋牛奶粉，再倒进去花生，又搅呀搅呀，然后从锅里拿出来，放凉，然后手上戴上手套，拿上擀面杖，轧平，又放凉，然后切成一块一块就可以吃了！

老师告诉您：真高兴，兜兜不但学会了一个新本领，还能把怎样做牛轧糖讲述得这么清楚，相信妈妈也知道了牛轧糖的做法了吧！

中班：秋秋

时间：2015年3月4日

口述日记：放学回家的路上，秋予问婆婆："蜗牛是牛吗？"婆婆答："蜗牛不是牛，只是这个小动物的名字叫蜗牛而已！"秋予说："好搞笑，一只牛那么大，一只牛那么小！"小家伙边说边比划，最后又说："谁那么笨，给它取了这个名字！"

老师告诉您：可爱的秋秋，蜗牛不是牛哦！它是一种软体动物，你和爸爸妈妈一起去电脑上找找答案吧！

小班：圆圆

时间：2014年9月17日

口述日记：圆圆和妈妈之间的对话：

圆圆："妈妈，你不要上班！"妈妈："妈妈不上班，那咱们吃什么喝什么呀？"圆圆："妈妈，我们去喝点风吧！"妈妈："喝什么风？"圆圆："台风西北风都行呀！"

老师告诉您：好可爱的童言稚语呀！圆圆的语言形成了自己的风格，圆圆妈妈，我们一起来记录他更多特色的语言吧！

（四）活动区每日进区记录

活动区每日进区记录指的是幼儿个体进区情况的登记表，这份表格是对某一幼儿在某一阶段时间内进区活动的追踪记录，通过记录，教师可以观察幼儿的发展是否均衡。不同学期的进区记录表格内容有所不同，教师在每学期活动区材料调整以后，按不同区域将所投放的工作材料名称统计出来，制作成表格，因班级的两个中文老师分别负责里外区域，每个孩子拥有两张写有不同区域材料的表格，老师会将每个人的表格整理成一本完整的活动区每日进区记录，当幼儿操作了一份活动材料后，教师会在此幼儿的进区记录表格上注明完成时间以及简单的活动状态，这种活动区每日进区记录表格的推出，能让教师很好了解班级幼儿的进区情况，分析幼儿的优势与不足，及时引导幼儿进入不同的区域开展探究活动，还有效避免了幼儿反复进入一个区域或多次重复操作同一份材料，促使他们均衡地发展。

表7-3　莲子_____班活动区每日记录表（大班）

数学区				科学区		感官区	
活动名称	时间	活动名称	时间	活动名称	时间	活动名称	时间
红兰棒		点的游戏		蚂蚁的小书		拼贴小人	
迷你红兰棒		乘法板		蝴蝶的一生		几何图形接龙	
数字与筹码（10—1）		减法板		脊椎和无脊椎动物		听音筒	
比大小		计数板（百位数减法）		胎生卵生动物		立体图形嵌板	
扎数字小书		除法板		食肉食草动物		可爱的小蛇	
……		……		……		……	
彩色花10的合成						彩色圆柱体（3）	
看图编应用题						彩色圆柱体（4）	
10的合成加法减法花							
蛇形加法							
……		……		……		……	
指导教师：　　　　　　　　　幼儿姓名：							

在每天的区域活动中，教师除了记录幼儿个体进区情况的登记表以外，同时还需在幼儿区域活动登记总表中记录出某天某个区域的进区人数，以及该区域的幼儿探索了哪些材料，这份表格可以直观地了解各个区域受幼儿喜爱的程度，还能更直观地看出以及该区域中材料的使用频率。

表7-4　莲子_____班幼儿区域活动登记总表

日期	区域	指导教师	幼儿和操作的材料	人数	区域活动概况
	科学区	教师1			
	数学区				
	……				
	……				
	语言区	教师2			
	美工区				
	……				

（五）活动区作业纸评析

活动区作业纸评析有助于教师把握幼儿在不同时期的成长和变化，幼儿在某区域完成记录单后，要即时盖好日期印章，记录好完成时间，并根据幼儿年龄特征，采用盖姓名印章、剪贴自己名字、书写名字等方法对记录单做出名字标记，教师选用有纪念价值和教育价值的记录单进行评析。评析的内容包括有：用语言客观描述操作情况，使用工具和辅助材料的情况，提出幼儿下阶段活动与发展目标，评价的方式可采用有代表性的单一记录单、也可选用幼儿在不同时期完成的同一份材料记录单进行跟踪式评析。（图7-1、图7-2）

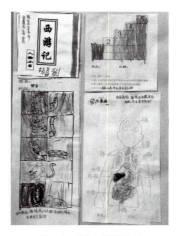

图7-1　美工区记录单　　　　　图7-2　基本区记录单

（六）教师每日心语

班级工作是一门育人的艺术，它需要班级教师多花心思，多了解，多观察，多动脑。幼儿园课程中的家长园地中，经常会出现带有爱心标记的"每日心语"内容，它包括当日孩子们的突出表现、当天家长们需要配合幼儿园完成的亲子小任务、班级常规工作的温馨提示等，这些小事看起来不足挂齿，但是足以打动家长的心，让家长感觉到班级教师的耐心、爱心，班级工作的温馨和操心。真正做到了"沟通产生价值"。（图7-3、图7-4）

图7-3　爱的家园　　　　　　　　　　　　　　图7-4　每日心语

二、周评价

幼儿园课程中的"周评价"，涉及的领域广、内容多，涵盖有主题活动、区域活动、值日生劳动、竞选升旗手等。评价的形式也从每日中单一的教师考评衍生成了教师引导幼儿积极参与的师生互评、生生互评、自我评价。周评价的内容主要有以下方面。

（一）周末自评活动

在幼儿园课程的评价体系中，为了让幼儿学会正确评价自己和他人，学会接受他人对自己的评价、他人对他人的评价。教师经常会建立大中小班不同时期的幼儿自我评价板块。

小班：在周末的自评活动中，教师会让小班幼儿说说一周来自己的进步以及所看到的朋友们的进步，具体内容包括每天的入园、礼貌、进餐、午睡、与同伴相处等情况。

中班：中班幼儿已经开始"值日生"的工作，让幼儿承担一定的劳动任务，共同参与班级的管理。小朋友们每天轮流担任值日生工作，戴上值日生工作牌完成自己所承担的任务。在周末的自评活动中，教师每天轮流安排幼儿为大家分发饭菜、整理活动区材料、整理图书毛巾、做小小监督员等。因此，在周末自评活动中，教师重点组织幼儿自评、幼儿之间互评本周值日中的劳动任务完成情况，让幼儿听取同伴对自己的评价。

大班：大班幼儿周末自评的内容丰富了很多，综合了一周来在礼貌劳动、生活学习、同伴交往、口述日记等诸多内容，教师通常会设计一个大的评价表格，里面涵盖有这些内容，每个孩子在上面都拥有一个自己的名字，名字下方设计有可以装小红花或者小贴纸的透明袋子，当幼儿在某一方面得到老师或者同伴的认可时，就会在自己名字的塑料袋里添加一个标记，到周五的时候，大家可以通过互相点数贴纸的数量来了解自己和同伴一周来的各方面情况，达到评价自己和他人的效果。通过各种不同的周末自评活动，幼儿在这种聆听、碰撞和协商的过程中，会对自己有更合理、更全面的认识，自我评价能力获得提高。

表7-4 今天我值日

内容／时间	整理活动区	整理衣物	整理图书	整理床铺	整理床铺	分饭扫地	分饭扫地	分饭擦桌子
星期一	蔡尚君	罗浩天	黄子菲	谢清予	张乐艺	王羽诗	张宝琪	张晓钰
星期二	汪之钧	梁竣凯	罗悦芯	张涵	邓晗	杨喜涵	吴弦歌	周道仪
星期三	曹子樾	刘夕闵	黄绮妍	李澍	廖凯棋	罗夕媛	黄绮彤	何绰城
星期四	赖以和	萧瑶	崔芷萌	陈启睿	张誉耀	兰灵	吴永皓	张槿凡
星期五	刘承霖	周小蓓	陶国恺	张靖可	陈芊妤	宣敬仪	肖翰宇	张北辰

表7-5 看看我一周来的进步

莲子C班　　　　　　　　　　　　时间：

内容／姓名	按时来园	文明礼貌	进餐午睡	区域活动	集体探究	户外游戏	值日工作
梓末							
文婧							
筱薇							
张登							
梦然							
汶丰							
范玥							
才容							
……							

评价方式：以幼儿自评、同伴互评为主，进步之处由幼儿自己画上"★"。

（二）竞选升旗手

幼儿园每周一早上都要升旗，每一次的升旗仪式都需要七名幼儿担任升旗手，其中一名主持人，六名护旗手。在孩子们的眼里，幼儿园的升旗仪式就和北京天安门的升旗仪式一样神圣，能够当上一名升旗手是一件很向往、很期盼、很光荣的事情。幼儿园为了培养幼儿的勇气和自信心，提高幼儿的语言表达能力，对升旗手也提出了一些要求：升旗手从中大班孩子中选出，不仅要完成升旗、护旗的任务，升旗手还需要站在国旗下、在全体教师和小朋友面前进行一个简短的发言，讲讲自己的心里话。

每当轮到升旗，"竞选升旗手"就成了孩子们的一个中心话题，教师为了体现公平、公证的原则，会在班级中开展竞选活动。竞选活动中，教师首先会组织幼儿讨论"怎样才能成为一名升旗手"，帮助幼儿了解升旗手的职责、以及升旗、护旗、发言、纪律等各个方面的要求；其次，组织幼儿开展选拔活动，只要有参选意愿的孩子们都可以参加选拔，让幼儿通过自我介绍以及竞选宣言大胆表达自己的想法和感受，鼓励幼儿用独特的方式为自己拉票；再有，当全体幼儿对参与选手有了整体了解以后，教师组织全体幼儿各抒己见，充分发表自己的看法，以"排队投票""举手表决""小花送给你"等多种富有童趣、符合幼儿年龄特点的方式进行投票、统计数量，在大家共同意愿下选出升旗手，代表班级完成升旗任务。（图7-5、图7-6）

图7-5 用玩具做投票工具   图7-6 用小爱心投票

三、月评价

为使家长更多的了解幼儿在园综合表现，家园配合共同教育指导孩子的发展，在每个月中，教师也将对孩子在园表现进行评价，主要以家园联系手册等途径来开展的。

我园每月发放《家园联系手册》是幼儿园和家庭联系的桥梁之一，手册是以《幼儿园教育指导纲要》和《幼儿园教育指导纲要（试行）》为依据自行编写的，其中内容充分体现了《幼儿园教育指导纲要》的指导思想和要求，以及《幼儿园教育指导纲要（试行）》中所提出的"承认和关注幼儿的个体差异，避免用划一的标准评价不同的幼儿"，注重"以发展的眼光看待幼儿"等理念。手册一共分为大班、中班、小班三册，根据不同年龄阶段幼儿的心理、生理特点来编写，手册其内容充分反映了各年龄段幼儿在日常生活、学习和游戏活动中的表现，还将全面记录每个孩子的个性特点和发展状况。（图7-7、图7-8）

图7-7 家园联系手册　　　　　　　图7-8 每月家园互动一隅

《家园联系手册》分为六大部分，有园长为孩子们撰写的卷首语、我的主页、观察小站、成长足迹、学期鉴定、我的荣誉，每个部分的具体内容不同，如"我的主页"中粘贴的是幼儿在大中小班的照片；"观察小站"中主要体现的是每个月幼儿在园的各项表现，教师在观察中对幼儿进行的评估，这个评估结果将在月末反馈给家长们，家长们将通过"老师与父母的对话"这一栏目及时反馈幼儿在家庭中的表现等；"成长足迹"主要记录的是一学期以来幼儿的身高、体重发育情况以及幼儿在体能方面发展的情况；在学期鉴定中有"老师告诉你"和"爸爸妈妈的话"两方面内容，这是教师与家长之间交流互动的一种形式，有教师对幼儿一学期在园的总体评价以及家长对孩子来年的期望；在"我的荣誉"中，记录有幼儿一学年来的点滴进步，它包括幼儿在园内外参与各种活动的获奖证书、奖牌、奖状；担任小升旗手的证书、"国旗下的讲话"、照片等展示幼儿能力的内容，这些证书、奖牌、照片能直观地反映幼儿的各项成绩，深受幼儿的喜爱。家园联系手册既是教师与家长交流幼儿发展状况的一种载体，也是系统记载幼儿成长过程的一种科学模式。

《家园联系手册》中的评估内容是动态的，教师关注到了幼儿的年龄特征、个体差异，手册的评估内容大、中、小班各有不同，教师对不同时期的幼儿所提出的要求是不同的，充分体现出了教育是一门循序渐进的学科特征。如，小班9月份、10月份、11月份所评估的内容就有所不同，刚入园的新生9月份在评估内容上教师对幼儿在情绪、交往、玩具、进餐、睡觉、如厕、工作、主题等方面做出了观察评价，在评价中对幼儿的要求仅限于情绪稳定、简单的生活自理能力等方面。当小班幼儿经过了一个月的适应之后，在10月份的评估内容中，则新增了礼貌、表达、交往、规则、自己穿鞋子等内容，教师不仅对幼儿在礼貌方面、规则意识方面提出了要求，还对幼儿的生活自理能力有了更高的期盼；进入11月份，当班级绝大部分幼儿适应了幼儿园的生活学习以后，在这个月的评估内容中就不会有情绪方面的内容了，教师在图书、口述日记、穿衣穿袜等方面提出了新的要求，做到了层层递进。不仅小班如此，中大班的评估内容也各有不同，虽然都是从生活教养、区域活动、主题活动、英语活动四大方面进行评估，但评估标准各自不同，如，中班的生活教养评价内容只有6条，而大班在其基础上加多了一条"紧急情况下的自我保护能力和应变能力"；中班的主题活动评价只有3条，大班则加到了7条，对幼儿在主题活动中的态度、情绪情感、分享交流合作都提出了更高的要求，这种方式的评估不仅能够帮助教师更全面了解幼儿，还能够让家长在家庭教育中有更明确的方向，真正意义上达到了家园共育事半功倍的效果。

表7-6　中、大班家园联系手册九月份评价表

九月（中班）

		表现		
生活教养	情绪	我在幼儿园很开心	情绪稳定	劝说能控制消极情绪
	礼貌	我能熟练地用礼貌用语	有时我会用礼貌用语	我需要别人提醒
	交往	能主动和小朋友愉快游戏	在邀请下能和小朋友游戏	喜欢独自游戏
	自理	乐意自己的事情自己做	经人提醒自己事情自己做	请你帮帮我
	进餐	什么东西我都爱吃	有的东西我爱吃	我没胃口
	安全	我会遵守幼儿园安全规则	偶尔需要老师提醒	我需要小心一点哦
工作	秩序	我很有条理地完成工作	有时我需要老师提醒	我还需要加油哦
	专注	我能有始有终地完成工作	偶尔让老师提醒我	有时我会受别人影响
	挑战	我喜欢挑战有难度的工作	偶尔让老师提醒我	有时我会受别人影响
主题	资料	我能用很多方法搜集有用资料	我带来的资料不多	我忘了搜集资料
	展示	我能自信、完整地说出资料内容	展示资料时我有点害羞	我对资料内容不了解
	合作	我会主动和大家交流互动、合作	我会和大家合作	我等待别人的邀请

注明：请在选择的表现栏中划"√"

九月（大班）

		★★★	★★	★
生活教养	懂得为他人做有意义的事			
	能辨别是非，向榜样学习			
	用恰当的方式与他人交往			
	能遵守各种行为规则			
	能保护自然及周围环境			
	有良好的卫生常识			
	在紧急情况下的自我保护能力和应变能力			
工作	积极主动选择活动材料			
	在各区域均衡地选择工作			
	能够专心工作			
	能够独立工作			
	能建设性运用时间			
	有困难时会表达自己的感受			
	能有始有终地完成工作			
	探索有一定难度，具有挑战性的工作			
	能够计划、完成多重而复杂步骤的工作			
	完成工作的质量			
主题	乐意积极主动参与活动			
	通过多种渠道搜集主题活动相关资料			
	展示搜集资料的水平及能力			
	主动和他人交流、互动、合作			
	愿意与同伴分享自己的感受			
	能有效运用环境中的资源			
	尊重他人的观点和经验			
	理解他人的感受			
	欣赏他人的优点及长处			
	具有同情心，接纳他人不同的习惯			
	能运用已有经验，探索和解决问题			

注明："★★★"表现很好，"★★"大部分做到，"★"要加油。

四、学期评价

除了以日、周、月为基本循环单位的评价，幼儿园课程中还有每学期的评价内容。这些评价内容都是大约每学期开展一次，以更全面地评价儿童的学习与发展。幼儿园课程中的学期评价主要有：

（一）幼儿生长发育评价

《幼儿园教育指导纲要（试行）》中指出幼儿阶段是儿童身体发展和机能发展极为迅速的时期，发育良好的身体、强健的体质是幼儿身心健康的重要标志。幼儿园每年都会对不同年龄时期幼儿的生长发育状况进行评估，班级教师掌握每一名幼儿的健康数据，做到有问题早发现、有问题早解决，帮助幼儿养成良好的生活习惯，促进幼儿身心健康发展。幼儿生长发育评价的内容又很多，主要反映幼儿身体各方面的生长发育情况，如身高、体重、视力、牙齿、血色素等多方面的指数。（图7-9）

图7-9 幼儿身高体重测查

表7-7 我的生长发育评价表

班级	学期	体重（kg）	身高（cm）	血色素（g/dl）	体重/年龄	身高/年龄	体重/身高	贫血判断	综合评价
班小	上学期（初）								
	上学期（末）								
	下学期（初）								
	下学期（末）								
中班	上学期（初								
	上学期（末）								
	下学期（初）								
	下学期（末）								
大班	上学期（初								
	上学期（末）								
	下学期（初）								
	下学期（末）								

（二）体能测查表

体育活动对儿童的身心发育、个性形成、自信心的培养都起着不可替代的作用，为了及时了解我园幼儿体能发展情况，每学期教师都会对不同年龄段的幼儿在学期初与学期末进行两次体能测查，通过学期初的体能测查，教师能够更加准确了解本班幼儿的运动发展情况，以数据为依据，根据班级幼儿的强弱项特点有针对性地制订出一系列的体能锻炼计划，以游戏为基本活动，以兴趣带动运动的积极性，开展丰富多彩的户外游戏和体育活动，在提高幼儿个人运动能力的同时，对班级整体运动水平的提高起到很好的促进作用。同时，也为学期末的体能测查提供了用于比较对比的数据，为教师的教学反思及下一步计划起到了积极作用。

各个年龄段测查的内容以《幼儿园教育指导纲要（试行）》为依据制订的，测查内容的选择做到了尊重幼儿身心发展规律，面向全体幼儿，关注个体差异，保证客观、公证地了解每个孩子的体能情况，教师在了解孩子的身体与动作发展水平同时能够更加有的放矢地全面提高孩子的体能素质。各年龄段幼儿的体能测查的内容不同，其中小班的内容有手膝着地爬15米、双脚连续跳圈10个、半分钟单手连续拍球、15米快跑；中班的内容有正划船15米、连续套圈10个、半分钟双手交替拍球、20米快跑、10米踩高跷；大班的内容有半分钟跳小绳、1分钟呼啦圈、25米运球跑、25米快跑、半分钟跳跳球。从大中小班的体能测查项目可以看出，教师对不同年龄段幼儿提出的要求是不同的，真正做到了尊重幼儿生长发育的规律与年龄特征，在循序渐进中求发展、在动态中得以评估。

表7-8　我的体能测查表

姓名：　　　　　　　　　　　　　　　　　　　　　　　　　　　　　　　班级：

时间 ＼ 项目		手膝着地爬（15米）		跳圈（10个）		单手拍球（半分钟）		快速跑（15米）	
		期初	期末	期初	期末	期初	期末	期初	期末
小班（0909—1007）	上学期								
	下学期								

时间 ＼ 项目		正划船（15米）		套圈（10个）		双手交替拍球（半分钟）		快速跑（20米）		踩高跷（10米）	
		期初	期末	期初	期末	期初	期末	期初	期末	期初	期末
中班	上学期										
	下学期										

时间＼项目		跳小绳（半分钟）		呼啦圈（1分钟）		运球（25米）		快速跑（25米）		跳跳球（半分钟）	
		期初	期末	期初	期末	期初	期末	期初	期末	期初	期末
大班	上学期										
	下学期										

（三）幼儿学期鉴定

在幼儿园课程的学期评价中，每学期末，教师都要为每一位幼儿书写学期鉴定，短短的百十字文字的评语，是对孩子一学期以来生活学习的"缩影"，教师需要将幼儿一学期以来在园的各种表现、个性特点总结出来，言语中既有教师对孩子的细致观察，还有对孩子的肯定赞赏，既有对孩子的启发式评价，又给予今后学习生活的殷切期望。教师为幼儿书写的学期鉴定，意义非凡，对幼儿来说，教师对他们的肯定是进步的催化剂、是成长足迹中的珍贵记录，对家长来说，是家园互动的感情纽带，家长从中可以体会到教师对自己孩子的重视，从老师的评语中看到对孩子的信任、肯定和鼓励，同时也能够起到帮助他们明确的家园共育的目标与方向，懂得如何教育孩子、引导孩子，从中学到家教的方法。

小班下学期学期鉴定

可爱的小睿睿，你知道吗？老师和小朋友们都很喜欢你！你能说会道，每天跟老师和小朋友有说不完的心里话，大家都愿意跟你交朋友哦！你聪明能干，小脑袋里总是装着许许多多的为什么，你是我们班里的"超级小问号"，你还是老师和朋友们心中的"拍球大王"，看到你获得金牌时，大家都好开心！快要成为中班的小哥哥了，老师希望你能每天吃饭香香的，让自己的身体变得棒棒的，相信你能做到哦！

（四）幼儿成长档案

每到学期末，教师都需要为班级幼儿整理幼儿成长档案，整理的过程是教师带领家长和孩子共同完成的。在整理档案资料的过程中，随着时间的推移，成长档案中的材料不断变厚，全面、丰富、生动的信息也为教师、家长、幼儿自己提供了评价的依据，也足以记录幼儿成长的轨迹及发展水平。教师能够从中了解幼儿独特的兴趣爱好、能力和需求，及时调整自己的教育策略；家长可以了解孩子在幼儿园的表现和进步，做到客观评价自己的孩子，更好进行家园共育；幼儿能够从中感受到自己的能干与不足，学会进行自我认识与自我评价。

幼儿成长档案的内容很多，覆盖身体、动作、认知、情感等多个发展领域，包括幼儿主页、校园文化与班级特色、生长发育评价、区域活动、主题活动、亲子活动等多方面内容。

个性化的主页：内容有幼儿和家庭的资料、兴趣爱好、家长和老师给孩子的寄语等，这个主页主要是家长设计的，也可以是教师设计，不要求千篇一律，鼓励新颖独特、富有创意、展现个性的设计。

校园文化与班级特色：包含有成长档案的目录、前言、幼儿园环境、园长和老师的照片、教师心语、班级介绍和全家福等。这些丰富的内容，充分展现了校园文化特色和班级文化特色，感受到教师对成长档案工作的细致和用心。

幼儿健康：健康的内容包括生长发育和体能发展两方面，汇集了幼儿入园以来各个学期的身高、体重、血色素等生长发育指标，各个年龄段体能测查情况及运动技能的掌握情况，有了这些数据，家长和教师可以对孩子的健康状况进行综合比较与分析，有利于家园配合，促进幼儿身体的健康成长。

家园互动：内容包含家长调查问卷、家长开放日信息反馈、家长学校讲座、家长会、家长沙龙等活动参与情况记录、亲子活动的内容、家园联系记录等家园互动信息，展示了幼儿园与家庭之间多渠道的畅通的配合情况。

我的荣誉：包括一学期以来幼儿在各个方面获得的奖励记录、奖状与表扬信、小小升旗手的照片、升旗仪式上的发言稿等。这是幼儿最引以为豪的栏目，也是朋友间相互欣赏时最喜欢翻看的内容。

主题活动：这方面内容比较多，反映了幼儿在集体活动中的参与情况，它既包括幼儿在园内的集体活动，也包括幼儿走出幼儿园，走进社区、走向社会所参与的每一次集体活动。收集、分析这部分内容可以综合评价幼儿的兴趣指向、合作意识，探索能力等多方面的情况。

区域活动：将幼儿在区域操作活动中完成的作品、记录单、教师拍摄的活动照片等进行收集、整理，筛选有价值的资料进行评价后收入幼儿成长档案，它们记录着幼儿在区域活动中个别探究的成果，也呈现了幼儿不同时期的成长变化。

精彩瞬间：要留住幼儿在园活动的各个精彩瞬间，就需要教师用照相机、摄像机随时进行记录，并将有价值的照片、视频（刻录成碟）进行注释和解说，收集到幼儿成长档案中，为幼儿留下成长的足迹。

幼儿成长档案不仅仅是简单的资料收集本，它是幼儿的个人成就宝库，展现了幼儿各个阶段的发展变化，幼儿成长档案的评价更是幼儿园课程评价系统中的重要组成部分，能够起到动态评估幼儿发展水平的作用。（图7-10、图7-11）

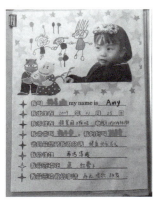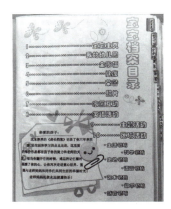

图7-10　幼儿成长档案主页　　　图7-11　幼儿成长档案目录

（五）班级档案

班级档案是班级工作的重要表现形式，是记录和反映班级教育教学、家长工作、幼儿发展以及班级管理的载体资料，同时也是衡量班级各项管理水平的重要标志之一。班级档案的内容很多，涉及班级工作的方方面面，可以分为班级概况、计划总结、教育教学、卫生保健、家园互动五大部分。

班级概况：包括班级经营理念、班级教师简介、班级幼儿简介以及师生全家福照片等。

计划总结：有学期初的班务工作计划、学期末的班级工作总结。

教育教学：教育教学工作是班级档案的重点展示部分，包括周教学活动安排、区域活动、主题活动、节日庆典活动、安全教育几大方面，其中区域活动有班级区域设置规划图、区域活动照片、食品工作预约表等；主题活动包含主题活动预知计划、主题调查表、活动前给家长的一封信、记录幼儿活动进程的照片、主题反思等；节日庆典活动包括各类节日的活动计划、活动照片，班级各种比赛活动的影像资料；安全教育有两类，分别为日常安全教育活动和假期安全教育，以及配合幼儿园进行的各类安全演习保存的资料。

卫生保健：有班级幼儿学期初和学期末的体能测查、生长发育评价、个别儿童跟踪记录以及班级幼儿开展的有关卫生保健知识的活动照片等。

家园互动：以幼儿花名册、家园联系、亲子活动三大块形式呈现，其中家园联系中含有家长开放日活动计划、活动反馈表、家访和电访记录、一日特殊情况反馈表，亲子活动中包含有班级亲子小组联系电话、家长活动工作计划和亲子活动精彩瞬间等。

五、三年评价

幼儿园三年一轮，绝大部分大班的幼儿将离开幼儿园，对此，幼儿园课程也将为幼儿及其家庭提供在园三年的完整评价材料，呈现孩子的进步与变化。三年评价的内容主要包括幼儿园大班毕业纪念册、毕业照片，除此之外还有在园三年完整的个人档案（生长发育、体能测查、记录单、活动照片、所获荣誉等），这是将幼儿每个学期的素材统一整理所得。当然，可能还有在园活动光碟提供给每个家庭生动的回忆。幼儿园课程认为，这些记录幼儿在园生长变化的一切，都是对幼儿三年来学习与发展最好、最完整、最真实、最生动的评价。

（一）幼儿园大班毕业纪念册

大班毕业，幼儿即将进入全新的小学生活，在幼儿园的日子将是他们人生路上的一段珍贵记忆。为了让他们将幼儿园的点点滴滴记忆在脑海里，在大班幼儿毕业的时候，班级教师都会和孩子们一起，以"放飞童心、珍藏友谊"为主题，共同制作一本的"毕业纪念册"。毕业纪念册里面的内容很多，包含有园长的毕业赠言、班级的毕业全家福（放飞童心、珍藏友谊）、毕业证书、小博士单人照片、幼儿园的童年时光、老师的寄语、班级小朋友签名、我最好的朋友等，这些内容的呈现基本浓缩了幼儿在园阶段成长的足迹，老师的祝福和家长的殷切期望。大班毕业纪念册的制作，能够很好帮助孩子留下了一份温馨、永久的纪念。

毕业赠言

小朋友，你还记得家人第一次送你来幼儿园的情景吗？也许当时你太小，不记得了。时间过得真快，你已经长大了，也许你以后还会记得今天的情景。和蔼的老师，友善的朋友，一起学习，一起游戏，不断成长，在和他们共同度过许多快乐的时光之后，今天，你毕业了。

这本毕业纪念册记录了你成长的每一个足迹，见证了我们曾度过的幸福时光，那些美好的记忆将永远珍藏在我们心底。

你即将离开幼儿园，但老师会一如既往的帮助你，时刻牵挂你！希望你以后能不断进步、快乐生活、健康成长，成为一个德才兼备、快乐勇敢的栋梁之才！

祝福你！

爱你的园长

（二）毕业相册

在大班的毕业季里，为了让幼儿更好回望过去三年在幼儿园的种种欢乐，除了教师和幼儿共同完成一本毕业纪念册以外，家长委员们还会为幼儿制作一本精美的毕业相册，从海量的存照里挑选出每一个孩子从小班到大班的不同时期照片，以时间为线索制作出相册目录，相册很好展示了三年来班级开展的各项教育教学活动、家委组织的各类亲子活动、幼儿园的大型活动等，相册的进行收集、整理、排版、编辑、印刷全部由热心的家长承担、完成。毕业相册的制作，不仅能记录下幼儿的点滴进步，同时也彰显了班级教师的人格魅力、班级工作的精彩纷呈，同时也传递了师生间的不舍与祝福。（图7-12、图7-13）

图7-12　毕业相册名称

图7-13　全班小朋友的签名

表7-9　大班毕业相册目录

章节	相册内容	页码
引言	1. 园长的毕业辞 2. 毕业合影 3. 毕业留念签名	001—005
第一章 我们的大家庭	1. 我们的老师 2. 班级合影 3. 笑脸墙	006—010
第二章 同学 少年	1. 幼儿自我介绍（中英文姓名、性别、出生日期、属相、星座、身高、体重、爱好） 2. 长大的愿望 3. 毕业感言	011—051
第三章 童学三年	1. 我们的幼儿园 2. 我们的莲子1班 3. 学习生活很快乐 4. 园外活动丰富多彩	052—112
第四章 毕业礼程	1. 毕业典礼 2. 毕业旅行	113—140
结语	1. 惊喜之夜 2. 毕业祝福	141—150

小贴士： 教师在动态化评估中的可以使用的有哪些小策略？

在动态化评估中，教师应该运用以下几个小策略：首先，在评估中幼儿会受到周边环境、情绪、身体健康等因素的影响，一次评价很难反映幼儿的实际发展水平，作为教师，在评价时一定要谨慎，不能给幼儿乱贴标签，更不能随便将不成熟的评价结果公之于众，教师应该以鼓励性评价为主；其次，当教师在评估过程中发现幼儿的不足时，应该把握适当的时机与家长沟通，千万不能以"投诉、告状"的形式告知家长，不要武断评判家长在家庭教育中的的对错，这样会引起家长与教师之间一些不必要的误会，教师在与家长的沟通中要讲究策略性和艺术性，评价孩子时要做到客观、全面，要让家长感到教师在关注自己孩子的成长和进步，家长觉得老师更了解自己的孩子，这样就能很好地达成教育共识，促进孩子的发展。

本章小结

幼儿园课程强调评价的动态化。动态化评价的特点是实时性、递进性、完整性。幼儿园课程中动态化评价的两种主要方式分别是以时间为节点的阶段式评估和记录幼儿发展过程的动态评估。动态化评价体现在幼儿园课程评价实践中的方方面面，在日评价、周评价、月评价、学期评价和三年评价中，都有坚持动态化评价理念的具体评价实践。

具体来说，体现动态化评价的内容及方式非常丰富，日评价中有：新生入园每日情况反馈表、幼儿特殊情况一览表、幼儿口述日记、活动区作业纸评析、教师每日心语；周评价中有：周末自评活动、竞选升旗手；月评价中有：家园联系手册、幼儿操作手册反馈表、自制主题小书；学期评价有：生长发育评价表、体能测查表、幼儿学期鉴定、幼儿成长档案、班级档案、学期进区活动一览表；三年评价中有：大班毕业纪念册、毕业相册、在园三年完整的个人档案（生长发育、体能测查、记录单、活动照片、所获荣誉等）、在园活动光碟等。

第八章　情境化评价

《幼儿园教育指导纲要（试行）》在"教育评价"部分中专门指出，"评价应自然地伴随着整个教育过程进行"，"在日常活动与教育教学过程中采用自然的方法进行"。幼儿园课程可以基于情境化评价的理念，结合幼儿园涉及的不同情境，在真实的生活、教育过程中，了解幼儿的情绪情感及行为表现，并对课程做出相应调整。

第一节　什么是情境化评价

霍华德·加德纳在《多元智能新视野》一书中指出："除非把评价置于现实生活和社会环境中，否则，我们怀疑它能否恰当地代表人类的智能表现。"为此，幼儿园课程要求评价以情境为参照，在活动中正确把握幼儿的某些特定行为，并把这些行为置于整个课程、家庭教育、社会影响的背景中来分析其背后的原因。情境化的评价在捕捉教学活动过程中发生的一切变动因素之时，教师可及时提升教育教学活动，完善课程。因此，情境化评价在评价幼儿行为的同时，也评价具体情境中课程的质量如何，让老师了解到活动中有哪些地方需要提升，通过具体情境可以很明确地发现课程中存在的不足。

一、基于真实生活评价幼儿发展

为了给幼儿提供良好的生活、成长环境，保教结合成为幼儿园的基本服务要求。保中有教，教中有保，保证幼儿的生理需求、各领域发展都能得到积极有效的支持，让幼儿园的教育过程成为幼儿生活中非常自然的一部分。与此类似，评价也应该在幼儿生活中开展，基于真实的生活而非测验，随时随地、有效地观察、评价幼儿的发展。

例如，班级里的老师每天和孩子们生活在一起，时刻注意着孩子们的行为表现，对孩子们各方面发展情况做到心中有数。即便不需要儿童发展的测量，优秀的老师都清楚每个孩子的特点，知道每个孩子的发展水平、个性差异。在这种自然评价的基础上，老师应该更有针对性地为幼儿提供发展学习的机会，与家长实现积极有效的沟通与合作。

二、评价过程与教育过程相统一

评价除了应该成为幼儿真实生活的一部分之外，还应该成为幼儿受教育过程中的一部分。换句话说，评价在幼儿园教育中应该不是独立出来的一部分。课程在设计时，就应该让评价活动成为教育过程的一部分，让可供评价的"痕迹"随处可见。

例如，在区域活动中，孩子们除了动手操作、完成区域工作之外，还需要将自己完成的工作以记录单的方式保留下来，可能是记录科学小实验的结果，也可能是美工区作品的保留，这些都是渗透在幼儿学习过程中的评价活动。具体在第二节也会有更多详细的评价案例，可以分析这些案例中是不是体现了"评价过程与教育过程相统一"的特点。

三、实现多元的评价目标与内容

情境化评价关键在于基于真实的情境评价儿童与课程，由于幼儿生活、学习情境的多样化，情境化评价的目标与内容自然也是多元的。针对不同的情境，评价活动自然有目标的调整，评价内容也会有差别。这种评价的多元化保证了多角度而非单一的评价，能帮助教师更好地理解每个幼儿的发展情况，理解课程发展的不同方面。

例如，区域活动中记录单评价是主要的评价方式之一，其目的是了解幼儿对区域工作的操作情况，进而评估幼儿在不同方面的发展情况。与此不同的是主题活动中的评价，教师观察成为主要的评价手段，幼儿学习品质的发展情况成为评价的重点，随后主题活动的评价也会促使教师反思教学的有效性。

总而言之，幼儿园课程基于真实的情境化的评估，在活动中评价儿童。通过儿童在日常的区域工作、主题探究活动、日常生活环节中的表现来评价儿童，根据儿童的行为，给予适当的干预，并随时调整课程的内容和节奏。

第二节　课程中的情境化评价

在具体情境中评价幼儿园课程，与动态化评价一样涉及到课程的方方面面。在区域活动和主题活动中，在真实的活动情境中观察儿童，对幼儿及材料、活动的评价，采用的正是情境化评价的策略。考虑到接下来的两章将专门对区域活动和主题活动的评价内容及方法进行说明，这里将重点介绍日常生活情境及亲子活动情境中对幼儿及活动的评价。

一、日常生活情境

在情境化评估过程中，教师重点会对幼儿的日常生活情境进行观察、记录与分析，努力做到观察的即时性、记录的真实性、以及分析的科学性。在日常生活中，教师一般会对班级幼儿的入园状态、早餐状态、区域活动中的状态、主题活动中的状态、户外活动中的状态、午餐状态、午休状态等方面进行观察与评估。

（一）入园状态的评价

晨间入园是幼儿进入幼儿园的第一个环节，也是幼儿从家庭到幼儿园的转换环节，教师应非常注重这一环节的观察与分析，细致的了解每一个幼儿的情绪与d状态，并运用策略帮助幼儿积极愉快地开始一天的新生活。

晨间的情境观察与记录可采用家长、医生、幼儿与教师共同协作的方式来完成。早上幼儿来园一般有三种情况，一是情绪身体非常好，二是身体略有不适，三是情绪的低落。幼儿进园先到医生处晨检，校医不光负责检查幼儿的身体，还观察幼儿的情绪与状态，医生处有三个筐装着红、绿、黄三种颜色的小标牌，医生根据晨检情况分别引导幼儿，各方面都正常的幼儿在医生处选择绿色标牌，身体略有不适的选择红色标牌，情绪异常的幼儿选择黄色标牌，幼儿拿到标牌回班挂在班级自己的名字栏，早餐前教师会询问挂红色和黄色标牌的幼儿具体原因，如果幼儿自己不能明确表述，教师会与校医或家长联系，进一步了解情况，并根据幼儿状况的轻重程度在活动和生活中进行特殊的关照。并将幼儿情况记录在班级工作日志中，方便班级所有教师了解并针对性地开展活动。

（二）户外活动状态的评价

在户外活动时，幼儿由于需要、爱好、身体素质各不相同，他们所选择的活动内容、方法、时间也有很大的不同，差异化的活动就需要教师运用方便、简洁的方式开展记录观察与记录，在幼儿完全自然的活动状态下，及时观察幼儿在户外活动中的情况，如：兴趣爱好、活动常规、动作发展、情绪反应等。观察的方法有很多，用照片和影像做记录是教师经常采用的一种户外活动评价方法，它能让教师在不影响幼儿活动的情况下快速获得真实丰富、便于永久保存的信息。除了照片和影像以外，用便签贴进行即时记录也是教师经常会运用到的户外活动评价的手段之一，这种方法具有方

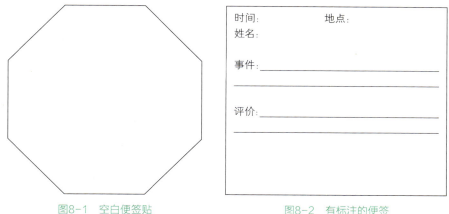

<table>
<tr><td>图8-1　空白便签贴</td><td>图8-2　有标注的便签</td></tr>
</table>

便、快捷、真实的优点，而且还可以马上对事件做出简单的评价，用便签贴即时记录可以补充影像记录法的不足，即使来不及立刻拍摄的事件或现象，也能在最短的时间凭简单的记录进行回忆。（图8-1、图8-2）

（三）日常生活评价

"幼儿园一日生活皆课程"，在幼儿期，生活的过程就是学习的过程，幼儿的学习是在其日常的吃、喝、拉、撒、睡、玩、交往、探究等活动中发生和进行。从早上入园开始，到下午离园，幼儿生活、卫生、学习习惯的培养需要在一日活动中养成；幼儿的语言思维能力和社会情感能力在一日活动中得以发展，因此，在一日生活各环节中，蕴含了涉及各领域、丰富的学习和发展契机，一日生活中的学习是一种耳濡目染、潜移默化、身临其境的自然习得过程。幼儿在园一日生活环节有很多，如入园、进餐、午休、午睡、盥洗、如厕等，这些评价都需要教师在一日生活的情境中进行观察、记录、再进行评价。

表8-1　莲子E班幼儿进餐、午睡香喷喷大比拼

内容 姓名	干净 进餐	安静 进餐	漱口 擦嘴	餐后 整理	在规定 的时间 吃完	不挑食 不剩饭	安静 午睡	会整理 衣服 被褥
许茗喆								
李昕瑞								
黄钰茗								
范泳霖								
刘伟杰								

注明："√"表示很棒；"○"表示需要加油。

二、亲子活动情境

幼儿园课程中，家长既是教师的合作伙伴，同时又是幼儿园课程组织、实施及评价的重要参与者。家长在熟悉、了解、参与实施幼儿园课程的同时，也需要参与幼儿园课程中的情境化评价。主要评估的内容涉及家长参与的一些活动，如：家长调查问卷、家长开放日信息反馈、家长学校讲座、家长会、家长沙龙幼儿园的大型活动、户外亲子活动等活动家长自身参与情况、对孩子的观察记录等。来自于活动情境中家长方面客观、公正的评价，不仅能够在一定程度上反映幼儿园课程实施的真正成效，还能使家园双方的合作更具一致性、连续性和互补性。

（一）园内的评价

幼儿园内的评价，活动组织者一般是由幼儿园教师承担，活动地点也一般是在幼儿园内进行，但这些活动是特意为家长了解课程、了解幼儿而设计的，我们会针对性地邀请部分或全部家长来园，在观看和参与的过程中，教师会根据课程要求设计表格，请参加的家长当评委对活动进行评价，从另一个角度了解课程的适宜性。

表8-2   莲子C班大班"家长开放日"反馈表

开放时间：×××年××月××日

幼儿姓名：	家长签名：
一、幼儿早操展示情况 1. 运动技能：优秀（ ）良好（ ）一般（ ） 2. 参与性：积极（ ）良好（ ）一般（ ） 3. 合作性：强（ ）良好（ ）一般（ ）	
二、幼儿早餐情况 1. 进餐时间：能否在所规定的时间内完成午点（能　否） 2. 卫生习惯： a. 能否有序地收拾餐具及清洁自己的桌面（能　否） b. 能否在餐后完成擦嘴、漱口的清洁工作（能　否）	
三、活动区活动：（请您为孩子区域活动中的表现进行点评） （1）兴趣方面： （2）遇到困难： （3）专注程度： （4）完成情况：	

四、集体活动：（请您记录孩子集体活动中的表现）

1. 参与性：

2. 倾听习惯：

3. 与老师、朋友间的互动：

五、您对班级工作的好建议：

（二）园外的评价

幼儿园课程还有一部分是与家庭、社区合作开展的，这类活动主持者大部分由家长和社会工作者承担，活动的地点一般是选择在校外适合的地方，由于这类活动是课程的延续或课程的补充，适时地开展情境性评价，既能提升课程品质，拓展课程内容，丰富课程形式，也能更好地激发课程的活力。

莲子C班"走进军营体验生活"主题活动方案

为了拓展本月主题活动"我爱中国"，我班组织大家开展"走进军营体验生活"主题活动，通过小朋友们充分体验军营生活，感受军营气氛，接受军营磨练，进日一步激发他们爱祖国的情感。具体活动细节如下：

一、时间

10月21日（星期五）8：30～13：00

二、地点

沙湾（预计半小时车程）

三、参加人数

小朋友40名，家长60名

（小组长负责组内成员参加活动的人数，18号完成人数统计）

四、活动要求

1. 本次体验军营活动机会难得，希望家长们在各小组长处积极报名，每个家庭限报一名，若父母因工作关系，无暇参加，家中亲人可以做代表，请身体不适、晕车的家长勿报名。

2. 请参加活动的家长于当日8：15在幼儿园门口集中，8：30准时出发。开车的家长及时向小组长领标签，以便进入营区。

3. 请家长在家中做好文明教育，叮嘱小朋友在军营中不要喧哗吵闹，遵守军营纪律。

4. 活动过程中请勿单独行动，与小组长随时保持联系。

5. 为保证军营训练效果，请家长们不要干扰整个活动的开展，让孩子独立完成军营训练和军营用餐两项活动。

6. 活动结束后，小朋友乘坐校车返回学校，家长自行安排。

7. 周一家长将活动反馈表交回班级

五、交通及集合方式

1. 小朋友乘坐校车于8：30在学校出发，郑凯宁妈跟车指导路线。

2. 小组长负责组内家长的乘车确认（18号完成确认并反馈）。因军营中场地有限，请小组长协调，尽量拼车，减少车辆出行。搭车费用自行协商解决。

3. 小组长负责家长的召集和组织，统一在莲花二村幼儿园门口集合，车辆统一贴上车号后，按小组出发。各组在沙湾关缉私局门口集合。

4. 行车路线：莲花二村幼儿园—北环—泥岗路—沙湾/爱国路出口—布心路—左转沙湾路—布沙路—沙湾关缉私局。

六、家长分工

1. 总协调：凯宁妈妈（手机：13922★★★666），韬然妈妈（手机：13510★★★057）

2. 交通指挥：子宣爸爸在沙湾关缉私局门口指挥家长进军营

3. 照相、摄影：东东爸爸、之恒妈妈

4. 药箱：小朵妈妈

5. 统计人数、家长集合、分发车辆标签：各小组组长集合人员后，报郑凯宁妈妈，领取标签

6. 午餐：乐乐妈妈、小宝妈妈—协助分配碗筷、分餐

7. 结账：欣妍妈妈

七、活动项目及时间安排

1. 小朋友编队列，休整队伍，提出纪律要求　　　时间：9：00～9：20

2. 参观军营环境　　　时间：9：20～9：40

3. 解放军叔叔内务训练表演——叠被子等　　　时间：9：40～10：00

4. 解放军叔叔队列和拳术表演　　　时间：10：00～10：20

5. 小朋友军营队列训练　　　时间：10：20～10：50

（休息10分钟）

6. 小朋友叠被子、队列比赛　　　时间：11：00～11：40

7. 家长代表致词，小朋友感谢表演　　　时间：11：40～11：45

8. 小朋友和解放军叔叔军营赛歌　　　时间：11：45～12：00

9. 小朋友与家长分区进餐　　　时间：12：00～12：30

八、家庭用品准备：

小朋友——园服、运动鞋

水自备

九、联系方式

1. 各小组组长

正浩：13728★★★425（一组）　　　尚勤：13554★★★946（二组）

韬然：13510★★★057（三组）　　　天琪：13760★★★172（四组）

诗琪：13530★★★984（五组）　　　远卓：18665★★★658（六组）

2. 老师

刘老师：135 ★★★★ 3315

叶老师：139★★★★6290

张老师：135★★★★5073

熊老师：137★★★★6422

表8-3　莲子C班"走进军营体验生活"反馈表

幼儿姓名：	家长签名：
一、请您记录孩子集体活动中的表现 1. 参与性： 2. 独立性： 3. 坚持性： 4. 毅志力：	
二、你认为在活动孩子得到了哪些发展	
三、简要描述你今天参加活动的感受	
四、请您简述对我班以后的校外亲子活动建议与期望	
开放时间：20××年××月××日上午08：30——13：00	

本章小结

幼儿园课程基于真实的情境化的评估，在活动中评价儿童。通过儿童在日常的区域工作、主题探究活动、日常生活环节中的表现来评价儿童，根据儿童的行为，给予适当的干预，并随时调整课程的内容和节奏。情境化评价体现在幼儿园课程评价实践中的方方面面，本章重点介绍了日常生活情境及亲子活动情境中对幼儿及活动的评价。

在日常生活情境中，教师会留意每名幼儿的入园状态、早餐状态、区域工作时的状态、主题活动中的状态、户外活动中的状态、午餐状态、午休状态等，对其个性特点、发展水平等有深入的把握，并有针对性地进行干预。在亲子活动情境中，教师会留意诸如亲子运动会中幼儿及其家长的状态、节日聚会（圣诞聚会、新年聚会）中幼儿及其家长的状态、家庭郊外活动中幼儿及家长的状态等，对幼儿发展有深入了解，对教育行为进行反思、提升。

第九章　区域活动中的评价

> 评价是区域活动的重要组成部分，它与有准备的环境、区域活动的实施一起构成了完整的幼儿园区域课程。在区域活动中进行科学、适宜的评价，能有效地引导幼儿主动参与、交流合作、解决问题、提升经验。
>
> 在进行区域活动的评价实践时，教师应从幼儿及材料两方面分别进行考虑。在评价幼儿方面，除了对幼儿在区域活动中活动状态、行为、效率等显性因素进行评析，还要关注幼儿的主动性、坚持性、专注性以及活动中的情绪情感等非智力因素；在评价材料方面，要对材料的吸引性、可操作性、丰富性等进行评析。另外，我们认为，教师应以客观证据为评价依据，通过真实的观察及保留的材料等做出合理有效的判断。

第一节　对幼儿的评价

一、教师对幼儿工作状态的观察与评价

幼儿在区域活动中进行材料操作（"工作"）时，不同个体表现出来的工作状态是区域活动评价的重要维度。幼儿在区域工作时的真实状态，需要教师在区域活动的环节中进行观察。教师也只有在对幼儿进行综合观察评价的基础上，才能对每个幼儿提出个性化的指导建议，并为其提供适宜的区域环境及材料。教师对幼儿工作状态的观察可以从以下几个方面出发。

（一）情感

区域活动、材料以及人是影响幼儿情感的重要因素。对应地，区域活动中对幼儿情感的评价也主要从这三方面进行。

首先，教师可以观察幼儿对区域活动的开展是否感兴趣，是否期待开展区域活动，是否乐意参与区域活动。幼儿对区域活动感兴趣时，会将注意力集中在区域中，并在操作时会更活泼、自信和专注。教师可以通过观察幼儿在某个区域操作的时间以

及专注程度来了解幼儿是否对区域活动感兴趣。

其次，教师要观察幼儿是否对区域材料感兴趣，是否珍惜材料。幼儿对区域材料的兴趣主要表现在是否愿意操作材料、是否偏爱某种类型的材料、是否能坚持完成操作。了解幼儿对区域材料是否珍惜，主要通过观察幼儿是否爱惜材料，是否能够采用适宜的方式操作材料，是否能在操作结束后整理材料。

最后，教师应观察幼儿在区域活动时对教师、对其他幼儿的情感。评价幼儿对教师的情感，主要观察幼儿是否能够喜欢、尊重并信任区域活动中的教师。具体表现在幼儿是否愿意倾听教师的谈话、是否愿意与教师分享、遇到困难时是否能主动向教师求助等。评价幼儿对同伴的情感，主要观察幼儿在区域活动中能否与其他幼儿友好相处。区域活动虽然是一种个别化的操作活动，但这种活动是在同一时间内开展和进行的，在个别化的操作中，幼儿和幼儿之间必然会有互动和交流。比如，教师观察当两名幼儿同时选择了一份材料时能否协商恰当地处理问题，幼儿在操作时能否注意自己的行为与语言，不干扰其他幼儿的操作。

（二）知识与技能

区域活动的知识是指各区域活动以材料为载体，体现各领域事物的特征、属性以及联系。对幼儿知识的评价上，教师可以从四个方面着手，即评价幼儿区域知识的系统性、全面性、深入性和迁移性。

区域知识的系统性是指幼儿对单独区域中系统化知识的掌握情况。评价幼儿各区域知识的系统性，也就是观察幼儿在某个区域活动中是否通过对材料的操作把握了这个区域的系统性知识。

区域知识的全面性是指幼儿对所有区域的系统知识形成的知识体系的全面程度。评价幼儿知识的全面性，可通过观察幼儿是否只热衷于某个区域的情况。

区域活动中教师会依据全班幼儿不同的发展水平提供不同层次水平的材料。有些材料所包含的知识相对简单，不够深入，有的相对深入。教师可以通过观察幼儿选择材料的类型、操作时的深入程度以及操作结果来评价幼儿是否掌握了较为深入的区域知识。

区域知识的迁移性是指幼儿能否在各区域的知识之间相互迁移应用。各区域所承载的知识内容之间相互联系、相互渗透，形成一个完整的体系。教师在评价时应该注意观察幼儿能否将在某个区域获得的知识转移到另一个区域中。

除了对幼儿知识的评价，教师在区域活动中也应该观察评价幼儿的技能表现。类似的，教师可以评价幼儿在区域活动中技能使用的熟练性、迁移性、多样性。比如说，幼儿在艺术区中"画、涂、粘、剪"等技能，在感官区中"抓、捏、夹、舀、剥、倒"等技能。

（三）学习品质

《幼儿园教育指导纲要（试行）》提出，"重视幼儿的学习品质。幼儿在活动过程中表现出的积极态度和良好行为倾向是终身学习与发展所必需的宝贵品质。"幼儿在操作区域材料的时候表现出不同类型、不同发展水平的学习品质，通过对幼儿学习品质的评价，了解幼儿在区域活动中的发展情况，并根据评价结果做出适当的干预。区域活动中可以评价的幼儿学习品质包括：规则意识、专注力、坚持性、问题解决、动手操作、社会交往等。

评价幼儿的规则意识上，在幼儿操作区域材料时，教师要观察他们是否按照既定的操作程序、操作要求行事，如，是否保持安静、是否将用过的材料整理完好放回原位、是否爱惜材料、是否按照正确的程序使用材料等。

评价幼儿在区域活动中的专注力，教师应重点关注他们与材料的互动情况。教师可以观察幼儿在每一份材料操作上的专注程度，观察幼儿在操作材料时是否易受外界干扰影响。

评价幼儿在区域活动时的坚持性，教师可以观察幼儿在每一份材料操作上的持续时间，了解幼儿是否能坚持完成自己选择的工作，而不是经常性更换操作材料。当然，如果幼儿选择的材料难度与其发展水平不适宜，那么则会影响其操作的坚持程度，教师对此要有所把握。

在区域活动中，幼儿在与材料的互动中会遇到很多问题和困惑，这些困难能在一定程度上激发幼儿主动寻求解决问题的方法，是一种很好的自我学习的机会。教师应观察幼儿在材料操作时能不能主动克服操作中的困难，有效解决问题，在需要时提供引导与帮助。

另外，根据幼儿与操作材料之间的互动，教师也可以评价幼儿的动手操作能力是否得以提高。通过观察和分析幼儿在区域活动中，尤其是在创意区域中的表现，评价幼儿的社会交往能力发展水平是否有所提高。

二、教师对幼儿所完成工作的观察与评价

每完成一份区域工作都是幼儿的一个进步。教师除了在幼儿工作时进行观察，也可以对幼儿所完成的工作进行观察，评价工作完成的效果；在需要的时候，还可以对幼儿完成的工作进行拍照，作为观察记录收入幼儿的成长档案之中。

教室里幼儿数量众多，每名幼儿在一天的区域活动时间内完成的工作数量也往往不止一份，教师难以对所有幼儿所完成的所有工作都有观察。因此，教师更多地是有

所选择地对个别幼儿做有针对性的观察。教师对幼儿所完成工作的观察，主要针对以下几种情况。

（一）幼儿操作难度较大的工作材料时

这时幼儿对材料的操作可能会有两种情况，一种是完成操作，效果良好，教师可以对工作的完成情况进行拍照记录，也可以顺便对幼儿提出表扬，肯定其敢于挑战、自主探究的品质。教师在随后的线上活动进行集体谈话时，教师可以对幼儿所完成的难度较大的工作材料做出介绍，期间可以让该名幼儿进行示范性操作，也可以直接展示操作的结果。另外一种情况是幼儿未能完成这份材料的操作。这时教师如果观察发现了，可以予以指导支持。

（二）幼儿操作新投放、新介绍的工作材料时

每天开始区域活动之前，教师可能会给幼儿集体介绍新的工作材料，这时会有感兴趣的幼儿前来尝试操作。教师应予以特别的关注。如果幼儿能较好地完成这份新的工作，那么教师同样可以进行鼓励与拍照保存。如果幼儿未能完成，教师可以考虑对儿童进行指导，或者对这份工作进行必要的调整。

（三）个别有需要的幼儿操作材料时

每个班级都会有个别发展水平相对较低，或者有特别需要的幼儿。当这些幼儿在区域活动投入精力操作材料时，教师应予以特别的关注。教师对这些幼儿完成工作的情况予以留意，同样要给予支持、鼓励。长此以往，这些幼儿的进步会更加明显。

三、区域工作的记录单反馈与评价

为了提升幼儿对区域活动的兴趣，除了为幼儿提供"有准备的、物化了的、可以通过直接操作进行探究的"[1]活动材料以外，教师还应加强操作材料的纸张化研发，区域活动中称之为"记录单"，是幼儿在区域活动中的学习过程通过完成记录单呈现，也就是"看得见"的学习。基本每份工作材料都有相应的记录单，供幼儿在完成工作的过程中记录。

幼儿在某区域完成工作记录单后，要及时盖好日期印章，记录好完成的时间，并根据幼儿的年龄特征，采用小班盖姓名印章、中班剪贴打印好的姓名、大班书写姓名

1 霍力岩，等. 幼儿园课程开发与教师专业发展——比较研究的视角[M]. 北京：教育科学出版社，2006：169.

等不同方法，让幼儿自己标注姓名。教师对幼儿完成的记录单要有选择地进行评析。记录单评析有助于教师把握幼儿在不同时期的成长和变化。记录单评析的内容有：用语言客观地描述操作情况，如，能观察与操作材料、完成记录单；分析对知识的掌握情况，如，初步理解了"10"的合成；使用工具和辅助材料的情况，如，能用夹子夹住玻璃珠；独立完成操作材料的能力，如，手部精细动作发展较好，可尝试常规区的绣花的操作活动。

教师在进行记录单评析时，并不需要对所有的记录单进行评析，可选用有纪念价值和教育价值的记录单。在方式上，可对有代表性的单一记录单进行评析，也可选用幼儿在不同时期完成的同一份材料的记录单进行跟踪式评析。最后，教师要将幼儿有价值的记录单定期收集到幼儿成长档案中。

第二节 对材料的评价

材料是区域活动教育内容的载体，在区域活动中，幼儿也是通过与科学设计的材料进行互动而得到发展的。在开展区域活动课程评价时，教师不仅要以幼儿为对象，也要以材料为对象进行评价。评价活动材料包括评价材料的安全性、完整性、吸引性、可操作性、层次性、引导性、适应性、规范性等方面。

（一）安全性

安全是区域材料的基本要求，教师首先应从安全的角度对材料进行评价。在评价材料是否具有安全性时，从以下几个方面进行：一是材料的外部安全因素，包括材料是否存在危险性，是否会伤害到幼儿，是否符合卫生保健的要求；二是材料的内在安全因素，包括材料的内容是否会让幼儿产生不安的情绪，是否会给幼儿造成心理阴影。

（二）完整性

在区域活动中，完整的活动材料有利于幼儿进行独立操作，也有利于教师将更多的时间和精力用于活动中的个别化指导。在评价材料的完整性时，应检查各个操作步骤所需的子材料是否齐全，如发现有缺失或破损，教师应及时补充，保持材料的完整性。

（三）吸引性

一份成功的材料首先要能吸引幼儿。衡量材料是否具有吸引性，需从区域材料制作的精美度、颜色的和谐度、情境性等方面来进行评价。

（四）可操作性

幼儿在区域中的自主学习都要通过操作材料来完成。因此，在区域活动中，评价材料是否具有可操作性，应考察材料是否给幼儿提供了操作与创造的空间。

（五）层次性

教师要根据班级幼儿的年龄特点、不同的能力、不同的发展水平，设计最适合幼儿"最近发展区"的不同层次的操作材料，以满足不同能力、不同发展水平的幼儿个体的需求。评价一份材料时，要先观察这份材料是否有前期材料，前期材料能否帮助幼儿建立探索本材料的初步经验，再观察是否有后续材料，后续材料能否进一步促进幼儿的发展。

（六）引导性

在区域活动中，幼儿是自主学习、自由探究的个体，幼儿在与材料的对话中，实现区域活动的教育目标。在设计材料的过程中，教师要根据幼儿的操作能力，设计出能让幼儿进行正确操作的线索；在评价材料的引导性时，教师应观察幼儿是否能利用材料中的线索，独立操作并形成成果。

（七）适宜性

区域材料作为教育材料，同样需要讲究儿童发展适宜性。在评价材料的适宜性时应从以下两个角度进行：一是从材料出发，考察这份材料的目标、内容是否贴近所属区域的总目标；二是从幼儿出发，首先观察这份材料所要传递的知识是否符合幼儿的认知发展水平，然后观察材料的操作难度是否符合幼儿的能力发展水平。

（八）规范性

区域活动材料以开放的形式呈现在活动室中，材料的摆放整齐、规范、合理，有利于幼儿的操作，也有利于建立一个有秩序的活动空间，并培养幼儿的秩序感和美感。因此，每份材料在摆放上需要规范，每个班级中所有材料的摆放也需要规范。

本章小结

幼儿园课程区域活动中进行的评价实践包括对幼儿和材料的评价。首先，对幼儿的评价是通过观察幼儿在区域活动中的操作及其操作成果，来了解幼儿在区域工作中的适应程度，以及幼儿知识、情感、技能、学习品质等的个性化发展情况。教师可以对幼儿的工作状态、对幼儿所完成的工作、对幼儿操作完成的记录单进行观察评价。其次，对材料的评价则主要是基于材料的安全性、完整性、吸引性、可操作性、层次性、引导性、适应性、规范性等方面，从而评估区域材料设计的适宜性，支持区域课程的建设。

第十章　主题活动中的评价

主题活动的有效开展离不开对活动及幼儿的评价。教师只有在进行活动计划、实施、评价、反思和再计划这样一个循环往复、螺旋上升的流程中，才能真正达成《幼儿园教育指导纲要（试行）》所提出的"教师应成为幼儿学习活动的支持者、合作者、引导者"的要求。评价主题活动的质量可以从两个角度着手进行，分别是对活动的评价和对幼儿的评价。通过对活动的评价，教师可以了解主题活动开展的具体问题并加以改进；通过对幼儿相关经验及品质的评价，可以了解主题活动持续开展的实际效果。

第一节　对活动的评价

活动开展包括前、中、后三个阶段，这从"主题活动的开展"这一章中的实例"我们的社区"可以看出。单次活动可以采用"主题活动的预设及生成表"来记录活动开展前、中、后三个阶段的情况，依次对应活动目标及要点、活动实施记录、活动反思。基于此，对活动的评价可以从两个方面进行，一个是活动开展中的评价，另一个是活动开展前后的评价。

一、活动开展中的评价

在主题活动开展中，师幼互动、幼儿间互动、幼儿操作等都会呈现出来。观察教师和幼儿的表现，可以对活动开展的适宜性、有效性做出评估。我们基于主题活动的本质特点，对活动开展进行评价。

（一）探究性

每次活动开展中，我们都应该首先关注活动的探究性如何。幼儿园课程中，主题活动的核心特征是"问题连续体"，活动开展时，我们关注活动是否体现幼儿发现问题、理解问题、解决问题的探索过程。

例如，教师在"我真能干"这个小主题中，最初给幼儿讲述《来洗头》的绘本，以一个小熊洗去头上的蜂蜜这个故事，开始让幼儿思考一连串切合其生活经验、能引发其兴趣的问题：你洗过头吗？是谁帮你洗的？怎样洗呢？小熊怎样洗去头上的蜂蜜？怎样吃蜂蜜才不会弄脏头发呢？……这些问题让幼儿有思考、探究的空间。随后，教师让幼儿回家去实验，"怎么吃蜂蜜才不会弄脏衣服和头发？"给了幼儿探究的可能。如果教师在开展活动时，直接说出生活自理常识而不是让幼儿思考、探究的话，可能就剥夺了幼儿主动思考、亲身体验的机会，这将使幼儿的经验获得变得被动、间接，不利于幼儿的成长。

（二）合作性

活动开展中，我们关注幼儿与幼儿之间、幼儿与家长之间、幼儿与教师之间是否合作解决问题、完成任务。主题活动是集体探究的过程，因此，集体合作性是主题活动开展所需强调的。

例如，教师在"圣诞节"这个小主题中，就引导幼儿集体装饰班级的圣诞节环境，在提供集体解决问题、完成任务的机会后，教师有意识地引导部分幼儿合作完成圣诞树的装饰、配合使用透明胶座等，就促使了幼儿开展同伴间的合作。同时，教师在旁边陪同，激发幼儿与教师一起合作完成一些较难的装饰任务。如果教师只是让幼儿独立进行个别的装饰，那么活动的合作性也就大大减少，幼儿的合作机会将被剥夺。

（三）平等性

活动开展中，教师在幼儿之间是"平等中的首席"，而幼儿之间同样是平等的。对活动开展的评价，要关注于集体探究过程的平等。但"平等"不是"平均"，不代表机会的绝对均等，而是人格、权利上的平等，活动机会也应该是开放的，不能厚此薄彼，对能力发展较弱的幼儿还应给予更多关注与参与机会。

例如，教师一般在集体分享环节，经常会盘腿与幼儿一起坐在地板上谈话，从外部行为上体现教师与儿童的平等。除此之外，教师在与幼儿谈话时，更多使用对等的问答，而不是命令或祈使。另外，幼儿之间，教师不会持机械唯一的评价标准，不会持顽固保守的儿童观，而是保持开放的态度认知理解每个幼儿，既看到幼儿的优点与缺点，也看到幼儿之间的共同点与个性。

（四）灵活性

主题活动的开展强调内容与形式的多元开放，活动开展应富有灵活性。在对一个活动进行评价时，应关注教师开展活动的灵活性，这也是认同幼儿生成新问题的一种体现。如果一个活动的开展只有对活动预设的全盘执行，而对活动开展中幼儿出现的表现及生成的新问题不加以关注，那么活动就很难说是具备灵活性的。

例如，在"我们的社区"主题活动开展中，教师带领幼儿在社区中观察的时候，幼儿临时发现了游泳池旁边的大罐子，对这些大罐子的作用非常好奇，这个时候教师顺便与幼儿围绕"游泳池旁边的大罐子是干什么用的？"这个新生成的问题进行交流，很好地促进了幼儿的探究及思考能力。这样也让原本的单纯观察活动变得有趣开放。

二、活动开展前后的评价

活动开展前后，同样需要对主题活动做出评价。活动开展前，需要关注活动开展前的计划；活动开展后，需要关注活动开展后的反思。对于活动计划，我们要评估横向上是否体现各级目标、活动内容之间的联系性、统一性；纵向上是否体现前一个活动和后一个活动的连续性和递进性。对于活动反思，我们要评估教师是否通过对幼儿已有经验的了解，再次制订出切实可行的教育目标，达到提升幼儿经验、能力的目的。同样基于主题活动的本质特点，我们可以对活动开展前后进行评价。

（一）目的性

评估活动开展前的目标制订，可以了解教师开展活动的适宜程度。如果活动目标设置过高或过低，活动开展时未能适时调整，那么活动开展就会出现参与度不高的问题。各级目标之间要互相关联统一，并与前一个活动连贯起来，并为后续的活动做好准备。

比如说，在开展"圣诞节"小主题的活动时，教师在第一次活动"社区里的圣诞环境"中的目标是：观察圣诞节日的各种装饰品，及其装饰和固定的方式；体验节日的快乐。

在第二次活动"我们一起来装扮"的目标是：幼儿尝试与同伴合作讨论，制订布置方案，用自己的方式动手打扮班级圣诞环境；进一步体验节日来临的快乐气氛。

在第三次活动"祝福送给您"的目标是：幼儿用粘贴或绘画的方式，制作独特的节日祝福贺卡；敢于用完整的语言向同伴或邻居表达节日的祝福。

由此可见，教师在开展每个活动都有明确的目标，同时，活动之间的目标具有连贯性，活动目标与活动内容也紧密联系，且与幼儿的发展水平、兴趣点相契合。

（二）计划性

活动开展前，教师是否对活动的开展程序有预先的思考，这对于活动开展是否顺利有很大的影响。没有计划的主题活动将变得随意无序，这对幼儿的发展非常不利。预设是有效生成的前提，没有计划就没有变化。通过对主题活动开展前所做计划的评估，可以了解主题活动开展的准备情况。

同样是"圣诞节"这个小主题，教师的活动计划除了具体的目标，还包括每次活动开展的要点，这些要点以简明扼要的方式呈现教师对活动开展的预设，充分展现其计划性。

在第一个活动"社区里的圣诞环境"中，教师预设的活动要点如下。

（1）以社区的圣诞布置变化为题，引发幼儿对节日装饰品的关注。

（2）引导幼儿对已知的经验进行讨论，进一步激发幼儿思考：你们知道这些装饰品是如何装饰和固定的吗？

（3）将幼儿分成2组，带领孩子到幼儿园各班去参观其他班级的圣诞装饰情况。

在第二个活动"我们一起来装扮"中，教师预设了如下要点。

（1）教师激发幼儿装扮教室圣诞氛围的兴趣。

（2）引导幼儿自由分组，讨论制定布置方案。

（3）幼儿分头动手布置，教师进行适当的帮助。

（4）与幼儿共同参观、感受自己装扮成果。

在第三个活动"祝福送给您"中，教师预设的要点如下。

（1）结合圣诞节，激发幼儿制作节日贺卡的愿望。

（2）教师向幼儿介绍基本的材料，并提醒安全事宜。

（3）幼儿自由选择材料进行创作、表征。

（4）教师鼓励幼儿把做好的作品，赠送给朋友或邻居。

由此可见，教师对每次活动的开展都做到了心中有数，对活动开展的各个环节都有一定的计划性，而不是随意进行的，这确保了主题活动开展的有序性、充分性。

（三）综合性

主题活动开展后，评价时还需要关注活动开展的综合性。活动的综合性并不是针对单一活动而言，而是对多次活动、系列主题活动的评估。不同活动应涉及不同领域，多次活动将综合五大领域或多元智能。如果主题活动的开展内容只是集中于特定领域，那么综合性的体现就有所欠缺，对幼儿的发展促进就不全面。

比如说，教师在"我真能干"这个小主题中，最初给幼儿讲述《来洗头》的绘本，属于语言领域；随后开展的"我会做""来擦椅子"的活动都是社会领域，培养幼儿的自理能力，体会大人对自己的爱；接下来还开展了音乐活动"不再麻烦好妈妈"。这样，主题活动的开展更加灵活，自然富有综合性。

第二节　对幼儿的评价

主题活动评价除了针对主题活动开展本身，还可以从评价幼儿发展的情况来了解主题活动开展的效果，进而了解主题活动开展的适宜性。好比身体运动不足或无效将造成幼儿体质体能的滞后，主题活动开展的质量低下也将会造成幼儿在相关方面的发展滞后。这些方面包括经验的获得及学习品质的培养。对此，评价幼儿是否在不同领域都拥有相对丰富的经验，是否拥有适应集体探究的良好的学习品质，能反映主题活动的成效及开展情况。

一、经验的获得

主题活动与区域活动的最大区别在于集体探究而非个别探究。因此，信息及经验的集体分享、注重真实体验及探究经历，这些都会给予幼儿丰富多元的学习经验。观察评估幼儿不同领域、不同智能上知识、技能的获得情况，可以直观地了解幼儿在主题活动中的成长与收获。根据《幼儿园教育指导纲要（试行）》及多元智能理论，可以将幼儿经验的获得分为多个方面，进而全面评估幼儿经验的获得情况。

（一）五大领域

《幼儿园教育指导纲要（试行）》提出来幼儿需要获得发展的五大领域，依次为：健康、语言、社会、科学、艺术，并对应提出不同领域的目标、内容与要求。这些对于主题活动目标的制订、内容的选择具有很强的指导意义。除此之外，在评价中，可以从这些方面来了解幼儿从主题活动中所获得的经验的完整程度。当然，幼儿的经验从生活中的方方面面得来，但主题活动作为幼儿园课程中经验传递较为可控的部分，我们需要通过评价幼儿经验进而反思主题活动开展的效果。以下简单展示《幼儿园教育指导纲要（试行）》中所提出的幼儿所需获得的不同领域的经验，并将适合在主题活动中渗透、传递的经验用下划线标出。通过观察幼儿可以了解幼儿经验获得的情况。

表10-1　《幼儿园教育指导纲要（试行）》各领域的目标和要求

领域	目标	内容与要求
健康	1. 身体健康，在集体生活中情绪安定、愉快。	1. 建立良好的师生、同伴关系，让幼儿在集体生活中感到温暖，心情愉快，形成安全感、信赖感。

续表

领域	目标	内容与要求
健康	2. 生活、卫生习惯良好，有基本的生活自理能力。 3. 知道必要的安全保健常识，学习保护自己。 4. 喜欢参加体育活动，动作协调、灵活。	2. 与家长配合，根据幼儿的需要建立科学的生活常规。培养幼儿良好的饮食、睡眠、盥洗、排泄等生活习惯和生活自理能力。 3. 教育幼儿爱清洁、讲卫生，注意保持个人和生活场所的整洁和卫生。 4. 密切结合幼儿的生活进行安全、营养和保健教育，提高幼儿的自我保护意识和能力。 5. 开展丰富多彩的户外游戏和体育活动，培养幼儿参加体育活动的兴趣和习惯，增强体质，提高对环境的适应能力。 6. 用幼儿感兴趣的方式发展基本动作，提高动作的协调性、灵活性。 7. 在体育活动中，培养幼儿坚强、勇敢、不怕困难的意志品质和主动、乐观、合作的态度。
语言	1. 乐意与人交谈，讲话礼貌。 2. 注意倾听对方讲话，能理解日常用语。 3. 能清楚地说出自己想说的事。 4. 喜欢听故事、看图书。 5. 能听懂和会说普通话。	1. 创造一个自由、宽松的语言交往环境，支持、鼓励、吸引幼儿与教师、同伴或其他人交谈，体验语言交流的乐趣，学习使用适当的、礼貌的语言交往。 2. 养成幼儿注意倾听的习惯，发展语言理解能力。 3. 鼓励幼儿大胆、清楚地表达自己的想法和感受，尝试说明、描述简单的事物或过程，发展语言表达能力和思维能力。 4. 引导幼儿接触优秀的儿童文学作品，使之感受语言的丰富和优美，并通过多种活动帮助幼儿加深对作品的体验和理解。 5. 培养幼儿对生活中常见的简单标记和文字符号的兴趣。 6. 利用图书、绘画和其他多种方式，引发幼儿对书籍、阅读和书写的兴趣，培养前阅读和前书写技能。 7. 提供普通话的语言环境，帮助幼儿熟悉、听懂并学说普通话。少数民族地区还应帮助幼儿学习本民族语言。
社会	1. 能主动地参与各项活动，有自信心。 2. 乐意与人交往，学习互助、合作和分享，有同情心。 3. 理解并遵守日常生活中基本的社会行为规则。	1. 引导幼儿参加各种集体活动，体验与教师、同伴等共同生活的乐趣，帮助他们正确认识自己和他人，养成对他人、社会亲近、合作的态度，学习初步的人际交往技能。 2. 为每个幼儿提供表现自己长处和获得成功的机会，增强其自尊心和自信心。 3. 提供自由活动的机会，支持幼儿自主地选择、计划活动，鼓励他们通过多方面的努力解决问题，不轻易放弃克服困难的尝试。

续表

领域	目标	内容与要求
社会	4. 能努力做好力所能及的事，不怕困难，有初步的责任感。 5. 爱父母长辈、老师和同伴，爱集体、爱家乡、爱祖国。	4. 在共同的生活和活动中，以多种方式引导幼儿认识、体验并理解基本的社会行为规则，学习自律和尊重他人。 5. 教育幼儿爱护玩具和其他物品，爱护公物和公共环境。 6. 与家庭、社区合作，引导幼儿了解自己的亲人以及与自己生活有关的各行各业人们的劳动，培养其对劳动者的热爱和对劳动成果的尊重。 7. 充分利用社会资源，引导幼儿实际感受祖国文化的丰富与优秀，感受家乡的变化和发展，激发幼儿爱家乡、爱祖国的情感。 8. 适当向幼儿介绍我国各民族和世界其他国家、民族的文化，使其感知人类文化的多样性和差异性，培养理解、尊重、平等的态度。
科学	1. 对周围的事物、现象感兴趣，有好奇心和求知欲。 2. 能运用各种感官，动手动脑，探究问题。 3. 能用适当的方式表达、交流探索的过程和结果。 4. 能从生活和游戏中感受事物的数量关系并体验到数学的重要和有趣。 5. 爱护动植物，关心周围环境，亲近大自然，珍惜自然资源，有初步的环保意识。	1. 引导幼儿对身边常见事物和现象的特点、变化规律产生兴趣和探究的欲望。 2. 为幼儿的探究活动创造宽松的环境，让每个幼儿都有机会参与尝试，支持、鼓励他们大胆提出问题，发表不同意见，学会尊重别人的观点和经验。 3. 提供丰富的可操作的材料，为每个幼儿都能运用多种感官、多种方式进行探索提供活动的条件。 4. 通过引导幼儿积极参加小组讨论、探索等方式，培养幼儿合作学习的意识和能力，学习用多种方式表现、交流、分享探索的过程和结果。 5. 引导幼儿对周围环境中的数、量、形、时间和空间等现象产生兴趣，建构初步的数概念，并学习用简单的数学方法解决生活和游戏中某些简单的问题。 6. 从生活或媒体中幼儿熟悉的科技成果入手，引导幼儿感受科学技术对生活的影响，培养他们对科学的兴趣和对科学家的崇敬。 7. 在幼儿生活经验的基础上，帮助幼儿了解自然、环境与人类生活的关系。从身边的小事入手，培养初步的环保意识和行为。
艺术	1. 能初步感受并喜爱环境、生活和艺术中的美。 2. 喜欢参加艺术活动，并能大胆地表现自己的情感和体验。	1. 引导幼儿接触周围环境和生活中美好的人、事、物，丰富他们的感性经验和审美情趣，激发他们表现美、创造美的情趣。 2. 在艺术活动中面向全体幼儿，要针对他们的不同特点和需要，让每个幼儿都得到美的熏陶和培养。对有艺术天赋的幼儿要注意发展他们的艺术潜能。

续表

领域	目标	内容与要求
艺术	3. 能用自己喜欢的方式进行艺术表现活动。	3. 提供自由表现的机会，鼓励幼儿用不同艺术形式大胆地表达自己的情感、理解和想象，尊重每个幼儿的想法和创造，肯定和接纳他们独特的审美感受和表现方式，分享他们创造的快乐。 4. 在支持、鼓励幼儿积极参加各种艺术活动并大胆表现的同时，帮助他们提高表现的技能和能力。 5. 指导幼儿利用身边的物品或废旧材料制作玩具、手工艺品等来美化自己的生活或开展其他活动。 6. 为幼儿创设展示自己作品的条件，引导幼儿相互交流、相互欣赏、共同提高。

由上表可以发现，《幼儿园教育指导纲要（试行）》提出的基于五大领域的幼儿发展目标及内容，是教师评价幼儿经验获得的重要指标，通过评价，教师可以从主题活动中进行弥补，保证幼儿经验获取的完整、全面。

（二）多元智能

幼儿园的主题活动在借鉴多元智能理论、学习瑞吉欧方案教学的基础上开展，因此，在评价幼儿经验获得的时候，也可以从多元智能上来对幼儿经验获取进行评估，评估信息可以反作用于主题活动的开展。

表10-2　多元智能名称及特征

智能名称	智能特征
言语-语言智能	听、说、读和写的能力。
音乐-节奏智能	感受、辨别、记忆、改变和表达音乐的能力。
逻辑-数理智能	运算和推理的能力。
视觉-空间智能	感受、辨别、记忆和改变物体的空间关系并借此表达思想和情感的能力。
身体-动觉智能	运用四肢和躯干的能力，包括有效控制身体运动的能力、灵活地操作物体的能力以及协调身体和大脑的能力。
自然观察智能	能够识别植物群和动物群，能够对自然界中各种物种分门别类，并且能够使用自然观察智力（在打猎、农业、生物科学等领域）生产出有效产品的能力。
人际交往智能	与人相处和交往的能力。
自知自省智能	认识、洞察和反省自身的能力。

基于多元智能的评价，同样可以了解幼儿经验获取的完整程度，进而考虑从主题活动上促进幼儿更丰富、更全面的经验的获得。

二、学习品质的培养

与区域活动注重培养幼儿的专注性、坚持性不同，主题活动更注重培养幼儿其他方面的学习品质。这些学习品质包括：好奇心、主动性、创造性及合作性。从幼儿园课程的整体来看，区域活动与主题活动培养的学习品质具有明显的互补性，从而使幼儿具备独立学习与合作学习、坚持不懈且富有创造性等多维、可持续、有潜力的学习发展能力。通过评价幼儿这些方面学习品质的发展情况，可以了解主题活动开展的成效，进而对主题活动的开展有所改进、提升或保持。

（一）好奇心

主题活动的核心特征是"探究性"，活动开展需要经历提出问题、分析问题、解决问题的探究过程，贯穿主题活动的则是"问题连续体"。因此，主题活动的有效开展能培养幼儿关注未知、好问的特点，对其所生活的世界、周围环境富有好奇心。如果集体教学活动不具备探究性，成人有意无意地阻碍幼儿发问，打击幼儿的好奇，那么幼儿很难具有强烈的好奇心，这对幼儿心理的健康发展非常不利。通过观察幼儿是否对未知好奇，是否有探索的愿望，可以了解主题活动开展的效果。

（二）主动性

与区域活动类似，主题活动在探究中同样是解决问题、完成任务的过程，需要幼儿作出选择和计划，积极参与、合理冒险、解决问题。在集体探究中，主题活动更强调幼儿主动性的发挥，只有主动参与，幼儿才能更好地在主题活动中融入集体，获得快乐。主题活动开展的时间越长，幼儿的主动性体现将更明显。通过观察幼儿是否主动参与集体活动，是否有主动解决问题的习惯，都可以了解主题活动开展的情况。

（三）创造性

主题活动中，教师提出的开放性的问题，鼓励幼儿创造性地提出新颖独特的想法，另外，在解决问题的过程中，同样需要幼儿创造性的参与，寻求丰富的解决途径。通过观察幼儿是否富有创造性，是否能提出新颖的观点，幼儿集体是否能提出多样丰富的观点，可以了解特定班级中主题活动开展的情况。

（四）合作性

主题活动是集体探究的活动，需要幼儿与同伴、教师、家长等合作解决问题、完成任务。《幼儿园教育指导纲要（试行）》提出应培养幼儿"乐意与人交往，学习互助、合作和分享，有同情心"的品质，即幼儿进行合作学习所需要的交往、协同能力。观察幼儿在主题探究中的合作品质，可以深入了解主题活动开展的情况。

本章小结

幼儿园主题活动的评价实践包括对活动与幼儿的评价。首先，主题活动开展包括前、中、后三个阶段，单次活动可以采用"主题活动的预设及生成表"来记录活动开展前、中、后三个阶段的情况，依次对应活动目标及要点、活动实施记录、活动反思。其次，也可以从评价幼儿发展的情况来了解主题活动开展的效果，进而了解主题活动开展的适宜性。对主题探究活动中幼儿的评价，主要包括评估幼儿在主题活动中经验的获得及学习品质的培养。幼儿是否在不同领域都拥有相对丰富的经验，是否拥有适应集体探究的良好的学习品质，能较好地反映主题活动的成效及开展情况。

第三篇
支架儿童主动学习的教师培训实践

篇首语

课程与教师同步发展是幼儿园课程开发中教师培训的首要理念。离开优秀的教师，幼儿园课程就会枯萎、凋谢。不管是实践总结还是理论提升，我们都认为，课程与教师发展一体化旨在让教师获得真正的专业成长，从而促进幼儿园课程的完善、发展。

充分发挥主动性，既是孩子在幼儿园课程中所拥有的生活学习状态，也应该是老师在幼儿园课程中所拥有的专业发展状态。在教学实践中促进教师专业成长应该是教师培训的不二法门。由此，参与式教师培训是幼儿园课程所强调的教师培训理念，也是幼儿园课程所贯彻的教师培训方式。

《增广贤文》中有句俗语——"师傅领进门，修行在自身"，点出了行业发展中既需要先辈引领又需要自我修炼的道理。我们在实践中也发现师徒制对于新手教师迅速理解幼儿园课程，成长为专业的幼儿教师是不可或缺的。

可以说，教师培训是支撑幼儿园课程教学实践的依托。本篇带您发现支持幼儿园课程有效实施的教师培训体系，理解其中的培训理念，感知其中的培训内容及形式，从而真正走进幼儿园课程。

第十一章 教师培训理念

幼儿园需要理解并适应课程的教师队伍，来保证园本课程的有效实施，因此，对教师进行园本培训十分必要。在课程建设中，我们在发现、验证优秀教师的独特、重要价值的同时，也在思考、探索如何培养优秀的教师，促进幼儿园课程的实践、发展。在这个过程中，我们总结了三项教师培训的基本理念，即：课程与教师发展一体化、参与式教师培训的开展、师徒制的坚持。这三项教师培训理念，是幼儿园课程培训体系中所采用的多种形式及内容的前提，指引着园本教师培训中的行为，为幼儿园课程的师资队伍建设起着根本性的影响。

第一节 课程与教师发展一体化

"幼儿园课程开发与教师专业发展一体化"是指"促使有创造性的、作为主体的教师积极主动地开发课程，并在开发课程的过程中不断寻求自身的发展；同时通过自身的发展更好地推动课程的开发，从而实现课程开发与教师发展的良性循环"[1]。对课程开发与教师专业发展之间关系的这种新提法，其实是将两者视作"一体两面"的统一过程[2]。将幼儿园课程开发与教师专业发展相结合，让教师成为行动研究者，高校专家与幼儿园教师合作开展行动研究，研究的主体既是专家，也是一线幼儿园教师，研究对象就是教师在课程实践中所遇到的现实问题，这对于园本课程的开发与教师的专业发展都具有重要意义。

一、课程与教师一体化发展的内部动力

在真实的幼儿园园本课程开发实践中，教师们因为经验不足、知识欠缺等诸多原因，难免遇到许多困难，这些困难往往是出现在课程开发过程中的具体的问题，专家也可能因缺乏实践经验或实地考察而提供不了有效的解决策略。另外，课程开发中的

---

1 霍力岩等. 幼儿园课程开发与教师专业发展：比较研究的视角[M]. 北京：教育科学出版社，2006.
2 霍力岩，高宏钰. 课程开发与教师专业发展一体化及其价值——谈石景山区绿色学前教育项目中的课程与教师之间的关系[J]. 中国教师，2013（11）：16-18.

具体问题或大或小，数量繁多，教师也不可能都直接求助专家支援——而专家在课程开发全过程中的"事无巨细""形影不离"对于教师的主动成长也是不利的。因此，问题能否得到有效解决成为教师是否真正参与到课程开发之中并获得发展的实践标准。换句话说，问题解决是课程开发与教师发展一体化得以发展的内部动力。教师参与课程开发的关键是解决课程实施中遇到的问题，止步不前或质疑专家都是消极的力量，不利于课程与教师的协同发展。教师在实施课程中进行问题解决正是在具体教育教学情境中发展理论知识与专业能力的过程，这一过程不能为专家的单一判断、指导、决策所替代；而专家因为远离真实实践情境也难以做出绝对正确的决策，这对于课程的适宜性发展也是不利的。课程落到班级中的实施方式还是需要教师亲自做出决定而非专家[1]。可以说，幼儿园园本课程的开发，就是在专家大方向的引领下，教师在实施课程的过程中发现问题、研究问题并解决问题，并反复循环、螺旋上升。

二、课程与教师一体化发展的影响因素

我们将影响幼儿园课程开发与教师专业发展一体化的实践因素主要划分为六种，这六种实践因素的积极发展将为教师专业发展提供保障，从而促进幼儿园课程的开发。

（一）专家引领、指导

幼儿园课程开发与教师专业发展一体化并不代表教师可以独立进行课程开发。在技术性阶段和实践性阶段，来自课程专家的引领与指导还是非常必要的。课程专家与幼儿园应达成良好的合作关系，使幼儿园课程开发既符合专家的研究领域及研究兴趣，而幼儿园又能从专家的指导中获益。同时，在课程总结等过程中，也离不开专家的指导与理论支持。

（二）家长支持、参与

幼儿园课程开发的工作首先需要得到幼儿家长的支持，尤其是在课程实施的探索阶段。让家长理解新课程对幼儿的发展价值，并使其信任教师的教学工作，是课程开发工作能顺利开展的前提。在赢取家长的信任之后，在必要的情况下可以调动家长的物质、时间等的积极参与，也可以从家长中获得对课程实施的反馈意见。

1　Monson M P, Monson R J. Who creates curriculum? New roles for teachers[J]. Educational Leadership, 1993, 51（2）: 19-21.

（三）对幼儿为本的坚持

课程开发的出发点与落脚点仍是幼儿的发展。因此，课程开发应顺应幼儿的发展需要，在实践过程中，对幼儿的观察与发展评价是不可或缺的，以此及时对课程进行必要的调整。幼儿在幼儿园的一日生活中获得全面的发展是课程开发的重要目标，而当课程开发中与此目标相左的问题出现时，教师需要及时寻求策略予以解决。

（四）幼儿园文化

文化是幼儿园的灵魂，会对师幼的人生观、价值观产生潜移默化的影响，也是凝聚人心、提升幼儿园质量的"无形推手"。课程领导者应该与实践者形成一种"默契"，这种合作的状态的前提是统一目标，从而自上而下形成课程开发的积极氛围。在这种氛围之中，教师也都将形成对课程专家的尊重，对课程问题的反思，对课程方案的领悟。

（五）资源支持

幼儿园课程开发与教师专业发展需要相应的资源支持，包括课程方案的学习内容、课程实施的基本资料、相关的物质支持、人力上的支持等。课程开发并不意味着盲目加重教师负担，因此，幼儿园管理者需要在时间及分工安排上做相应的调整，保证教师有充分的时间及精力进行课程的实践与反思。

（六）教师伙伴合作

"幼儿园课程开发是集体协作的工作"，园长、教研员等需要与班级教师有充分的交流、合作，而班级间、班级内的教师也需要有交流、分享、合作。课程开发中的教师伙伴合作所呈现的具体形式包括：园本课程培训及交流、课程实施讨论、教师经验分享、班级间观摩交流、定期的集体反思、新教师的园本培训等。充分发掘每个教师的专业能力是教师伙伴合作的要义，从而积极促进幼儿园课程的建设与完善。

第二节　参与式教师培训的开展

"参与了、学习了、提高了"，这是开展教师培训的另一重要理念。在课程开发的过程中，教师培训是经常进行的基本业务活动。我们希望在理论培训或技术性培训时，能调动教师参与，在动手动脑的过程中获得实质性的提升。对此，"参与式教师培训"得以引入，支持幼儿园课程中的教师培训。"参与式教师培训"能够使教师个体参与到群体活动中与其他教师个体合作学习的方法，形式灵活，可根据实际需要和条件创造。[1]在教师培训中常用的方法有小组讨论、案例分析、观看录像、观摩活动、小讲座、实际操作等。

一、参与式教师培训的特点

参与式教师培训的特点有许多，一般认为有：积极主动、平等参与、交流合作、在做中学、知识整合、主动建构等。有学者提出参与式教师培训一般遵循的原则有：平等参与，共同合作；尊重多元，形式多样；利用已有经验，主动建构知识；重视过程，促成改变；理论联系实际，具体与抽象相结合。[2]在幼儿园课程的教师培训实践中，我们也总结了三条可供幼儿园借鉴的参与式教师培训的基本特点。

第一，专家、园领导、家长和教师平等参与各种课程理论流派的讨论及案例分析，共同分享学习心得，在民主平等的气氛下交流、沟通与合作。

第二，通过在做中学的原则，帮助教师主动建构新知识，以获得新的经验。

第三，重视教师反思对培训本身的修正意义，也就是让教师也成为培训的主体。

二、参与式教师培训的内容

通过专家跟进、与课程改革同步的参与式师资培训，课程发展及教师发展都会有明显的成效。

幼儿园应根据课程专家的要求，以实际需求为切入点选择培训内容，通过参与式培训促进教师专业成长。教师的专业成长包括专业理论与技能的提升，以及在实践中反思与提高。在参与式培训中，工作过程就是学习过程，而理论培训只是参与式培训的一小部分。可以说，幼儿园应积极实践专家指导，园领导、家长参与，以教师为主体的参与式培训方法。在这种情况下，专家、园领导、家长和教师平等参与各种课程理论流派的讨论及案例分析，共同分享学习心得，在民主平等的气氛下交流、沟通与合作，通过在做中学，主动建构新知识，获得新经验。这种培训模式也能培养教师的反思能力，使得教师能更充分地理解所学习的知识或方法。

例如，在莲花二村幼儿园园本课程建设初期，教师需要集体进行区域活动的培训。区域活动培训中采用了参与式培训模式，其中经历过几个过程，最初是课程专家带领教师队伍集体进行各种理论流派的学习、讨论，包括蒙台梭利教育法、多元智能

1　陈向明.参与式教师培训的实践与反思[J].教育研究与实验，2002，1：66-71.
2　同上.

理论，在学习中组织教师对学习体验进行讨论。随后，教师将理论学习的经验付诸实践，并对实践的过程进行记录反思。园领导汇总所有教师在动手做后的反思，根据教师的疑问、实践情况，结合专家的意见，因时因地共同决定培训主题。

三、参与式教师培训的方法

参与式教师培训的方法多种多样，以下介绍一些幼儿园中常用的培训方法。

（一）研讨班

针对不同的学习主题，园领导可能会组织教师形成专题研讨班，对聚焦的研究问题集体探究、解决。这是发挥团队合作能力的有效形式。研讨班的研究讨论活动常常是群策群力，教师之间在独立研究的基础上互相分享交流，不断加深对某个专题的理解、掌握。

（二）课程方案的设计

针对课程的实施，专家会调动园领导及教师尝试设计课程方案，在此过程中让教师也参与课程架构的思考，对整体的课程规划及实施有更充分的理解。教师常常在对某部分的课程方案进行设计的时候，主动地去学习、反思相关课程与教学的知识与经验，并在专家指导中有所调整，有新的理解与思考。

（三）教师成长档案

园领导带领教师制作"教师成长档案"，培养教师的教学反思能力。教师们可以积累自己上观摩课、研究课、公开课、与省内外教师上交流课、集中研讨、小组讨论、集体备课等的相关素材，在整理材料的过程中反思自身的教育实践，并记录自己的专业成长轨迹。

例如，教师在理解"预设课程"和"生成课程"过程中，可以有意识地对比教师档案中原先计划的主题脉络和实际生成的主题脉络的异同，进一步思考发生转向的原因，反思自己在抓住儿童兴趣和需要中的"教育智慧"，促使教师有意识思考自己的教育过程的有效性，使以后对儿童的观察和设计个性化的课程更具方向性，同时对个人的强项也有一个清醒的认识，为开展教师间的合作指明道路。

可以说，参与式教师培训实现了教师教育行为的转变和教师角色的转换。多年来，教师教育行为有了三个转变：第一，教学方式从灌输到引导。第二，工作方式从孤立到合作。新的课程涉及多种领域和多元学习途径，教师必须密切合作，共同设计教育活动，共同探索相互激励，形成了一个以平等为前提，以互动为特征的教育工作群体。第三，师生关系从控制到对话。为实现每个幼儿富有个性的发展，师生之间、幼儿与幼儿之间宽容、接纳，心与心碰撞，使幼儿真正成为教育环境的主人。教师角色也发生了变化：一是从课程执行者到课程研究者、开发者，原来照教材备课，现在照"人"备课；二是从知识传授者到学习促进者；三是从教育者到学习者，真正实现了基于幼儿发展并促进幼儿发展的教育。

第三节　师徒制的坚持

"师徒制"是一种常见的教师教育模式，它是指"采用新手教师与资深教师合作的形式，使新教师通过对资深教师教学实践的观察、模仿和资深教师的具体指导，逐渐体悟职业的隐性经验与缄默知识，不断掌握专业技能和智慧的一种新教师培训方式"[1]。

一、"老带新"

对于幼儿园的教师培训来说，师徒制具有"不可替代性"。虽然教师可以随着课程发展而不断成长起来，也可以在参与式培训中获得新知识、新技能，但是缺少师徒制，真正优秀成熟的专业教师还是很难出现，这一点尤其体现在新教师教学技能的学习上。已有的研究显示，新教师最初教学时一般总要自觉或不自觉地选择某一位有经验的教师，作为认同的对象和教学行为的基本参照[2]。通过这种日复一日的观察、模仿实践、思考、再观察、再实践的循环过程，新教师逐渐掌握基本有效的教学技能，如果成熟教师指导得当或"用心"，新教师的教学能力将获得迅速提升。当然，师徒结对除了对新教师有利，对老教师也有诸多好处。首先，师徒结对给老教师带来了压力和动力[3]，促使他们在教学工作中不能懈怠，而要在以身作则中给新教师做好榜样，也在保证教学质量的同时促进老教师的进步。其次，师徒结对是新教师与老教师互动的过程，这其中必然伴随着教学相长和互相倾听[4]，老教师在幼儿教育工作中的倦怠、烦恼、经验教训等也可以在这一互动过程中向年轻人诉说、交流。可以说，通过师徒制培训新教师，实现了"以老带新，以新促老"的效果。

在莲花二村幼儿园的课程中，新教师进班后与班级经验丰富的教师结对，老教师担负起新教师的导师责任，在一日活动中跟踪观察新教师的所有教学行为，随时随地

1　杨显彪．"师徒制"：新手教师专业成长的必经之路．中小学教师培训，2006（3）．

2　叶澜．教师角色与教师发展新探[M]．北京：教育科学出版社，2001：313．

3　母远珍，沈俊，罗兰．从"师傅"的角度解读幼儿园师徒制教师专业成长模式[J]．学前教育研究，2008（06）：15-17．

4　同上。

地向他们讲解、剖析新教师实践过程中的现象与问题，从带班方法、各年龄段幼儿特点、活动设计、活动组织指导、活动反思等全方位地对新教师进行指导，丰富他们的幼教知识、提高他们的教学技能、帮助他们掌握科学的幼教方法，通过指导老师手把手地的传、帮、带，全面提升了新教师的保教水平。

二、"强带弱"

在幼儿园课程中，除了"老带新"这一种师徒结对方式，我们也注重"强带弱"，促进教师的蜕变发展。"强带弱"往往是新教师在跟班一段时间充分掌握保教技能之后，通过与经验丰富、方法得当的优秀教师、骨干教师乃至智慧型教师结对，从而反思自身已有的教育行为，不断深挖幼儿园课程的内涵，并学会解决教育中出现的新问题，突破专业发展的瓶颈，成长为优秀的幼儿教师。简单来说，"强带弱"的师徒制就是要把普通的老师变成优秀教师。

"强带弱"在幼儿园教师培训中尤为重要，体现得也比"老带新"更多。新手教师入门培训后在实践中慢慢走向成熟，掌握基本的保育与教育的专业能力是第一步。在此之后，师徒制将发挥更重要的培训作用，管理者会将骨干教师与年轻教师搭配，有意识地考虑对年轻教师某些更高级的专业素养的培养，让年轻教师在与骨干教师的合作中潜移默化，逐步成长为反思型、研究型，乃至智慧型的教师，真正支撑起幼儿园课程的可持续发展。

支持幼儿园课程的师资队伍中有一批是骨干教师，这批教师队伍对幼儿园课程体系有比较完整的认识，对班级中开展的各项工作有扎实的基本功，对幼儿的观察、理解更为深入。而另外的是年轻教师或工作时间长但专业发展受限的教师，这些教师在对课程理解、课程实施、幼儿认识上都与骨干教师存在一定的差距。对于存有强烈发展愿望的年轻教师，这些差距的弥补就要靠"强带弱"的培训方式了。对此，课程领导者会将有发展潜力的年轻教师与骨干教师合作，并定期寻找机会让年轻教师参加骨干教师的一些经验分享、技能展示等活动，并更多地为年轻教师提供深入学习幼儿园课程的机会，让他们在工作中不断有可能将实践与理论对接，更好地实现教师专业成长。

本章小结

课程与教师发展一体化、参与式教师培训、师徒制，是幼儿园课程遵循的教师培训理念，也是幼儿园课程采取的教师培训方法。首先，将课程开发与教师专业发展相结合，让教师成为行动研究者，高校专家与教师合作开展行动研究，研究的主体既是专家，也是一线教师，研究对象就是教师在课程实践中所遇到的现实问题。其次，对于参与式培训，强调教师集体分享、做中学、反思性学习，通过开展研讨班、设计课程方案、使用教师成长档案，实现教师专业成长。最后，通过"老带新""强带弱"的两种师徒制形式，安排新手教师与成熟型教师一起工作，让新手教师在成熟型教师的熏陶及具体指导下，逐渐收获专业上的隐性经验与缄默知识，不断掌握专业技能和智慧。

第十二章　教师培训实践

教育部2011年颁发《幼儿园教师专业标准（试行）》提出，"幼儿园教师是履行幼儿园教育工作职责的专业人员，需要经过严格的培养与培训，具有良好的职业道德，掌握系统的专业知识和专业技能。"只有具备专业的教师队伍才能有高质量的课程与教学。因此，如何开展园本教师培训成为推动幼儿园课程发展的关键难题。对此，本章将呈现幼儿园开展教师培训的多种形式与内容，并阐述课程与教师一体化发展的四个阶段。

第一节　课程与教师发展的四阶段

对于幼儿园课程开发与教师专业发展一体化的进程，若只考虑纵向时间上的发展，基于园本课程开发的经验及已有的理论成果[1]，我们可以将此发展过程大致划分成四个阶段，依次是：技术性阶段、实践性阶段、解放性阶段、超越性阶段。简单说，在幼儿园课程成长的过程中，大致经历过技术性、实践性、解放性和超越性这四个阶段，而教师相对应也经历了理解课程、实施课程、完善课程和推广课程的培训阶段。这些阶段实则成熟型教师伴随幼儿园课程所经历的体系化课程培训。

一、技术性阶段：理解课程

幼儿园园本课程开发不是"凭空而起"的，而需要有一定的课程模式作为参照（借鉴学习）或蓝图（追求方向）。因此，课程开发与教师成长一体化的进程中，技术性阶段是起点。技术性阶段是课程开发人员对原有的课程模式进行学习、理解的阶段。在这个阶段中，可以是由课程专家向教师全面介绍并演示课程理念、课程方案和课程实施，并让教师在对新旧课程进行对比、分析、思考。在专家的引领下，教师可集体

1　霍力岩. 学前教育课程改革呼唤幼儿教师的专业发展 [J]. 教育导刊（下半月），2010（2）：4-6.

开展参与式学习，在具体情境中实现理论学习与实践相结合，旨在实现对课程模式的深度理解。

二、实践性阶段：实施课程

在理解新的、优质的课程模式之后，教师就要将课程"落地生根"了。实施课程包括多个方面，涉及到区域设置、材料研发、园本化培训等，关键是及时解决课程问题，从而驱动教师自身的发展，并推动课程发展。实践性阶段是幼儿教师全面实施新的课程方案的阶段。这一阶段中，课程专家始终相伴，及时解决课程实施中教师出现的各种困惑和问题，并协助教师形成实践中的持续反思，使课程有效推进、修订、提升。这个阶段是教师专业发展和课程园本化的关键阶段。

三、解放性阶段：完善课程

正如第一部分所说，专家不可能在课程开发全过程中"形影不离"。解放性阶段是幼儿教师在实施课程之后对课程独立进行的整体反思，基于反思对课程进行完善的阶段。专家离开幼儿园现场，课程实施暂告一个段落，教师经历课程实施的磨练后对课程进行理性反思。教师在每个阶段都无时无刻不在反思，而这一阶段是更深入的整体反思。

经过课程实践，幼儿园课程领导者（园长、教研员等）及部分教师已经能较好地体会课程本质，而教师专业知识及能力的提升也更好地支持其对课程做深入反思。根据幼儿园所处生态系统，课程领导者及实施者将从经济、文化等多方面进一步打磨课程，使课程真正适应实际需要，更好地服务于儿童及家庭。在这个阶段中，教师集体开展内部观摩，并进行自我总结、反思提升，从而进一步完善课程及教学。

四、超越性阶段：推广课程

当园本课程趋于完善并步入成熟期之后，教师也将承担起课程总结、推广的工作。超越性阶段是幼儿教师对课程开发历程的回顾、总结及反思，并将成果对外分享的阶段。在这个阶段中，教师将集体进行课程体系总结，成熟教师也将对自身教育经验进行提炼分享，而课程领导者也有责任对课程开发的成果做进一步的交流、分享。

若只考虑纵向时间上的发展，以上四个阶段已经能比较清晰地描述幼儿园课程开发与教师专业发展一体化的进程了。但在幼儿园的课程实践中，我们发现，纵向时间上的一体化进程往往会在横向时间上出现交叉重叠。

首先，课程开发过程中的各个阶段是反复出现的。技术性学习常常会因为实际需要出现在实践性阶段，而解放性阶段中，教师基于整体反思做出新的规划，将重复技术性阶段与实践性阶段的过程。即便是到了某种程度的超越性阶段，课程领导会在对外交流的过程中获得新的讯息从而进行课程的调整、发展。

其次，课程开发不仅仅是单一模式的发展，而往往是多种课程模式的交融。在园本课程最初规划时，参照的课程模式或设计的课程蓝图可能因为理论局限、条件局限等时代背景而显得不成熟。在课程实施过程中，时代的发展促使课程领导者开始参照新的课程模式或补充课程蓝图。新课程模式的引入自然需要开始新的技术性学习、新的课程实施。

在课程发展过程中，教师的专业发展也同步调整，参与多个交叉重叠阶段的过程，在反复中促使幼儿园课程开发与教师专业发展一体化获得持续提升。

第二节　多种培训形式及内容

要形成高效、科学的优秀课程模式，需要从理论研究和实践探索两方面开展长期的探索与研究。幼儿园课程建构过程中的持续研究，需要依托科研队伍的力量，才能为课程的设计、发展提供依据，改善课程实践，保证课程体系的有效性，并有助于教师在课程中成长为反思型教师。因此，园本课程的构建需要科研机构、幼儿园、教师三方的共同协作，在课程建构过程中开展培训活动时，也应从以上三个角度进行思考，合理安排，遵循三方的愿望、满足三方的需求。

一、课程专家的角度

幼儿园在商议甄选新的课程模式时，往往会借鉴某一优秀的教育理念或先进成熟的课程模式，以它们为基础来构筑园本课程框架，随着课程的不断推进，课程会吸收、融入其他优秀的理论或理念，促进课程更好地发展，因此在课程建构过程中不断有新理念的介入、新模式的实施冲击教师的传统观念与行为，厘清教师的概念，用正确的观念与行为指导他们后期开展的教学实践活动，科研机构应为课程开发与教师专业发展提供系统的指导，结合研究过程中出现的具体问题，研究专家定期提供各种教师培训与发展项目，促进课程的开发与教师的发展。

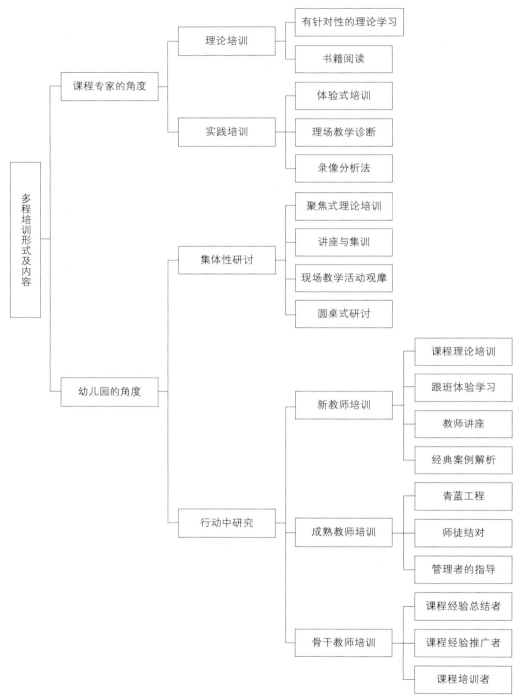

图12-1 幼儿园园本教师培训实践体系

（一）理论培训

➔ 核心目标：
- 概念的清晰界定

➔ 基本方式：
- 有针对性的理论学习
- 书籍阅读

➔ 相关内容：
- 课程开发所依据的基本理念
- 借鉴的各种幼儿园教育方案及课程，
- 整个实践研究的基本框架

1. 有针对性的理论学习

园本课程建构的中所借鉴的理论、实施原理，对于长期在一线从事实践工作、而马上要在实际工作中进行操作的教师，是一种陌生的、新鲜的具有挑战的东西，如果在实践前不将这些理论层面的东西进行深入、细致的剖析，用正确的理念、原理指导课程实践，那么新课程的道路就容易走入歧途。所以在课程正式进入实践层面前，应对即将走入新课程队伍的教师开展专门的职前培训，系统地学习相关的理论、理念、原理及教学法。这种培训由与幼儿园合作的科研机构进行总体设计，由专家亲自进行授课，通过培训让教师更清楚、更深刻地体会相关的理念及建构新课程的意义，基本了解他们原本不太熟悉的理论，开阔眼界和思路，激发他们参与课程开发、寻求自身专业发展的兴趣与积极性。

莲花二村幼儿园园本课程建构初期，主要借鉴的蒙台梭利教育理念，实验班教师集中参与了北京师范大学举办的为期一个月的蒙台梭利教师培训班，培训期间集中学习了蒙台梭利教育的所有理论，为园本课程建构打下了良好的基础。随着课程的不断补充与完善，课程又借鉴了多元智能理论、光谱方案、高宽课程理论等世界优秀的教育理论，为了让教师知其然，还要知其所以然，北京师范大学霍力岩教授专门到幼儿园开展相关的理念讲座，让教师明白课程借鉴理念的原理，其理论对课程的发展的作用，教师清晰地明白了理论背景及理念与新课程的关系，在课程实施中将理论与实践完美地结合，从实践层面完善课程、提升课程，形成可操作、可持续发展的课程模式。（图12-2、图12-3）

图12-2　光谱方案理论培训

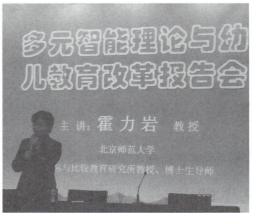

图12-3　多元智能理论理论培训

培训题目：光谱方案与幼儿课程（第一部分）
——光谱方案与蒙氏教育的整合及课程的提升

培训目的：学习光谱方案，认识课程评价的重要性

培训内容

1. 认识多元智力理论与光谱方案

（1）多元智力——七种智力。

（2）光谱方案——七种颜色。

（3）两者是相契合的。

2. 认知发展转换机智

（1）扩展——例如加、减法，每天不断地练习加减，就是扩展。

（2）巩固——不仅在数学领域体现，还可以在其他领域体现。

3. 评价个性化

（1）在情境中评价幼儿，而不是泛泛地评价。

（2）多元智力理论与非普遍教育理论都认为人具有独特性。

（3）每个人的发展都在追求独特性，在课程设计时要考虑到幼儿的个性发展。

4. 八大评估领域中特殊点

（1）工作风格。

① 在一种领域力表现出色是需要多种智力。

② 同一种智力在不同领域有不同的表现。

③ 课程与评估不是一一对应的。

（2）关键能力。

① 在某一领域能否成功至关重要的能力。

② 根据关键能力来布置教室。

5. 观察与记录

（1）观察。

① 某一时间内只观察某一领域。

② 根据某一能力来观察。

（2）记录。

① 灵活记录观察结果：教师设计一些表格，节约时间。

② 倡导家园合作：设计可以带回家的活动，某方面能力强的幼儿回家做一些专门的活动。

③ 与社区合作，请社区专门工作人员来指导幼儿工作。

6. 关键能力

（1）机械建构。

① 理解因果和功能联系。

② 视觉空间能力。

③ 用机械物体解决问题。

④ 精细动作能力。

（2）自然科学。

① 观察技能。

② 比较相同点与不同点。

③ 根据信息作出假设和实验。

④ 对自然科学知识和现象表现出兴趣。

（3）音乐。

① 音乐感悟力（音高、音色）。

② 音乐制作力（准确唱出音高）。

③ 音乐创造力（创编音乐）。

（4）运动。

① 身体控制（模仿准确性）。

② 对节奏的敏感（中音乐做动作）。

③ 表现力。

④ 能产生运动的想法。

（5）数学。

① 数学推理。

② 空间推理。

③ 解决问题的能力。

（6）社会。

① 理解自己。

② 理解他人。

③ 担任不同的社会角色。

（7）艺术。

① 艺术知觉能力（感悟力）。

② 艺术创造（对材料、技法的创造性使用……）。

培训题目：光谱方案与幼儿课程（第二部分）
——从光谱方案到档案袋评估

培训目的：了解课程评价方式，完善幼儿园课程体系

培训内容：

1. 有关光谱方案

（1）光谱方案1984—1992年，在美国实验。

（2）教育目标分类学——布鲁姆。

（3）光谱方案体现了课程开发与课程评价一体化。

2. 作业

（1）设计一份活动。

① 完整的流程。

② 评估所需要用到的材料。

③ 评估了哪些能力。

④ 评估后怎样把它转化为下一阶段课程内容：

根据评估结果设计出符合幼儿不同能力的课程。

维果斯基：支架作用——回家看书学习；最近发展区。

（2）设计一份工作风格列表（对某一领域进行观察）。

① 某个时间专注于某一领域。

② 在观察的领域中交集，确定幼儿在不同领域都共有的工作风格。

（3）方法介绍。

① 无法保留的工作要用照片、录像带、录音带记录。

② 档案袋可以由教师、幼儿、家长共同建立。

③ 家长记录家中幼儿活动的评估。

3．档案的作用——评价与课程

（1）在领域材料设计时考虑幼儿强项与弱项相联系。

（2）幼儿兴趣和学习内容相联系（学习内容——学校课程）。

（3）课室与外部真实世界相联系。

4．总结

什么是发展性评价——是对幼儿的发展有促进作用的，是循序渐进的，涉及多个领域，评价来自教师、家长、他人、同伴，评价结果与评价过程一体化，结果是评价的终点，但又是新课程的开始。

培训题目：光谱方案与幼儿课程（第三部分）
——档案袋的制作

培训目的：学习课程评价档案的建立方法，建立幼儿园课程评价体系

培训内容：

1．档案的分类

（1）从幼儿的角度建立评价档案的种类。

① 理想型。

② 展示型。

③ 文件型。

④ 评价型。

⑤ 课堂型。

（2）从班级的角度建立评价档案的种类。

① 主题。

② 工作。

2．如何生存档案袋

① 明确评价的目的。

② 确定评价的范围及内容。

③ 确定评价的对象。

④ 确定要收集的物品。

⑤ 确定搜集的频率与次数。

⑥ 调动家长的参与。

⑦ 确定评分的程序。

⑧ 制订教师交流计划。

⑨ 与专业人士座谈。

3. 幼儿园课程中的档案

（1）从幼儿的角度建立的评价档案内容。

① 封面：统一设计、家长设计、幼儿自己设计。

② 幼儿园理念、班级理念。

③ 幼儿主页、个人简介。

④ 目录。

⑤ 按领域划分档案袋。

例：语言区。

● 语言区关键能力表

自己创编或叙述故事的能力

倾听故事与指令的能力

表演故事的能力

……

● 怎样选择作品。

根据关键能力选择作品

根据主题线索选择作品

设计带回家的活动

……

● 儿童评价报告

从关键能力的各个方面进行综合评价。

（2）从班级的角度建立的评价档案内容

① 自我介绍、班级介绍、班级理念、个人理念。

② 每个教师的个人强项、专业。

③ 主题：

主题网（计划、生存）

课程网（课程资源）

进度（周工作计划）

照片（附说明）

设计展示（阶段性展示的设计方案）

反思

下一主题的确定

④ 区域。

● 区域设计——材料投放

投放、撤换时间

收回的原因

工作材料照片

材料效果分析

材料改进建议（材料本身、对儿童预期发展不足）

● 空间安排（区域平面图）

5. 工作风格——设定几个纬度

自信心：非常自信（　　　）　迟疑（　　　）

关注：专注（　　　）　容易分心（　　　）

材料使用：不熟练（　　　）　熟练（　　　）　创造性（　　　）

工作适应程度：慢（　　　）　快（　　　）

坚持度：坚持（　　　）　容易放弃（　　　）

计划性：是否有计划（　　　）　杂乱无章（　　　）

6. 作业

（1）班级档案袋。

（2）工作风格表。

（3）根据关键能力提供区域材料。

2. 书籍阅读

除了被动地接受专家开展的理论培训外，专家会根据培训内容、后期课程实施所涉及的有关方面，列出一系列问题，教师根据专家给出的有关问题寻找相关的书籍，通过阅读解决问题，使阅读更为有效有关课程理念的书籍。在通过阅读解决相关的问题外，专家还会根据课程涉及的各个方面罗列一份阅读书单，让教师在一定地时间内通过集中阅读了解更多与后期课程开展相关的理论及信息，为他们开展课程实践储备更多的知识。

莲花二村幼儿园在借鉴蒙台梭利教育理念时，教师需要了解蒙台梭利的生平、事迹、主要理念等各方面信息，为了让教师的阅读既有目的又有兴趣，专家给每位教师发了一卷长200厘米，宽10厘米的纸条，采用"制作蒙台梭利生命线"的方式，让教师通过阅读搜集整理蒙台梭利详细的生平事迹，制作实物生命线，并通过集中展示，教师们相互分享各自资料，共享更多的相关信息，很快，教师们系统地了解蒙台梭利这位优秀的教育家，也而全面地理解了蒙台梭利的教育思想，为课程起航打下了扎实的基础。

（二）实践培训

➔ 核心目标：
- 理解新课程中各种活动的教育意义

➔ 基本方式：
- 体验式培训
- 现场教学诊断
- 录像分析法

➔ 相关内容：
- 了解新课程中教师的基本行为
- 深化对相关理论问题的理解
- 培养教师实施新课程中的反思能力

脱离真实教育教学环境的教师培训与发展项目有诸多的弊端，如何才能为教师提供切实有效的培训，协助教师真正的专业发展，将学习与培训搬到真实的教学现场中，也就是培训者设置出一个接近于真实的教学活动现场或直接在教学现场，在真实的环境中让教师通过实际的操作与实践，培训者根据教师在现场的表现开展剖析式的讲解分析，让教师的实践培训做到：做中学——学中思考——思考中反思——反思中成长。

1. 体验式培训

这种培训方式改变了传统培训中学习者的身份，在这种环境中参与学习的教师成了教学现场中的学生，而专家成为教学环境中的老师，学习者通过这种情境的学习，能更好地理会授予者的教学行为，更清楚、更深入地体会新理念与即将实施的新课程活动之间的联系与各自的教育意义，也能从儿童的角度去思考今后的课程实施，学习者。体验式培训能修补、增长教师的那份逝去的童心，让他们真正从儿童的角度地理解课程，让课程更符合儿童的发展，促进儿童的发展。

莲花二村幼儿园园本课程开展前期，幼儿园选派四位骨干教师到北京师范大学举办的培训班开展培训，培训内容之一就是体验式培训，在北京师范大学附属幼儿园设立的真实模拟环境中，各位专家以教师的身份引导受训者以幼儿的心态参与学习，通过这种培训方式让受训者感受儿童在活动中的内心感受，感受儿童参与活动会遇到的问题，也感受教师的循序渐进的指导方式。课程开展一年后，幼儿园扩展实验班，为了培训合格的教师，北京师范大学霍力岩教授又专门与幼儿园合作，在园内开设了这种体验式的培训班，并在设立了与幼儿园课程完全吻合的模拟教室，亲自制订修改培训课程，体验式培训活动分为模拟教室学习与真实环境中的观摩两个部分，模拟教室中的学习主要是学习课程的各种操作方法、教师在新课程中的指导方式，而真实环境中的观摩是有经验的教师为受训者提供真实的幼儿在园一日活动，受训者通过观看活动及活动后专家的点评，完整地感受新课程的开展状态，区别新课程与传统课程的不同，发现新课程的优势，更好地使即将走入新课程团队的教师从实践层面了解并理解新课程。体验式培训为幼儿园课程的持续发展提供了合格的教师资源。（图12-4、图12-5）

图12-4　模拟教室学习

图12-5　真实环境中的观摩

2. 录像分析法

新课程模式一般是在借鉴的基础上发展而成的，因而在已开展此类教学模式的幼儿园会积累一些经典教学习活动录像，专家组织教师通过观看、研究相关课程实施的活动录像，解析录像中活动的教育作用、设计方式、教师行为、师幼互动等一系列问题，让教师开展学习与反思，使他们理解、熟悉各种新课程的活动开展方式。同时教师可以结合自己在理念学习时对有关问题以及各种工作的具体开展记录，对照录像进行理解，帮助他们对即将开展的实践活动形成初步的实施设想，尽可能地减少在实践操作中的盲区，提升教师实施课程的能力。

录像分析法相对与真实环境中的观摩有相同之处，它们都是呈现一日内的新课程开展，但录像分析法因可以让画面，或情节反复重现，因此相对于真实环境中的观摩在运用时更灵活方便，且更有针对性，专家在选用录像时可根据需要培训的对象、培训的原因，有目的地选用或录制有典型表现的录像，在培训活动中可通过教师观看录像感知了解新课程，反复对重点片段回顾观看、点评分析，教师重点理解课程实施的难点与重点。这种方式的培训还可以通过好的教学录像高标准地展现新课程的实施状态，让受训的教师走入新课程队伍时提高新课程的实践标准。

3. 现场教学诊断

新课程开展后专家深入课程一线，与教师同吃同喝同劳动，发现、整理、分析课程实施现场出现的问题，活动结束后，结合具体的教学问题，根据具体活动情境为教师提供更有针对性的指导，使教师及时对问题产生感性认识，从而有利于教师在专家的帮助下反省自己开发的课程、自己的具体教学行为，然后在后续的实践中，结合自己课程中存在的问题进行改进。通过现场与专家的互动、与专家的对话，教师的理论与实践结合的能力、教师教学反思能力、教师课程操作能力都会得到很大的提升。专家开展的现场教学诊断除了能促进教师的专业发展外，它还能在教学现场对新课程实施进行有效诊断，发现课程发展过程中的优点，校正课程建构中的偏差，弥补课程结构中的不足，让课程发展始终走在正确的轨道上。（图12-6、图12-7）

图12-6　现场教学诊断中的讨论　　　　图12-7　现场教学诊断中的观察

第一天课程诊断

1. 活动观摩莲花：D班半日活动——小班（上午）

（1）第一次线上活动。

① 谈话：星期、天气。

② 数人数：

● 请一个幼儿点数人数，并告诉全体小朋友

● 教师：谁没来？引导幼儿想一想为什么没来？怎么联系他？（回家打电话给朋友）

③ 幼儿思考今天的工作计划后，分发未完成记录单，幼儿陆续工作

（2）幼儿工作。

① 感官区：图形找家、平衡架、兵器配对、标记接龙、橡皮分类、精细积木拼图……

② 数学区：印章盖数字、点数接龙、相同动物找家、按数搭方块、加法

板、数棒数字配对……

③ 美工区……

④ 语言区……

幼儿工作，教师指导

（3）第二线上活动。

① 收工作，喝水，上洗手间。

② 韵律操。

③ 评价工作。

④ 引出主题活动。

（4）主题活动《多彩的服装》。

① 总结前一主题活动情况，展示幼儿带来的。

② 出示新调查表《我最喜欢的服装》，教师讲述今天活动的要求。

③ 幼儿分组开展今天的主题活动。

- L老师和一组幼儿分享《我的服装》调查表

- Z老师带一组幼儿在园内开展《我最喜欢的服装》调查

- H老师与一组幼儿到社区进行《我最喜欢的服装》调查

④ 外出小记者组活动。

- 带记者证、拿话筒

- 发调查表、笔

- 说话声音要大而清晰，当别人不接受采访时不能勉强

- 幼儿外出采访

⑤ 总结活动情况，结束活动。

2. 专家教学活动讲评（下午）

（1）根据班级活动开展的讲评。

① 区域环境：自然、温馨、有安全感，教师的一言一行体现出了关怀，营造的气氛很安全。

② 活动材料：新设计非常多，做得很巧妙，能很好地激发幼儿与材料互动的兴趣。

③ 活动评价：工作后的评价中研讨氛围很浓，把握的点很好。

④ 主题活动：小记者活动自然流畅，教师在活动中生成新的课程，关注到每个幼儿的特别需要，幼儿采访到位，对每个幼儿完成表格内容的程度，教师心里有数，活动中注意了密切观察与联系。

⑤ 建议：主题活动的分组还可多样化，小组可交叉。

第二天课程诊断

1. 活动观摩莲花C班半日活动——混龄（上午）（略）

2. 专家提出现有课程需要改进的方面

（1）一日环节的过渡

① 早餐后时间略长，幼儿干什么？浪费时间10～30分钟。

② 第一次线上活动。

- 可增加内容，每周变换内容
- 走线地点可固定在睡房，配教8：20进班
- 走线可变换，音乐舒缓，减少枯燥可提示摸肩膀、头等动作，还可顶软沙袋、拿物走

③ 工作。

- 语言区将诗歌、故事加进去，材料还可丰富，想办法增加有本土特色的工作材料
- 纸张工作再做提升并丰富，每份工作尽量纸张化，让幼儿作品说话，让活动可视化

④ 第二次线上活动。

- 将幼儿从安静、专注的状态中引出来
- 音乐要区别与第一次线上音乐
- 谈话体现探究中的分享，既能提升能力强的幼儿，也让其他幼儿从朋辈身上学习

⑤ 主题。体现三教制，分分组、集体交叉进行

⑥ 户外活动。可集体或分组，灵活把握，技能技巧强的分开练习

⑦ 下午的活动。

- 增加午间韵律操，地点自选，户外活动时间可加长一些
- 以集体活动为主
- 灵活性活动，补当天的遗漏的课程内容

（2）带幼儿施训三楼活动区，逐一介绍区域，收集幼儿想要的材料，做统计。

（3）主题活动后半部分，每个班走自己的路，做出特色。

（4）家长会。

① 辅导家长怎样做主题配合，给家长指导。

② 让家长通过做力所能及的事情参与到主题活动中。

③ 调查表的设计意图，要注明此表达到什么目的，让家长了解内涵。

第三天课程诊断

1. 活动观摩莲花A班半日活动——混龄（上午）（略）

2. 专家提出下一阶段课程的实践发展方向（下午）

（1）区域材料——丰富、系统。

材料系统化：按照关键能力逐一对照，做的不够的补上完善。

人员安排：实验班教师，人手不够其他班教师一起帮忙，带可动员后勤、行政等力量。

材料制作方法：除了购买还要多废物利用。

（2）主题活动——凸显环境功能。

① 环境布置由幼儿讨论，共同建构。

② 环境中有教师精心准备的，也有师生共同完成的。

③ 区域中独立的工作、作品集体布置出来，表演、表现出来。

④ 主题活动一定要围绕一件事情去做，主题就是问题，是由一连串的小问题串起来的大问题。

（3）课程开展形式。

① 目前课程主要采用个别活动与集体活动两种形式，小组活动可暂不做。

② 小组的性质。

● 学术性学习活动。

● 情感、探究、态度的活动。

● 成人和幼儿合作活动。

● 落实到小组知识的共同体，有共同的作品。

（4）一日活动流程背后的关系。

① 知识与能力的关系，知识重点在区域探究中获得，能力在主题中培养与发展。

② 个别活动与集体探究既要分明又要充分地结合。

③ 动静之间的关系动——主题静——区域。

（5）课程的下一步推进与丰富。

① 区域活动——是个别活动的主要开展形式。

● 课程现有的八个区是以分门别类的知识进行划分，可增加综合区。

● 区域材料要考虑每个区域投入哪些材料？每个领域涉及哪些方面，考虑材料系统性时有的从蒙氏进入，有的从关键能力进入。

● 目前的区域领域弱项：音乐、语言、历史、地理。

● 随着区域提升，区域要突显个性化教育，基本区满足普遍幼儿的需求，建立一对一操作材料，建构最基础的知识区域。

基本区：满足幼儿最基本发展的要求：日常生活区——数学区（感官区放在数学区前做预备区）——科学区——语言区——历史+地理区——社会区——艺术区（美术、音乐）——综合区（机械建构区）

拓展区：可以是以上区域的拓展，也可配合主题

研究区：满足某个幼儿的特别需要

② 主题活动。

- 一般情况下以下面三种形式开展，一定要体现交流、合作、分享、情绪情感

以点带面的形式：目前园内开展的方式

并行排列的形式：可以以字母等方式排列

纲举目张的形式：

- 另一角度的形式

小主题：一周之内完成

中主题：一月之内完成

大主题：一月以上完成

二、幼儿园的角度

专家在园的时间是非常有限的，当专家离开教学现场后，教师面对的最大困难就是深入理会专家讲解的新理念，并在新课程实施过程中有效地将理论转化为实践行为，面临最大的挑战就是新课程实践能力和创新能力的运用与转换。教师因在一线承担非常多琐碎、繁杂的日常实际工作，她们不能及时、深入地反思自己的教学行为，也不能从她们的理解层面去解决碰到的新问题，因此，作为新课程实施的主持者园方应该为教师提供支撑课程发展的各种培训。

（一）与课程发展同步的培训——集体性研讨

➡ 核心目标：
- 及时、深入地反思自己的教学行为。

➡ 基本方式：
- 聚焦式理论培训
- 有针对性的讲座与集训
- 现场教学活动观摩

- 圆桌式研讨

➔ 内容：

- 教师深入理解各种理论
- 构建理论走向实践的课程框架
- 研讨解决课程实践中的共性问题
- 探讨课程进一步发展的前景

专家在教学现场指导中将实践研究中出现的问题进行修正、调整发展原有的课程框架，保留其中合理的成分，剔除不合理的部分，丰富原来比较薄弱的环节，并明确以后实践研究的重点。而教师经历前对面两个阶段的实践研究后，他们已基本理解并熟悉课程建构的基本框架。在与专家的合作中，教师也已经尝试开发了一些新的课程，并得到了一定的发展。此时教师需要及时对自己在前两个阶段的工作与发展进行反思与总结，思考某个具体课程开发的全过程、存在问题和以后可能的改进措施，总结与反思个人在开发课程过程上的历程与成长过程。这种反思与总结能使教师发现自己在前两个阶段取得的成就，坚定教师继续从事实践研究的信心。同时也能帮助教师发现课程开发与自身仍存在的问题，激励教师不断改进自己开发的课程，寻求自身更高层次的发展。因此，专家离开幼儿园后，幼儿园应综合运用自己的教科研实力，为教师开展以下培训。

1. 聚焦式理论培训

聚焦式的理论培训主要是围绕课程借鉴的理论、核心观点开展的培训。在课程开展的过程中，与幼儿园合作的相关教育机构及专家会针对这些开展专门的培训，但专家作为幼儿园的外部人员他们不可能长期在幼儿园蹲守，而这些理论与核心观点需要周而复始地向教师进行传送，只有这样在课程实施中教师才会用正确的理念来指导自己的教育行为，使课程始终行进在正确的道路上。聚焦式理论培训在课程开发初期是新理论的深入学习，解决教师对课程理论部分的困惑等；课程开发中期主要注重课程调整过程中新理论的引入原因，引入后对课程发展的影响，国际幼儿教育趋势等方面的问题；而在课程开发后期则围绕近代国际教育的重点、热点，帮助教师梳理形成的园本课程的理论背景等方面开展

聚焦式的理论的培训者一般由幼儿园的管理者或学术界研究此理论的权威人士担当，通过多种理论、理念的学习与吸收，有利于教师在开发课程过程中集思广益，更好地借鉴和吸收先进的经验，丰富自己所开发的课程。聚焦式的理论培训一般全园围绕一种理论以周期的形式展开深入培训，在此周期中包括该理论的讲座，教师与专家的互动，教师的反思与理解等不同的活动组成。（图12-8、图12-9）

图12-8　聚焦式理论培训一　　　　　　　　图12-9　聚焦式理论培训二

培训题目：当今幼儿教育改革的热点和重点

培训目的：了解世界幼儿教育发展趋势，提升教师的理论水平

培训内容：

1. 热点与重点

点是什么？点＝具体问题＝需要我们解决的问题

2. 为什么要找出热点和重点

（1）二八原则——帕雷托原则。

① 用80%的时间和精力支对付对我们来说重要的问题。

② 用20%的时间和精力支对付对我们来说不重要的问题。

（2）优先管理原则。

我们应该根据事情的重要性程度决定我们做事情的优先顺序

3. 幼儿教育改革的热点和重点

（1）教育研究的重大转变身份确认——问题意识从身份确认到问题研究的转变。

（2）转变的四大特点。

① 客观上的理论思辨到微观上的解剖麻雀。

② 从书斋中的做而论到现场的同甘共苦。

③ 从书院里纸上谈兵到战场上的突战练兵。

④ 从单独的个体到多主体的双赢。

4. 专家与教师的关系

（1）专家。

① 远离课程现场理性反思课程。

② 设计课程蓝图并帮助教师们理解课程（技术性培训）。

③ 与教师同甘苦、共劳动（实践性培训）。

（2）教师。

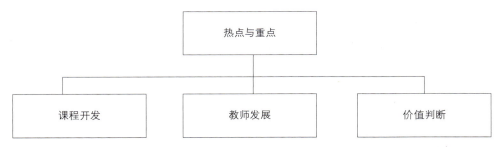

① 理解课程——参加专门的培训（技术性成长）。

② 实施课程——构建实施课程（实践性成长）。

③ 完善课程——丰满课程内容（反思性成长）。

5．中国幼儿教育热点与重点所在——实践性课程

（1）开发出有益于儿童发展的课程。

（2）让教师在参与开发并实施课程的过程中获得专业发展。

6．作业

（1）阅读理解《幼儿园课程开发与教师专业发展》。

（2）根据自己在课程中的发展过程书写《我的成长足迹》。

2．有针对性的讲座与集训

有针对性的讨论与集训能快速而效地向教师介绍已经由幼儿园领导和专家达成一致，需要全体教师协作开发的具体课程内容并实施、检验和修改的幼儿园教育课程的基本框架、如：教育目标、教育内容、教育组织形式、评估活动等。这种讨论与集训能使教师把握课程开发的基本方向，从而对以后的工作重点有一个明确的认识。这种讨论与集训是专门针对实践研究的进展程度、围绕科研机构与专家与幼儿园合作进程不断持续开展的，内容可能是进一步深化教师对某些幼儿教育理论问题的理解，也可能是具体的课程开发，这种讲座应留给老师很大的思考和自学空间，启发他们探究和创新，培训老师自己寻求问题答案的意识和能力，同时鼓励他们自己解决问题。

活动一　新《幼儿园教育指导纲要（试行）》与蒙台梭利教育

形式：讲座

主讲：专家

参与人员：全园教师

目的：学习理解《幼儿园教育指导纲要（试行）》，了解《幼儿园教育指导纲要（试行）》与新课程的关系

内容：（略）

活动二   新课程怎样全面落实《幼儿园教育指导纲要（试行）》

形式：座谈

参与人员：专家与课程核心小组

目的：深入理解《幼儿园教育指导纲要（试行）》，实现新课程本土化、中国化，课程全面落实《幼儿园教育指导纲要（试行）》精神

内容：（略）

活动三   解析《幼儿园教育指导纲要（试行）》

形式：讲座

主讲：园长

参与人员：全园教师

目的：全体教师进一步理解《幼儿园教育指导纲要（试行）》，了解《幼儿园教育指导纲要（试行）》精神，为课程全面落实《幼儿园教育指导纲要（试行）》做准备

内容：（略）

活动四   课程实践中落实《幼儿园教育指导纲要（试行）》精神

形式：实践中反思

参与人员：全园教师

目的：教师寻找个人突破点，探索将《幼儿园教育指导纲要（试行）》精神落实到教学实践中

内容：（略）

活动五   《幼儿园教育指导纲要（试行）》与我的教育故事

形式：讲述自己的教育故事

参与人员：全园教师

目的：1. 教师总结自己在教学实践中探索落实《幼儿园教育指导纲要（试行）》的经验

　　　　2. 汇总经验，实现建构优秀的中国化、本土化课程模式

要求：1. 制作PPT

　　　　2. 每人15分钟讲述时间

内容：

1.《幼儿园教育指导纲要（试行）》之教育内容与要求与幼儿园课程——邓

丽霞教师

（1）《幼儿园教育指导纲要（试行）》教育内容的特点。

① 情境化——"环境会说话"，会潜移默化地影响人。

② 活动化——活动既是教育内容的载体，也是教育内容的本身。

③ 过程化——强调的是活动过程与方式方法本身的教育功能。

④ 经验化——强调要注重儿童的经历、感受、体验（非语言形态的知识）的教育价值。

（2）《幼儿园教育指导纲要（试行）》教育内容的分类。

① 关于周围世界（包括自己）的浅显而基本的知识经验。

- 生命活动必须的知识，比如与幼儿的健康、安全有关的知识。
- 有利于幼儿解决基本的生活、交往问题的知识，比如基本的社会行为规则、规则的意义等。
- 帮助幼儿认识自己生活环境的知识，如自然和社会环境中常见事物的名称、属性，幼儿能理解的事物之间的关系和联系等。
- 为今后学习系统的学科知识打基础的知识，比如基本的数、量、形、时间、空间概念等。
- 为成长为未来社会的高素质公民奠基的知识，如简单的环保知识等。

② 关于发展智力、提高各种基本能力的经验。

主题活动——教师引导幼儿，并与幼儿共同进行的，以解决问题为导向的探究活动。

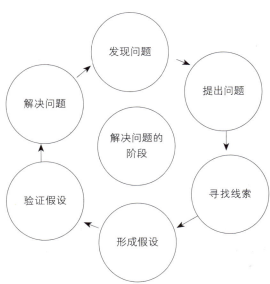

③关于对待世界（包括自己）和活动的态度，即情意方面的经验。

- 大型活动
- 班级活动
- 社会活动
- 亲子活动

2. 亲子运动其实很简单

（1）研究背景。

①《幼儿园教育指导纲要（试行）》："幼儿园应为家庭、社会密切配合，共同为幼儿创造一个良好的成长环境。""了解幼儿的特点和家庭的需要，有针对性地开展教育工作。"

②以幼儿园为主体，有计划、有目的搭建促进家长、幼儿共同发展的平台，更好的提高亲子互动关系。

（2）研究需要。

①幼儿的需要。0~3岁是人的大脑发育最快的时期，适时的培养和环境的刺激对大脑的发育产生重要影响。

②家长的需要。父母都很重视早期教育，缺乏有效的方法，从专业的角度，让家长发现打破时间、空间、器材的局限，利用一切看似不可能的条件和因素，与孩子一起运动！

（3）研究条件。

①教师特长：教师擅长体育教学，了解0~3岁孩子的年龄生理及发展特点，善于和孩子"疯"成一片。

②幼儿园环境：幼儿园是老园，面积小，活动场地也不多，将很多看似不可能的空间变为运动场地，可更好更多地开展体育活动。

（4）研究策略。

①引导家长从场地着手思考，学会打破场地的局限。

- 场地：床上、椅子上、地板上、桌子下、楼梯等小场地。
- 运动：床上练习翻滚；地板上练习匍匐前进；桌底练习钻爬；椅子上练习跳跃；在楼梯上练习蹲撑跳……

②打破器材的局限。

- 器材：垫子、报纸、毛巾、地上的线条、台阶、父母的身体等资源
- 运动：旧丝袜制成"流星球"投掷；报纸团变成小"足球"；撑衣杆当成"小单杆"；完整的卷纸摆成"梅花桩"……

③ 打破时间的局限。

- 时间：餐前、睡前、起床、路途中等这零散时间

- 运动：路上父母双手拉住宝宝的小手做悬吊的练习，回家和孩子打招呼时，将宝宝抱起并举过头顶、放下、旋转，锻炼孩子的平衡能力；早上醒来让宝宝做爸爸的"哑铃"，又可以使宝宝的平衡能力得到发展。

（5）研究收获。

① 好游戏可以涉及宝宝发展的各个方面。

② 好游戏无需昂贵道具可以让宝宝玩得开心。

③ 好游戏可以让不同年龄的宝宝活动出不同的趣味，玩出不同的收获。

④ 好游戏不是父母刻意设计的，而是由宝宝和父母发起、大家彼此共同需要，并倾情投入的。

3. 牵着蜗牛去散步

（1）解读《幼儿园教育指导纲要（试行）》。

尊重幼儿在发展水平、已有经验、学习方式等方面的个体差异，用适当的给予帮助和指导，使每一个幼儿都能感受到安全、愉快和成功。

（2）教师原来的行为。

① 一直希望每一个幼儿跟紧班级节奏获得最大的发展。

② 很多时候事与愿违，思考：为什么付出多，却达不到效果呢？

③ 可爱的优优，从另一个角度陪伴他成长，我明白了"有一种教育叫等待"。

（3）我与优优的故事。

① 班里来了新孩子。

- 了解优优：他喜欢独处，是个"小跟屁虫"离园时，家里会有3、4个大人来服侍他，他非常地享受。

- 寻找对策：单独教他穿衣穿袜，要求他自己吃饭；给他找同伴游戏玩耍；活动时让他离我最近，随时提醒他注意力集中，活动后给他开小灶。

- 检验结果：除了生活自理能力稍微加强，其他的方面依旧没有什么进展，

- 反思自己：《幼儿园教育指导纲要（试行）》"幼儿园教育应尊重幼儿的个别差异，为每一幼儿提供发挥潜能，并在已有水平上得到进一步发展的机会和条件"。

- 找到原因：操之过急；寻找更利于他发展的突破口；了解幼儿的生长环境，寻求家庭的配合。

- 再次行动：调整心态，调整节奏，让自己成为牵着蜗牛闻花香的人，从另一个角度去发现优优。

② 新孩子的变化。

- 新行动：主动端茶送水果给老师；会主动将垃圾丢到垃圾桶；他特别喜欢一只宠物狗，会主动照顾它，为它唱歌……
- 新对策：在班级养殖角增添小龟，鼓励优优和小朋友一起照顾小动物
- 新变化：他开始与朋友交流，会告诉大家小龟的变化；他做事情专注了很多……
- 新欣喜：他会给小动物做记录、他去科学区完成乌龟嵌板的工作，他慢慢去各个区的活动，集体活动中他高举小手了，会和同伴争论问题，万圣节他画一个幽灵送给我说：因为我爱你呀！
- 我明白："教育是一种慢的艺术，等待也是一种美丽"。

3. 现场教学活动观摩

活动观摩主要是解决课程实践过程中教师操作层面出现的问题，由于新的课程借鉴的理论背景与以往的课程有较大的差异，因而在实际操作新课程的过程中，教师需要结合新课程借鉴的理念，改进或改变传统的教育教学手段与方式，这种变化是一个不断探索与不断完善的过程。在这个过程中由于团队中教师的专业能力、工作年限、经验积累各不相同，他们在实施新课程中的过程中会出现各种自身无法突破的难点，这些难点有的可能是个人能力无法驾驭某些新型教学活动、有的是经验不足以支撑他们突破新课程中的某些难点，还有的则可能是实施课程过程中因人而异地出现了不同的效果等等。这些问题的出现，有的影响教师的个人成长，有的则影响课程的实施，还有的对课程不断前行形成一定的阻碍，要想解决这些新问题，最好的方式就是通过现场教学活动观摩的形式，通过在现场中观察教师的教育行为，课程对幼儿发展的影响等不同方面，开展针对性的教学现场观摩，并在活动后展开辩论、分析，将问题层层剖析，最终寻找出最佳的方法与方案，这类培训既促进教师专业技能的发展，也使课程沿着正确的轨道前行。

4. 圆桌式研讨

所谓"圆桌式"即指所有参与人员者是平等的，大家一起讨论有关问题，而不是指导专家或者幼儿园领导提供的传达式讲座。在圆桌研讨过程中，所有研究参与人员都可以畅所欲言，共同寻求解决问题的方法。在新课程具体的实施过程中，需要改变许多传统课程中的因素，如：教学实践中各中环节设置，整体课程结构调整、课程实施人员配置、安排等方面，这此因素为什么要改变，怎么改变最为合理而高效，这些既需要幼儿园管理层人员进行思考与规划，但更重要的是在实践中它们需要一线教师具体地进行操作，同时相对管理层人员，一线教师也更具有行动性建议，因此教师们的

意见与想法是非常关键的，因此，在课程需要对这些方面进行改革时，有必要将这种改变与培训同时进行，圆桌式的研讨培训就能很好地解决这些问题。要很好地圆桌式研讨中既促进新课程的完善，又实现对教师的培训，那么在活动开展前管理层要初步规划新课程改变方案，设计在研讨会上需要探讨的关键及重点问题，决策参与教师名单。研讨活动应在平等的氛围中开展，但组织者要成为平等中的首席，引导所有参与人员围绕关键问题以平等的身份抒发自己的设想与意见，在平等的氛围中寻找最佳的解决方案。通过这种研讨，引导教师以问题为导向开展思考，提高教师发现问题解决问题的能力，并在相互交流、相互学习、共同反思集体的互动中取长补短，使他们的专业经验得以提升。（图12-10、图12-11）

图12-10 集体圆桌式研讨

图12-11 分组圆桌式研讨

培训题目：园本课程背景下，班级一日活动中三位教师的配合

参与人员：全园教师及保育老师

目的：教师寻找个人突破点，探索将《幼儿园教育指导纲要（试行）》精神落实到教学实践中

准备：

1. 活动前一月提出问题，每位教师在一日活动中寻找最佳合作方法

2. 以班为单位制作合理配合方案

内容：

1. 再次出现研讨问题，阐明活动主题

2. 以班为单位出示人员配合最佳方案，并重点讲解方案的最优点

3. 汇总最优点组成第一稿幼儿园课程幼儿园一日活动组织常规及安全要求

4. 集体研讨及一日流程中每一环节、每一人员的工作内容及要求，意见汇总：提出各成员分工应具体、清晰，并为新教师实践课程时提供更为清楚的操作内容

5. 根据研讨组成第二稿幼儿园课程幼儿园一日活动组织常规及安全要求

6. 按班长、教师、保育老师进行分组讨论，每一环节自己角色的最佳工作方法，并整理汇总意见：任务完成时间可细化，让每个人清楚地了解自己的任务内容、完成任务时间

7. 根据汇总意见组成第三稿幼儿园课程幼儿园一日活动组织常规及安全要求

8. 本次研讨活动还达成以下共识

（1）在幼儿常规培养中——三位教师保持统一的常规要求。

（2）在一日生活环节——减少等待环节，三位教师的站位分布要合理。

活动延伸：

1. 在课程实践中检验一日人员合作安排图

2. 收集整理人员各环节最佳

3. 根据实践中的反馈再次开展针对此问题开展后续研讨

表12-1　幼儿园一日活动组织常规及安全要求

幼儿园一日活动组织常规及安全要求（第一稿）					
内容	时间	主班	副班1	副班2	保育
……	……	……	……	……	……
早餐	8：20—8：50	督促孩子换鞋洗手	组织餐后活动	督促孩子吃饭	餐后卫生
第一次线上活动	8：50—9：00	组织线上活动	配合线上活动	根据需要配合保育老师清理地面	餐具送厨房
区域活动	9：00—9：35	指导孩子的区域活动情况	指导孩子区域活动情况	开展小组活动	进入活动区认真指导孩子工作
……	……	……	……	……	……
幼儿园一日活动组织常规及安全要求（第二稿）					
内容	时间	主班	副班1	副班2	保育
……	……	……	……	……	……

续表

早餐	8：20—8：50	督促孩子换鞋洗手和孩子一起进餐	组织餐后活动	督促孩子吃饭	孩子一起进餐并督促孩子吃饭。清理桌子、扫地
第一次线上活动	8：50—9：00	带幼儿走线组织线上活动	配合线上活动	根据需要配合保育老师清理地面	送桶、写人数、分豆浆、
区域活动	9：00—9：35	指导并观察孩子的区域活动情况	指导并观察孩子区域活动情况	每天带四分之一幼儿进行小组活动	按时进入活动区认真指导孩子工作
……	……	……	……	……	……

幼儿园一日活动组织常规及安全要求（第三稿）

内容	时间	主班	副班1	副班2	保育
……	……	……	……	……	……
早餐	8：20—8：50	督促孩子换鞋洗手和孩子一起进餐	组织餐后活动	督促孩子吃饭	孩子一起进餐并督促孩子吃饭。清理桌子、扫地
第一次线上活动	8：50—9：00	带幼儿走线组织线上活动	配合线上活动	根据需要配合保育老师清理地面	送桶、写人数、分豆浆、最迟9：00完成
区域活动	9：00—9：35	认真指导并观察记录孩子的区域活动情况	认真指导并观察记录孩子区域活动情况	每天带四分之一幼儿进行小组活动参加社会理解区活动	按时进入活动区认真指导孩子工作，不能做与区域活动无关的任何事情
……	……	……	……	……	……

（二）专门针对教师发展的培训——行动中研究

课程建构的起始阶段，所有的教师对于新建构的课程都是新教师，而幼儿园也没有积累相关的课程经验，因而，这一阶段中教师专业发展培训以专家和科研机构为主要培训者，根据课程建构需要提供针对性的培训项目。但随着新课程不断推进与扩展过程中，课程团队中的教师人数也会不断增加，而课程团队中的教师因各自的专业素养、自我领悟能力、进入团队时间的先后等各种因素影响，教师呈现的专业能力会出现分层与分级。在他们中间会形成经验丰富、极具领头作用的骨干教师；能按部就班操作课程、完成课程要求的成熟教师；以及对课程仍然不理解或刚进入的新教师，面对这些对课程理解程度不同的教师队伍，有必要对他们开展分时、分层的教师专业培训。

➔ 核心目标：
- 促进教师专业素质的提升

➔ 基本方式：

1．新教师培训途径
- 课程理论培训
- 跟班体验学习
- 教师座谈
- 经典案例解析

2．成熟教师培训途径
- 青蓝工程
- 师徒结对
- 管理者的指导

3．骨干教师培训
- 课程经验总结者
- 课程经验推广者
- 新课程培训者

➔ 内容：
- 提高不同层面教师新课程的实践能力
- 提升教师课程实践反思能力
- 促进教师总结新课程经验的能力
- 教师成为课程培训者

1．新教师培训途径

课程中的新教师有的是刚走入新课程队伍的教师，这些教师有的是从本园进入，有的是从外园进入，而外来的教师又分为有经验的教师和完全无从业经验的教师，对于这些新教师，无论她进入的途径如何，在他们走课程团队之前，都需要从新课程的理论和实践两方面对他们开展专项系列培训，只有当他们对新课程理念有所理解，对新课程的操作方式有了一定的了解后，再让他们进入课程团队，这样才有利于他们后期的发展，使他们在新课程道路上的起点高一些，更利于他们后期的专业成长。

（1）课程理论培训。

新课程开展前期，课程相关的理论是由科研机构及专家承担，课程发展中有新理论的介入，专家也会来园开展相关的培训。在这些培训过程中，幼儿园会积累理论培训的经验，这些经验既有内容上的经验，也有开展方式上的经验，这些经验在开展新教师的理论培训中就可以进行充分地运用。对于新教师进入课程团队而开展理论培训，不能只限于课程借鉴的相关理论和核心观点，它还应该从园本新课程的起源、园本课程的指导思想、园本课程的学习方式和学习重点、园本课程的构成等多方面来进行，除此外，还应辅助以各种幼儿教育专业方面的理论，全面提高他们的幼教化程度和对园本课程内涵及要求的理解。新教师课程理论培训丰富能新教师的儿童观、教育观和课程观，并激励、培养他们主动探究与学习的意思和能力。

（2）跟班体验学习。

进入课程团队的新教师，我们安排他们进班跟资深教师进行体验学习，了解我园课程特点。他们每天需要做五件事，① 详细记录教学各个环节活动，分析环节特点；② 写出自己对各环节设置的理解（环节作用）；③ 总结各环节所涉及的主要活动内容；④ 写出自己理解的各环节中教师的职责及教师之间的配合；⑤ 记录自己学习过程中的疑惑。跟班学习能让他们初步了解了幼儿园教学活动安排目的、教师的岗位职责及各教学活动环节的重点和任务。这样的安排促使他们从被动学习变成主动学习，在此过程中培养了他们用眼看、用心观察，学中思考，学后反思的能力

（3）新老教师座谈。

教师座谈开展前，幼儿园组织者应根据前两种培训活动的开展情况，收集培训过程中新教师最不容易解决的问题，同时收集新教师跟班体验中的个人存在的疑惑，将这些问题整理、归类，然后根据涉及的问题面寻找园内在此类问题中有经验教师，请这些前期参与课程实施的老教师与新教师面对面地开展座谈与研讨，从课程建构的理论层面及实际操作两方面，解答新教师在理论学习与跟班记录中存在的不解问题，通过解疑答惑让他们理解活动千变万化，但只要正确把握课程理论基础，严格运用课程教学策略，紧紧抓住课程的灵魂，就能取得教学的成功。这种座谈会也会让新教师在老教师的交谈中，新教师学习到许多解决实际操作课程中所需要的教学策略，为他们进入班级更好地驾驭新课程打好基础。

培训题目：小班一日活动组织策略

培训目的：解决小班新教师带班中遇到的困惑，提高新教师的实践能力

培训内容：

1. 小班幼儿一日活动流程分析

（1）一日活动中班级人员的协作——各环节人员的分工，主要工作内容。

（2）一日活动环节中教师的站位——过渡环节合理分布人员，不能出现安全盲区。

（3）一日活动中各环节的观察重点——室内探索活动、户外活动、过渡环节。

2. 开展小班活动之教师策略

（1）开展活动时做到四到："心到、眼到、嘴到、手到"。

① 心到：尽心尽力，心思在孩子身上。

② 眼到：眼睛里有孩子，清晰知道不同时间、不同地点自己应该做什么事情。

③ 嘴到：用嘴告诉小班孩子每一个环节的常规，养成良好的行为习惯。

④ 手到：手脚麻利地要处理好小班幼儿不断出现的各种状况。

（2）放慢带班节奏，延长过渡环节时间。

① 适当延长小班孩子的各环节过渡时间，让他们有时间熟悉并按常规要求完成各项活动，帮助他们适应幼儿园的生活。

② 科学、合理的分配时间，把握好工作节奏。

（3）控制语速、抓住重点、简明扼要。

① 放慢语速，简明扼要，把每一句话说清楚，让孩子听明白。

② 提出要求时，一定要抓重点、抓住小班幼儿短暂的注意时间。

③ 提出任务要求，并配合适当的动作，用肢体语言帮助幼儿理解。

（4）对于孩子出现的行为问题要进行"正面引导"。

① 正面强化正确的观念。

② 弱化幼儿出现的行为问题，弱化不是制止，而是忽略，并展现正确的观念。

（5）记教师的言行举止直接对幼儿起着潜移默化的作用。

① 教师是幼儿最好的榜样。

② 教师的行为也能影响家长，形成良性循环。

（6）微笑面对家长，以真诚换取信任。

① 小班家长的焦虑重点及对策——观察了解幼儿，及时回馈家长信息。

② 设计"新生幼儿在园一日生活"记录表，每天记录张贴。

③ 相机摄像机记录幼儿的在园情况，上传到班级网络。

④ 个别特殊情况单独找家长沟通。

⑤ 家园共同寻找出最佳的方法，帮助孩子尽快适应环境。

3. 小班起始阶段的工作节奏

（1）安定情绪、建立常规、安全教育。

（2）分批启动区域活动。

（3）开展主题活动。

（4）经典案例解析。

新课程在幼儿园开展过程中，幼儿园应注意对园内优秀的教学案例进行实录，将这些资料收集成册。这些资料在教师培训中会起到非常重要的作用。在对新教师开展前三种培训的同时，幼儿园就可有目的地组织新教师观看新课程的经典教学及有关日常教育活动的录像，在观看前向他们提出明确的要求，观看后请他们围绕前期提出的问题，尝试用前三种培训学到的理论及自己在培训过程中积累的感悟，分析录像中的活动，从活动设计、活动组织、教师教学行为等不同方面阐述自己的认识，通过观看活动——反思活动——分析活动，初步让新教师将理论与实践进行结合，为他们后期独立设计活动、组织开展活动、回顾反思活动打下良好的基础。

培训题目：主题教学活动的开展

培训目的：提升新教师开展主题教学的能力，促进新教师专业成长

培训内容：

1. 观看园内骨干教师D老师的主题活动录像

2. 解析幼儿园主题活动

（1）主题活动的含义。

① 主题活动意指在某个时段对某个中心话题而开展的活动，通过对中心话题中蕴涵的问题、现象、事件等的探究，使幼儿获得新的、整体的、联系的经验。

② 陈鹤琴1925年提出了"五指活动"课程的"整个教学法"。整个教学法以"单元"的形式融合五指活动（健康、社会、科学、艺术、语言）。"五指活动"与"主题"的含义类似，是幼儿园"主题活动"的理论源泉。

③ 《幼儿园教育指导纲要（试行）》中提倡的各领域教育内容有机结合、互相渗透、注重综合性、趣味性、活动性，寓教育于生活、游戏之中的精神。课程的综合程度在不同教育阶段，所占比例也不一样

（2）主题活动的来源。

① 领域性主题活动：即主题是以一定的学科或领域为基础来设计。这些主题明显与特定的领域有关，以某一个领域的内容为主，但在主题的设计和实施过程中，又不只限该一个领域。也是就说中心话题是领域性，但是形式上是综合的。

② 社会生活事件和幼儿自身的生活事件。主要的是与儿童有关的或儿童可能感兴趣的事件，这类主题往往有很大的活动生成的空间。

③ 人们专门提炼和概括的过程、原理或变化规律，如大自然变化规律以及儿童发展规律等。

④ 讨论分析D老师的主题活动的来源

⑤ 新教师举例讲述自己做的主题来源，并说出来源属以上哪一类

（3）主题活动的分析视角。

① 因素分析视角。

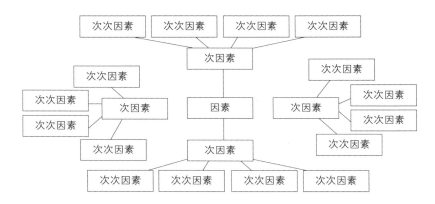

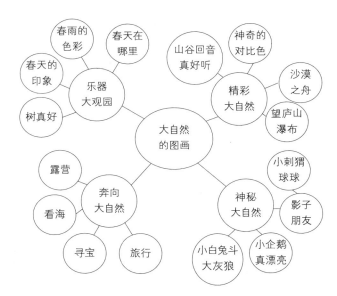

② 领域分析视角。

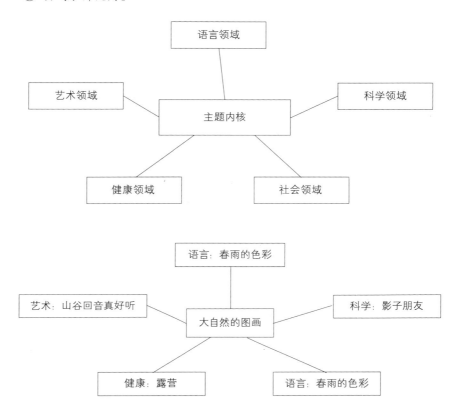

③ 出示D老师的主题网络图，请新教师讨论此主题属哪一分析视角

（4）主题活动的结构性。

① 主题活动结构分析。

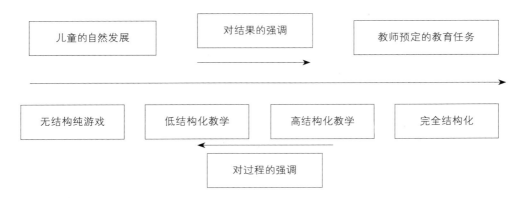

② D老师介绍本主题中各种不同结构活动的开展，及内容与活动结构的适宜性匹配。

3．作业

（1）设计一个主题，并用两种不同的分析视角建构主题网络。

（2）构思不同结构的活动，阐述选用这一结构开展活动的原因。

2．成熟教师培训途径

（1）青蓝工程。

青蓝工程是幼儿园针对进入课程实施队伍一定时间，具有一定的新课程理论与实践基础的成熟教师设计的培训活动，成熟教师的定位不以走入幼教行列的年限为基准，而是根据教师实践新课程能力为衡量标准，这些教师能比较自如地驾驭新课程，但个人教学风格尚未形成，为了让他们在专业水平上有更好的提升，幼儿园根据观察、了解、分析后确定每一位成熟教师的个人特点，针对教师的个人优势，为他们量身定制的培养工程，幼儿园会为他们牵线搭桥与一位有"相同优势、形成了一定特色、且反思能力强"的骨干教师进行组合，在骨干教师与成熟教师之间开展"以老带新，以新促老"的培训，此培训重点帮助成熟教师更好地发挥个人优势，形成个人教学特色，这种培训一般分两种形式进行

每周一次的交替走入对方班级观摩半日活动。骨干教师进入成熟教师班级的目的一是通过观摩成熟教师在教学现场组织实施半日活动，通过他们在活动中的表现，发现成熟教师的个人特色与自我提升空间，设计成熟教师个人特色施展的渠道。通过骨干教师的指导与帮助在后期的教学实践中，让成熟教师在活动中充分发挥自己的优势，并以自身优势为突破建立教学亮点。而在成熟教师进入骨干教师班级的观摩活动中，重点是让骨干教师为成熟教师树立教育与教学行为标杆，让成熟教师在前期培训的基础上理论联系实际地学习并发展同一教学内容，达到青蓝教师互相实施。幼儿园根据新课程框架内容确定某一主题，首先让成熟教师独立根据自己的理解设计、准备、实施活动，活动进行后让成熟教师现场说出活动的设计源由、各环节的理论支撑、活动后的反思。成熟教师开展完一系列活动后，再请与成熟老师结对的骨干教师也组织同一内容活动，成熟教师通过观摩骨干教师组织的同一内容、不同形式的活动，发现他人的长处、反思自己的不足，通过此类培训活动成熟老师会在活动中比较、反思各种教育行为和教学方法，促进她们的学习能力及实践行动中的反思能力，为他们进一步提升打好基础。

（2）师徒结对。

师徒结对是一种传统的方式，但它在促进教师专业成长的培训活动中的作用却是非常巨大的，它是一个师傅对徒弟"传、帮、带"的过程，更是一个师徒相长的过程。成熟教师进班后与班级经验丰富的骨干教师结对，骨干教师担负起成熟教师的导师责

任，在一日活动中跟踪观察成熟教师的所有教学行为，随时随地地向他们讲解、剖析成熟教师实践过程中的现象与问题。并以自身规范的教育行为，促进成熟教师在现实的教育行动中朝着具体目标地前行并提升，此类培训担任师傅角色的骨干教师不光要指导成熟老师的教学行为，更多地要在一天的每个活动细节中观察成熟老师，及时引导成熟教师学习及时反思自己的教育行为，并用新课程标准规范自己的教育行为，这种结对培训形式较为适宜在班级内开展。

备课室内的指导：要促进幼儿个性而健康地发展，教师就应根据幼儿的身心特点、班级幼儿的发展特点等方面分析儿童，并依据他们的需求计划、设计、制定的班级教育教学活动，并保证活动以儿童喜闻乐见的方式来开展，要使成熟教师成为一位优秀的幼儿教师，承担师傅角色的老教师就应在备课时间里从年龄段幼儿特点、活动设计、活动组织指导、活动反思等各个方面对成熟教师进行指导，丰富他们的幼教知识、提高他们的教学技能、帮助他们掌握科学的幼儿教育教学方法。

教学现场的指导：除了在备课室内注重对成熟教师进行指导外，骨干教师更应利用幼儿园在同一时间内两位教师在同一教学情境的优势，在成熟教师组织幼儿活动时，注意观察他们的带班细节，从组织活动时的眼神、语言速度、声音高低等方面一招一式地进行点拨，让成熟教师在活动组织时张显个人魅力，通过他们神形兼备的语言、肢体动作来感染幼儿，激发幼儿参与活动的兴趣，这种手把手地的传、帮、带，能极大地提升新教师新课程实践能力。

（3）管理者的指导。

在成熟教师成长过程中"由于对教师在成长过程上中何时、何地、何种场景下会遇到何种问题，他们需要何种类型、何种程度的帮助不甚清晰，对教师缺少一种发展观，故无论在教师发展的哪一阶段，培训均提供大同小异的帮助，其结果自然不会理想。"其于此，管理者应从全局的角度、以研究者的身份观察、分析成熟教师，根据成熟教师自身特点、优势与需要，帮助他们在实施新课程中过程中，确立他们在新课程中的发展方向，协助他们制定个人发展规划，最大限度、最快速度地帮助成熟教师在新课程中的成熟与提升。

随机指导：管理者要经常走进成熟教师教学活动现场，通过随机听课了解他们实施课程真实教育教学水平，发现他们教学中的优点和不足，与他们一起研讨，寻找问题出现的原因，并协调成熟教师结对的骨干教师及班级教师，共同探寻解决问题的方法，给他们最实效的帮助，引领他们正确地成长。

定向的指导：确定活动内容的指导，如：洗手环节的观摩或主题教学的观摩。这种指导应给成熟教师一定时间的准备，定向检查有如命题作文，是指定范围的考核，它能有目的、集中的地了解成熟教师在课程某一方面的教学能力。这种指导也可让成熟教师弥补随机检查中自己表现不足的地方，通过活动促使成熟教师进行反复的、重点的思考，突破自己的教学难点，提升对课程反思和自我教学活动后反思的水平。

自定活动内容的指导：只确定时间不确定主题的考查，成熟老师选择自己对新课程理解最到位的内容，进行充分准备后通知管理者，管理者对成熟教师进行活动观摩。这种观摩能给成熟教师充分的拓展空间，鼓励他们调动一切因素设计实施活动，通过活动可以核查成熟教师教学创新意识和能力，提升他们创造性开展教学的能力，管理者通过活动开展可以更突出地发现成熟教师的教学亮点，鼓励他们形成自己独特的教学风格，建立自己的教学特色，为他们成为新课程的主力军打好坚实的基础。

3. 骨干教师培训

骨干教师是新课程实施的主力军，是新课程不断修正、完善的推进者，也是园本课程形成的奠基者，经历了与课程的共同成长，他们无论是理论水平、实践能力与专业反思性等方面都得到了极大的提升，他们中的有些人甚至成为新课程领域的专家级教师，对于骨干教师的培训再基于以往的常规培训，以不足以支撑他们的后续发展与提升，他们更多的需要是在一种将自身积累、沉淀的经验向外呈现及传递的培训方式，如在幼儿园日常教学活动中承担培训者、指导者，为他们提供更多有关专业总结、经验提升方面的项目，让他们在总结与反思中专业素质不断提炼、升华，思维、眼界更为开阔，在课程中的引领性及对园内外的影响面更为显著。

（1）成为教育经验总结者。

经过多年的园本课程建设，当课程进行到一定的良性发展阶段或体现课程价值的时候，新课程在各个层面产生的影响力会越来越强，课程会吸引更多的团队前来学习，并形成复制课程的需求。而经过长期的课程实践，幼儿园在课程建构方面积累了非常丰富的经验，收集了许多相关的课程资料。将这些经验进行梳理、筛选，形成课程模版，会更好地促进课程的发展及推广。幼儿园的骨干型教师经过在课程发展过程中的"摸、爬、滚、打"，无数次的锤炼与蜕变，他们无论是课程理论水平还是课程实践能力都达到了一定的高度，他们自身也积累了非常多的资料与经验，他们同样需回顾反思自己在课程中走过的道路。基于课程、外界、教师等三方共同的需要，幼儿园可与专家、科研机构合作，创设课程经验总结的平台，通过为骨干教师提供机会将这些优秀的经验总结出来，在此过程中教师会重新回顾、反思自己在新课程开展过程中的教育行为，再次提升自己的专业理论水平。

（2）成为教育经验推广者。

当新课程经验总结出来后，就需要通过推广让更多的人了解新的课程模式，为此幼儿园可开设了辐射面广的对外教师集中培训班，这种班可是区级的，也可是市级的，甚至可以是国家级的，通过这中高效的集中培训，让优质的课程模式普惠更多有需要提升课程品质的幼儿园。骨干教师通过参加前期的教育经验总结，他们对课程发展过程中的起始、开展、形成等脉络认识非常清晰，他们能细说课程的每一个构成环节、分析课程的每一个构成要素，让他们充当课程推广的中坚力量，通过与需求者面对面的接触，他们会在需求者身上看到自己的成长痕迹，会更好地总结、收集、梳理自己的成长经验，更深入地认识园本课程、反思园本课程，在推广过程中骨干教师的综合素质会更进一步地得到提升，他们也成为成功教育经验的推广者。

（3）成为新课程培训者。

前面两种对骨干教师的培训主要体现在对他们理论水平的提升，幼儿园带可创设机会让骨干教师则通过自己的教学行为展现，成为新课程的培训者。新课程推广后，会有许多幼儿园需要深入课程一线，通过进行体验式、参与式培训，让自己幼儿园的教师的教育实践能力得以提升。针对不同幼儿园对课程的需求、及对教师发展的需求，幼儿园可开设点对点的培训班及培训活动，根据具体问题让需要学习新课程模式的教师走进深入骨干教师的班级，通过观摩骨干教师的一日活动开展，在教学现场对他们进行实践性培训。此外，还可根据其他园的培训需求，让骨干教师走出幼儿园大门，走进被培训幼儿园，实地指导他们的教学及课程，在指导过程中进行实践性反思，让骨干教师得到更进一步成长。

本章小结

在幼儿园课程发展的过程中，大致经历过技术性、实践性、解放性和超越性这四个阶段，而教师相对应也经历了理解课程、实施课程、完善课程和推广课程的培训阶段——实则成熟型教师伴随幼儿园课程所经历的体系化课程培训。

从幼儿园课程所开展的具体的教师培训而言，可以划分为课程专家与幼儿园的两个角度所进行的培训。课程专家会通过理论学习、书籍阅读、体验式培训、现场教学诊断、录音分析等方法为教师提供理论与实践培训；幼儿园会通过聚焦式理论培训、讲座与集训、现场教学活动观摩、圆桌式研讨等集体性学习的方式对课程发展进行探讨培训，也会在不同时期通过多元的方式对新教师、成熟教师与骨干教师开展相应的培训，促进教师持续性的专业发展。

［1］Ann S. Epstein．学前教育中的主动学习精要——认识高宽课程模式［M］．霍力岩，郭珺，等译．北京：教育科学出版社，2012．

［2］陈向明．参与式教师培训的实践与反思［J］．教育研究与实验，2002，1：66-71．

［3］约翰·杜威．我们怎样思维·经验与教育［M］．姜文闵，译．北京：人民教育出版社，2005．

［4］Gestwicki Carol．发展适宜性实践：早期教育课程与发展（第3版）［M］．霍力岩等，译．北京：教育科学出版社，2011．

［5］霍华德·加德纳．多元智能新视野［M］．北京：中国人民大学出版社．2012．

［6］霍力岩等．幼儿园课程开发与教师专业发展：比较研究的视角［M］．北京：教育科学出版社，2006．

［7］霍力岩．学前教育课程改革呼唤幼儿教师的专业发展［J］．教育导刊（下半月），2010（2）：4-6．

［8］霍力岩．幼儿园多元智能做中学综合主题课程教师用书（小班上、下）［M］．北京：教育科学出版社，2009．

［9］霍力岩，高宏钰．课程开发与教师专业发展一体化及其价值——谈石景山区绿色学前教育项目中的课程与教师之间的关系［J］．中国教师，2013（11）：16-18．

［10］母远珍，沈俊，罗兰．从"师傅"的角度解读幼儿园师徒制教师专业成长模式［J］．学前教育研究，2008（06）：15-17．

［11］Monson M P, Monson R J. Who creates curriculum? New roles for teachers［J］．Educational Leadership, 1993, 51（2）：19-21

［12］史静寰，周采．学前比较教育［M］．大连市：辽宁师范大学出版社．2002．

［13］汪丽．田野课程——架构与实施［M］．南京：南京师范大学出版社，2008．

［14］王微丽，主编．幼儿园区域活动——环境创设与活动设计方法［M］．北京：［15］

［15］肖川．我们究竟需要什么样的教育［J］．教育参考，2000：5．

［16］叶澜．教师角色与教师发展新探［M］．北京：教育科学出版社，2001：313．

［17］杨显彪．"师徒制"：新手教师专业成长的必经之路．中小学教师培训，2006（3）．

［18］虞永平．论幼儿园课程中的主题［J］．学前教育研究，2002（6）：13-15．

[19] 虞永平. 园本课程建设之我见 [J]. 幼儿教育，2004（5）：4-5.

[20] 中华人民共和国教育部. 幼儿园教育指导纲要（试行）. 2001.

[21] 中华人民共和国教育部. 幼儿园教师专业标准（试行）. 2011.

[22] 中华人民共和国教育部. 3~6岁儿童学习与发展指南. 2012.

　　一百多年来，中国幼教界多在引用着别国的课程模式，幼儿园的实践工作者也一直追随着学术界对各国课程模式的介绍与推广而亦步亦趋。从新世纪起，深圳市莲花二村幼儿园追随校本课程开发的中国声音，着手探索建设真正属于自己的幼儿园课程。时光荏苒，一去十五年。回过头来，一路艰辛，一路收获。即便是开发中国本土、深圳特色的幼儿园课程，我们也是从借鉴起步，先后学习融合了蒙台梭利教育法、瑞吉欧方案教学、光谱方案、美国HighScope课程等，在吸收先进教育理念及实践的同时，在反复的实践中打磨、改进，从而适应自身的社会文化背景与儿童发展需要。这个过程中，我国教育部先后发布《幼儿园教育指导纲要（试行）》与《3～6岁儿童学习与发展指南》，这对我们设计、完善整套中国化的课程模式起到了巨大的指引作用。

　　可以说，"课程梦"是贯穿莲花二村幼儿园近15年来发展的主线，在专家与园长的引领下，全体教职工围绕以课程建设促进幼儿园发展付出了无数的汗水、泪水与心血。我们秉持"青出于蓝而胜于蓝""中学为体西学为用""深圳，与世界没有距离"等信条，莲花二村幼儿园的课程体系逐步走向完整、独立、成熟。直至今天，我们有幸完成这一中国课程模式的架构与总结，将独具魅力、同行称赞的"莲花课程"公之于众。本书正是以"莲花课程"为原型的幼儿园课程中国实践精要，包含了教学实践、教师培训、评价实践等幼儿园每日工作所须臾不可分的优质经验，既融合国际先进理念与经验，又贴合我国国情与教育特色，希望能为提升我国学前教育实践质量做出一份贡献。

　　"支架儿童的主动学习"是莲花二村幼儿园在"莲花课程"开发的实践中形成的重要目标，探索中积累的教学策略，为此构建了能让幼儿自主选择、自主操作、自主探究的区域课程，能支持幼儿主动发现、合作探究、善于分享的主题课程，能调动幼儿积极性、合理冒险品质、培养良好身心素质的户外课程，能培养幼儿积极自我意识、生活自理能力的生活课程……这些都是本书呈现的诸多课程实践的重要内容，对儿童学习与发展产生了积极有效的促进作用。在这些课程实践背后，前前后后凝聚了无数人的智慧与劳动。

　　首先，北京师范大学霍力岩教授堪称莲花课程的总设计师，为莲花二村幼儿园的课程开发设计了周密的课程方案，持续15年，带领老师们越过重重迷雾而不至迷失方向，并全力支持、指导这次课程梳理与总结的工作。

其次，香港大学李辉教授、陕西师范大学赵琳副教授与刘华副教授、北京师范大学李敏谊副教授等专家学者，曾先后来园深入指导，帮助老师们解决诸多理论迷思、实践问题。

除此之外，最重要的是莲花二村幼儿园一批伴随莲花课程诞生、成长、成熟的"最可爱的人"——王微丽、范莉、何红漫、刘隼、邓丽霞、胡敏、卓瑞燕、游咏梅、聂晓慧、姜岩、张艳茹、高虹、秦小萍、黄飞舟、赵文琪、曾立群、杨松青等教师，她们是莲花课程的实践者、守护者。至今，这批"最可爱的人"中不断地加入一批又一批的优秀教师——葛馨、叶际明、骆颖婕、饶映灵、郑宇妍、戴文婷、李艳辉、成伟丽、杨伟鹏等教师，她们成为莲花课程的支持者、继承者、发展者。

在新世纪的风云激荡下、在深圳这片开放的前沿沃土上、在一批独具研究能力与智慧的教师手中，"天时、地利、人和"，所有因素的综合作用带来了"莲花课程"的发生、发展，给莲花二村幼儿园带来了无限生命力，给生活在这里的儿童与家庭带来了太多希望与幸福。也正是这样，对"莲花课程"的总结，实则一项艰巨的任务。撰写本书的念头萌发自2010年，但因为各种因素未能成行，一直到2013年开始着手此项工作，至2015年方成正果。我们抱着"反思与提升"的理念开始这项工作，在梳理总结的过程中不断完善课程实践。在这其中，王微丽、何红漫、刘隼、杨伟鹏进行了前期课程框架的提炼与敲定；何红漫、刘隼、杨伟鹏完成了后期全书文字的撰写工作；邓丽霞、游咏梅、聂晓慧、卓瑞燕、姜岩、葛馨、张琳琳、刘丹完成了主题、区域、自由活动案例书写与分析；全园教师配合提供课程资源与反馈建议；最后由霍力岩教授、李辉博士、王微丽园长等共同敲定全书。

最后，特别感谢霍力岩教授、李辉教授、赵琳副教授、刘华副教授、李敏谊副教授等专家学者的亲临指导；感谢深圳市投资控股有限公司幼教管理中心林瑛熙、吕颖、韩智等领导的全力支持；感谢深圳市莲花二村幼儿园全体教职工的默默付出；感谢诸多同行的经验分享。对于莲花课程这一路走来，有太多太多人为此作出了重要贡献，见证了课程的变迁，难以一一列举，在此一并表示感激之情！

在本书的写作过程中，我们尽了最大的努力，希望能在其中彰显当今信息时代、数据时代的极致精神与开创精神。如果有不足之处，责任全在我们，恳请各位读者批评指正。

何红漫　刘　隼　杨伟鹏

2015年12月